MARCO POLO

# USA

Reisen mit **Insider Tipps**

> Die unkomplizierte Freundlichkeit der Menschen und der reichlich vorhandene Ellbogenraum – das beeindruckt mich immer wieder an den USA.
> *MARCO POLO Autor*
> *Karl Teuschl*
> *(siehe S. 191)*



**Spezielle News, Lesermeinungen und Angebote zu USA:**
**www.marcopolo.de/usa**

# USA

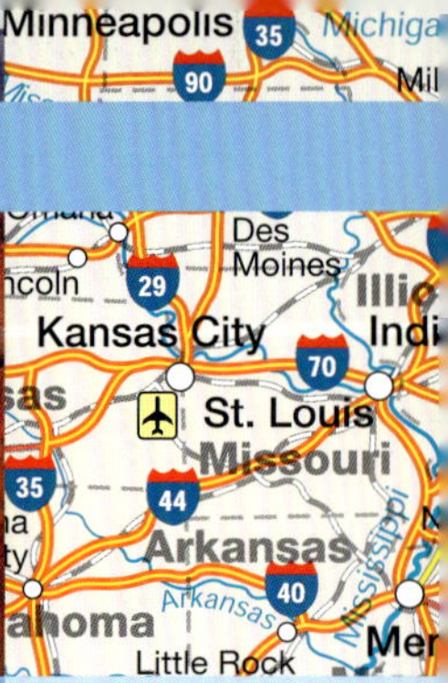


## > SYMBOLE

Insider Tipp **MARCO POLO INSIDER-TIPPS**
Von unseren Autoren für Sie entdeckt

★ **MARCO POLO HIGHLIGHTS**
Alles, was Sie in den USA kennen sollten

**SCHÖNE AUSSICHT**

▶▶ **HIER TRIFFT SICH DIE SZENE**

## > PREISKATEGORIEN

**HOTELS**
€€€ über 150 Euro
€€ 80–150 Euro
€ bis 80 Euro
Preise pro DZ ohne Frühstück. EZ sind selten billiger. Kinder schlafen im Zimmer der Eltern oft kostenlos

**RESTAURANTS**
€€€ über 25 Euro
€€ 15–25 Euro
€ bis 15 Euro
Preise für ein Abendessen mit Suppe/Vorspeise und Hauptgericht, ohne Steuern/Trinkgelder

## > KARTEN

**[174 A1]** Seitenzahlen und Koordinaten für den Reiseatlas USA

Karten zu den Nationalparks Grand Canyon, Yellowstone und Yosemite finden Sie im hinteren Umschlag

Zu Ihrer Orientierung sind auch die Orte mit Koordinaten versehen, die nicht im Reiseatlas eingetragen sind

# INHALT

## > SZENE

S. 14–17: Trends, Entdeckungen, Hotspots! Was wann wo in den USA los ist, verrät der MARCO POLO Szeneautor vor Ort

## > 24 STUNDEN

S. 154/155: Action pur und einmalige Erlebnisse in 24 Stunden! MARCO POLO hat für Sie einen außergewöhnlichen Tag in Denver zusammengestellt

## > LOW BUDGET

Viel erleben für wenig Geld! Wo Sie zu kleinen Preisen etwas Besonderes genießen und tolle Schnäppchen machen können:

Hummer in Neuengland S. 38 | Wassertaxi in New York S. 55 | Ausverkauf im Outlet Center S. 69 | Übernachten im Hostel S. 85 | Gratis-Tanzunterricht für Country-Fans S. 100 | Heiße Quellen, kostenlos S. 111 | Sparpass für die Nationalparks S. 124 | Freie Fahrt mit Portlands Bussen S. 136

## > GUT ZU WISSEN

Was war wann? S. 12 | Bundesstaaten der USA S. 23 | Spezialitäten S. 30 | Blogs & Podcasts S. 56 | Wander-Trails S. 74 | Bücher & Filme S. 92 | Grau- und Buckelwale S. 145

**AUF DEM TITEL**
Wanderung durch den Arches National Park S. 125
Mekka für Country-Fans S. 88

# ENTDECKEN SIE DIE USA!

## Unsere Top 15 führen Sie an die traumhaftesten Orte und zu den spannendsten Sehenswürdigkeiten

*Die Highlights sind in der Karte auf dem hinteren Umschlag eingetragen*

**1 Freedom Trail**
Ein Spaziergang in Boston durch Amerikas Geschichte. Thema: die Revolution gegen die Engländer 1776 (Seite 38)

**2 Cape Cod**
Das Sylt der Neuen Welt bezaubert mit langen Dünenstränden und pittoresken alten Fischerstädtchen (Seite 41)

**3 Empire State Building**
Einmal den Blick über New York genießen – und zwar vom berühmtesten Wolkenkratzer der Welt (Seite 49)

**4 Niagara Falls**
Die Irokesen nannten die gewaltigen Wasserfälle trefflich „Donner des Wassers" (Seite 52)

**5 National Air and Space Museum**
Flugobjekte von den Brüdern Wright bis zur neuesten Raumstation stehen in Washington D.C. (Seite 58)

**6 Florida Keys**
200 km führt der Overseas Highway von Insel zu Insel hinaus ins Meer (Seite 70)

**7 Savannah**
Romantik der Südstaaten: verwunschene Plätze, Villen aus Pflanzertagen, alte Bäume und tiefe Sümpfe (Seite 76)

**8 Chicago Architecture**
Eine Architekturführung in Chicago zeigt die Hauptstadt des Mittelwestens als Bilderbuch der Baustile (Seite 82)

# > DIE BESTEN MARCO POLO HIGHLIGHTS

**9 Mount Rushmore**
Die steinernen Präsidentenköpfe in den Black Hills von South Dakota sind ein Pilgerziel für Patrioten (Seite 98)

**10 Mesa Verde National Park**
800 Jahre sind die Klippenstädte der Anasazi-Indianer alt. Warum sie verlassen wurden, ist ein Rätsel (Seite 113)

**11 Yellowstone National Park**
Amerikas ältester Nationalpark ist ein geologisches Wunderland und besitzt dazu eine reiche Tierwelt (Seite 115)

**12 Grand Canyon National Park**
Die Schlucht der Schluchten: 1600 m hohe Steilwände und rote Tafelberge bis zum fernen Horizont (Seite 120)

**13 Las Vegas Boulevard**
Hier ist das Glücksspiel seit 1931 zu Hause: Neonglitzer, Kasinohotels und Glamour regieren in der Spielerstadt mitten in der Wüste von Nevada (Seite 122)

**14 Santa Fe**
Erst Kolonialmacht, dann Western-Metropole, später Aussteiger-Mekka und heute die erklärte Lieblingsstadt der Künstler: New Mexicos elegante, historische Hauptstadt liebt Kunst und gutes Essen – ein Ziel für Genießer (Seite 126)

**15 Pacific Coast Highway 1**
Die Traumstraße am Pazifik: Big Sur, Steilklippen und versteckte Strände schmücken die Küste zwischen San Francisco und L.A. (Seite 138)

Utah, Canyonlands National Park

# AUFTAKT

> In Amerika ist alles größer, höher, eindrucksvoller. So will es das Klischee. Doch wer zum ersten Mal auf dem Empire State Building steht, den Grand Canyon sieht oder die Panorama-Highways an der Pazifikküste entlangkurvt, der wird gerne zustimmen: die Superlative Amerikas beeindrucken. In Metropolen wie L. A. oder Miami ist die vibrierende Energie dieser multikulturellen Nation hautnah zu spüren. Und das weite, bis heute verblüffend dünn besiedelte Hinterland birgt wilde Canyons, Berge, Wüsten und großartige Nationalparks, in denen Bisons weiden und schäumende Wildbäche zu Rafting-Touren einladen. Amerika hat einfach alles.

**> „Give me your tired, your poor. Your huddled masses yearning to breathe free": So steht es auf dem Sockel der New Yorker Freiheitsstatue geschrieben, dem bekanntesten Wahrzeichen der Welt. 1886 wurde sie enthüllt, Frankreich schenkte die Figur damals den Vereinigten Staaten. Seit dem 100. Jahrestag der amerikanischen Unabhängigkeitserklärung grüßt Lady Liberty vom Hafen aus Heimkehrer und Einwanderer.**

Amerika, das Einwandererland: Die Armen, die Müden und Unterdrückten, von denen in der Inschrift die Rede ist, sie kamen im 19. und frühen 20. Jahrhundert scharenweise in die USA. Vom Tellerwäscher bis zum Millionär, alles schien ihnen möglich. Doch das Bild vom Land der unbegrenzten Möglichkeiten hat Risse bekommen.

Der Wandel begann mit den Anschlägen des 11. September 2001. Die USA riefen den Krieg gegen den Terror aus. Dessen weitreichende Folgen bekommt seither jeder Urlauber bei den Einreisekontrollen am Flughafen zu spüren. Die völkerrechtlich umstrittenen Kriege gegen Afghanistan und den Irak, das Folterlager von Guantanamo – politisch geriet Amerika unter der Führung von George W. Bush nach „9/11" in eine Sackgasse. Auch die Wirtschaft des Landes sorgte zuletzt für Negativschlagzeilen. Sie vergab leichtfertig Kredite, finanzierte Eigenheime auf Pump, betrieb Spekulantentum. Die Immobilienkrise wuchs sich 2008 zur weltweiten Finanzkrise aus, in deren Mittelpunkt die Pleite der amerikanischen Investmentbank Lehman Brothers stand. Die Folgen: zeitweilige Zusammenbrüche an den internationalen Aktienmärkten, Millionen obdachlos gewordener Amerikaner, der drittgrößte Staat der Welt ist ins Trudeln geraten. Doch die Amerikaner schöpfen wieder Hoffnung. Und diese Hoffnung hat einen Namen: Barack Obama.

## > Eine neue Ära der Hoffnung beginnt: „Yes, we can"

„Yes, we can": Mit diesen Worten zog der Demokrat Barack Obama 2008 in den Wahlkampf. Wohl seit John F. Kennedy hat kein Präsidentschaftskandidat der USA eine solche Begeisterung ausgelöst – im eigenen Land und weltweit. Obama versprach Erneuerung – und gewann. Am 4.

November 2008 wurde er zum 44. Präsident der Vereinigten Staaten gewählt. Seine ehrgeizigen Ziele: Der erste afroamerikanische US-Präsident will amerikanische Soldaten aus dem Irak zurückziehen, Guantanamo schließen, die Energiepolitik der USA auf neue, umweltfreundliche Füße stellen und Millionen neue Jobs im Land schaffen.

Die Aufgaben, die auf Barack Obama warten, sind keine leichten. Amerika war und ist ein Land der Extreme, zwischen Superreichen und ohnmächtig Armen, auch zwischen elitären Geistern und Hinterwäldlern. Eins jedoch eint die Amerikaner – inniger Patriotismus. Das Sternenbanner weht überall, auch über dem Privatauto oder dem Vorgarten in der Vorstadt. Die Amerikaner sind stolz auf ihr Land, das zwischen zwei Ozeanen liegt, knapp 8 Mio. km² Fläche mit etwas mehr als 300 Mio. Einwohnern hat – Alaska und Hawaii nicht mitgezählt. Eine einzige Megalopolis bilden die Städte der Ostküste von Boston bis Washington, ein zusammenhängendes Konglomerat San Diego, Los Angeles, San Francisco und Oakland an der Westküste. Gemessen an der Größe des Lands ist die geringe Zahl weiterer Metropolen überraschend: Dallas und Houston,

> ***Die Amerikaner sind stolz auf ihr Land der Extreme***

Atlanta, Miami, New Orleans, St. Louis, Chicago, Detroit, Denver und Seattle. Es gilt: Die meisten Amerikaner leben in den Ballungsgebieten

Das Sternenbanner weht überall – hier bei einem Bootsausflug auf dem Lake Michigan

des Ostens und des Westens oder in den wenigen anderen Zentren. Dazwischen liegt flaches Land, das streckenweise extrem dünn besiedelt ist.

„Flaches Land“ wiederum ist metaphorisch gemeint. In Wirklichkeit bietet die Landschaft zwischen Atlantik und Pazifik große Abwechslung. Fahren Sie einmal in Gedanken auf der nördlichen Route von Ost nach West und auf der südlichen wieder zurück: Bald hinter der Atlantikküste erheben sich die fast parallel zu ihr verlaufenden Kämme der Appalachen. Ein Mittelgebirge, gegen das der Schwarzwald oder die Vogesen wie bessere Ameisenhaufen wirken. Vom Saint-Lawrence-Strom bis fast an den Golf von Mexiko zieht es sich hin, 2600 km lang und bis 600 km breit. Der Herbst ist hier stets die schönste Jahreszeit. Im *Indian Summer* des Nordens verfärbt sich das Laub in einer Sinfonie aus Rot und Gold. Nach einem guten Tag im Auto kommen Sie an die Großen Seen, regelrechte Binnenmeere mit Hochseeschiffen, aber Süßwasser. Dort liegen Cleveland, Detroit und Chicago. Diese Städte sind die Symbolstätten der Industrie – und ihres heutigen Verfalls. Von der *Rust Bowl,* der Rostschüssel, sprechen die Amerikaner und meinen damit den gesamten Nordosten, der früher von Kohle und Stahl lebte und in dem das Fließband erfunden wurde. Die Zeit der Giganten des Industriezeitalters ist vorbei. Modernere Firmen bevorzugen die *Sunshine Economy,* die Sonnenscheinwirtschaft des Südens, die dem Unternehmer nicht nur Heizkosten spart, sondern auch Unannehmlichkeiten wie Gewerkschaften, Arbeits-

> Kraxeln in der Sierra Nevada, Körperkult in Los Angeles

Kommt erst abends richtig zur Geltung: „The Strip“, Las Vegas' Prachtstraße

schutz und Krankenversicherung. Sogar deutsche Autobauer sind mittlerweile in die Südstaaten gezogen.

Was westlich Chicagos und des mächtigen Mississippis folgt, ist mit drei Worten zu beschreiben: Mais, Soja, Weizen. Die Straßen durch die Great Plains haben keine Kurven. Schnurgerade führen sie zwischen nicht enden wollenden Feldern auf die Rocky Mountains zu. Sanft steigt das Land an, so sanft, dass einen das Schild „Denver, 1600 m über dem Meer“ völlig überrascht. Nur der Tacho verrät es: wieder 1000 km weiter westlich. Nach einer Unmenge von Serpentinen befinden Sie sich im Hochgebirge und blicken weit über die Gipfelwelt. Wenig später erreichen Sie Utah, den Staat der frommen und geschäftstüchtigen Mormonen, die im Tal des Großen Salzsees eine blühende Oase der Zivilisation geschaffen haben.

Vorbei an der neonglitzernden Spielerstadt Las Vegas führt die Route weiter, hoch über die Sierra Nevada, und dann hinunter nach Kalifornien, der größte, dynamischste, vielseitigste und progressivste Bundesstaat der USA. Die meisten Einwanderer, Einwohner und Nationalparks finden sich hier. Im Golden State wurde das Internet ebenso erfunden wie Frisbee, McDonald´s oder Rollerblades. Und natürlich das ganz große Kino: Der Moloch Los Angeles steht für Hype, Hipness und Hollywood. Wie anders dagegen San Francisco, wohl die europäischste Stadt der USA, mit viktorianischen Wohnhäusern und jeder Menge Charme. Zwischen beiden Städten liegt Big Sur: Auf atemberaubende Weise schlängeln sich die Haarnadelkurven des Highways die erhabene Küstenlinie entlang.

Nach dem kalifornischen Wechselbad biegen Sie nach links ab, in die Wüste. Die Mojave Desert beginnt am Rand des nur unter extremem Aufwand mit Wasser versorgten Los Angeles – das wichtigste Wasserhebewerk verschlingt die gesamte Leistung eines Atomreaktors. Ein Abstecher ins Tal des Todes ist unerlässlich! 86 m unter dem Meeresspiegel und im Windschatten der Sierra Nevada steigt die Temperatur nicht selten auf über 50 Grad. Wer wissen will, was für ein Gefühl Wüste macht, braucht nur einmal für eine Viertelstunde durch die Wanderdünen zu laufen. Faszinierend auf andere Weise auch der nahe Grand Canyon. Sie fahren auf einem waldigen Hochplateau dahin, bis sich plötzlich, ohne jede Vorwarnung durch die Landschaft, der Spalt auftut, den der Colorado River über Jahrmillionen gegraben hat. Wie ein Bilderbuch schlägt sich danach der restliche Südwesten auf mit seinen feurig roten Canyons, Kakteenwüsten und den bizarren Steinbögen des Arches National Park, mit seinen Westernstädten und den uralten Lehmburgen der Pueblo-Indianer.

Hier bereut man es fast, die Grenze nach Texas zu überschreiten. Denn das platte Texas ist über riesige Strecken nichts als staubiges Grasland, auf dem fast nie Rinder, häufig aber die Ölpumpen mit ihren nickenden Köpfen weiden. Natürlich besucht

# WAS WAR WANN?

## Geschichtstabelle

Vor 30 000–12 000 Jahren Urvölker aus Asien ziehen über die Beringstraße nach Alaska und besiedeln Amerika

1492 Christoph Kolumbus entdeckt die Neue Welt für die moderne Zeit

16./17. Jh. Spanier, Franzosen und Briten gründen Kolonien entlang der Ostküste Amerikas

4. Juli 1776 Unabhängigkeitserklärung der 13 Kolonien an der Ostküste

1803–53 Durch Kauf und Annexion erweitert die USA ihr Staatsgebiet über die Rocky Mountains bis zum Pazifik

1861–65 Bürgerkrieg zwischen den industrialisierten Nordstaaten und dem ländlichen Süden

1869 Erste Eisenbahnline von der Ostküste bis nach Kalifornien

1872 Gründung des ersten Nationalparks der Welt: Yellowstone

24. Okt. 1929 „Schwarzer Freitag" an der Börse in New York

7. Dez. 1941 Japanischer Angriff auf Pearl Harbor: Amerika tritt in den Zweiten Weltkrieg ein und wird in der Folge zur weltweit agierenden Supermacht

1967 Die Zeit der Hippies: Summer of Love in San Francisco

11. Sept. 2001 Terroranschläge auf New York und Washington. In der Folge führt Präsident George W. Bush Kriege in Afganistan und Irak

2005 Der Hurrikan Katrina verwüstet New Orleans

2008 Bei der Präsidentschaftswahl im November wird Barack Obama zum 44. Präsidenten der USA berufen

man Houston oder Dallas. Pittoresker aber als die nach dem abgeebbten Ölboom manchmal leer stehenden Bürotürme dieser Metropole ist das mexikanisch geprägte San Antonio. Ein Comeback hat New Orleans erlebt: 2005 vom Wirbelsturm Katrina beinahe zerstört, hat die Stadt ihre einstige Lebensfreude zurückgewonnen. Durch den Mississippi pflügen wie eh und je die Raddampfer, und aus den Bars im *French Quarter* ertönt wieder der Jazz. In den Straßen liegt der Duft von kreolischer Küche, und im Superdome, wo einst die Flüchtlinge eingepfercht waren, fliegt in alter Manier das Football-Ei.

Wenn Sie sich auf dem Rückweg nach New York ein bisschen mehr links halten, kommen Sie auf die südlichen Höhenzüge der Appalachen. *Blue Ridge Mountains* heißt die Gegend hier, wegen des bläulichen Schimmers, den die Nadelbäume erzeugen. Wenn Sie sich auf dem Weg nach Norden dagegen ein wenig mehr rechts halten, kommen Sie mitten durch den tiefen Süden, *The Old South*. Die rote Fahne mit den gekreuzten Sternenstreifen, zwar als Symbol von Rassismus und Sklaverei verpönt, hängt vor manchem Haus. Trotzdem hat es im Süden in den vergangenen Jahren mit der Integration der Schwarzen manchmal besser geklappt als in den Großstädten des Nordens, wo Arbeitslosigkeit und Armut neue Grenzen schufen.

Im neuen Süden regiert die *Sunshine Economy*: In Atlanta etwa hat der TV-Sender CNN seinen Sitz. Und um Durham, Raleigh und Chapel Hill in North Carolina entstand ein *Computer Triangle,* das dem *Silicon Valley* drüben im Westen heftig nacheifert. Aber auch hier wieder die Natur: In

**> Alles im Wandel: vom alten Süden bis zur Sunshine Economy**

Bissige Bewohner: In den Sümpfen des Everglades-Nationalparks leben auch Alligatoren

Florida warten weiße Strände und die subtropischen Sümpfe der Everglades, an der Küste von North Carolina, am Kap Hatteras, erhebt sich die höchste Düne der Welt. Die Gebrüder Wright nutzten sie vor 100 Jahren für ihre ersten Flugexperimente. Das Selbstbewusstsein der einzig verbliebenen militärischen Supermacht offenbart sich in den neoklassizistischen Regierungsgebäuden und monumentalen Denkmälern Washingtons, seit September 2001 oft von martialisch aufgerüsteten GIs bewacht.

Nun haben Sie das ganze Land gesehen? Von wegen: Allein Texas ist zweimal so groß wie Deutschland. Verabschieden Sie sich am besten direkt von der Idee, Amerika auf nur einer Reise zu entdecken. Die bessere Strategie ist es, eine Region auszuwählen und dort ein wenig tiefer einzutauchen, anstatt herumzuhetzen und alle Sehenswürdigkeiten der Vereinigten Staaten auf einmal abklappern zu wollen. Schließlich will wohl niemand seinen gesamten Urlaub auf dem Highway verbringen. Es sei denn, genau das gibt einem den richtigen Kick.

# TREND GUIDE USA

Die heißesten Entdeckungen und Hotspots! Unser Szene-Scout zeigt Ihnen, was angesagt ist

**Elke Duncan**
Unser Szene-Scout hat Amerika als neue Heimat auserkoren. In Prescott arbeitet sie als Geschäftsführerin im *Pasquales*, dem angesagtesten Restaurant der Stadt, und weiß ganz genau, was Trend ist und was kommen wird. Wenn es ihre Zeit erlaubt, jettet sie an die Ostküste und holt sich dort weitere Inspirationen. Entspannung findet sie beim Sport. Gerne probiert sie die neuesten Fitnessmethoden aus.

## SOCIAL SPA

### Entspannen wird zum Event

Der Bademantel löst jetzt das Kleine Schwarze ab. In den Spas relaxen Wellness-Fans nicht nur, sondern feiern zwanglos in Frottee. Das *Townhouse Spa* in NYC wurde mit verschiedenen Loungebereichen konzipiert, die sich u.a. für Events wie Junggesellinnenabschiede oder Cocktailpartys eignen. Wer es lieber sportlich mag, kommt in dem Wohlfühltempel auch auf seine Kosten: Golfkurse auf dem virtuellen Green und golfspezifische Massagen stehen im Angebot. Auf Spa-Singlepartys verpassen Stylisten den Teilnehmern zu Beginn des Events den passenden Look zum Bademantel. Anschließend wird in der Lounge gefeiert *(39 W 56th St., www.townhousespa.com)*. Ebenfalls beliebt: Spa-Partys in den eigenen vier Wänden. Die tollsten organisiert *Sparty!* mit Drinks, Masken, Maniküren und Massagen in 11 Städten von Boston bis L.A. *(www.spa-party.com,* Foto). An der Schlammbar im Spa des *Solage Calistoga* im Napa Valley mixt der „Mud-Tender" Schlammcocktails, mit denen sich die Gäste gegenseitig den Rücken einreiben *(755 Silverado Trail, Calistoga, CA, www.solagecalistoga.com)*.

## MUSEUMSRESTAURANTS

### Allround-Talente

Kunst gibt's in den Museen nicht mehr nur in den Ausstellungsräumen, sondern auch auf den Tellern der neuen Museumsrestaurants. Starkoch Wolfgang Puck kredenzt im *20.21*, das im *Walker Art Center* zu Hause ist, u.a. Desserts, die an Skulpturen erinnern. Da balanciert z. B. ein aus Schokolade geformter Löffel auf einem Ei aus weißem Schaum *(1750 Hennepin Ave., www.wolfgangpuck.com,* Foto*)*. Bio-Zutaten werden im *Taste* im *Seattle Art Museum* zu Meisterwerken angerichtet *(1300 1st Ave., www.tastesam.com)*. Mit filigranen Parmesangittern und Co. beeindruckt Koch Kevin Taylor die Szene im Restaurant *Palettes* im *Denver Art Museum (100 W 14th Ave. Pkwy., www.ktrg.net)*.

## BRETT & PADDEL

### Stand Up Paddle Surfing

Eine witzige Kombination von Surfen und Kajakfahren erobert die Küsten: Beim Stand Up Paddle Surfing (kurz SUP) steht man auf einem Longboard und paddelt auf dem Wasser. Der Trendsport ist das perfekte Ganzkörper-Workout. Der SUP-Hotspot ist Cape Hatteras in North Carolina. Dort lernen Anfänger bei *Real Water Sports*, wie's geht oder gucken sich die besten Tricks der Profis beim alljährlichen *Cape Hatteras Standup Classic*-Wettbewerb ab *(25706 Highway 12, Waves, NC, www.realwatersports.com)*. Der erste Laden, der ausschließlich Surfgear, Boards und Paddel für SUP verkauft, hat in Santa Barbara, CA, eröffnet *(121 Santa Barbara St., www.surfingsports.com)*. Sogar New York City bleibt nicht außen vor: Beim *SEAPaddle NYC* paddeln SUP-Fans aus der ganzen Welt für einen guten Zweck 28 Meilen um die Stadt: von der Brooklyn Bridge, durch den East River und den Hudson River *(www.seapaddlenyc.org)*.

## NEWCOMER

### Modisch die Nase vorn

Diese Namen sollte man sich merken, denn sie sind auf dem besten Weg in den Modeolymp. Allen voran Chloe Dao, Designerin und Gewinnerin der TV-Show *Project Runway*, die bei *Lot 8* in Houston ihre eigene Kollektion höchstpersönlich verkauft *(6127 Kirby Dr., Houston, TX, www.lot8online.com)*. Badenixen und auch der ein oder andere Promi lieben die sexy Bademode von *Red Carter (www.redcarter.com)*,die man z.B. in der *Mermaids Boutique* in Miami Beach kauft *(7328 Red Rd., www.mermaidsswimwear.com)*. In Brooklyns hipper Williamsburg-Gegend ist die Top-Adresse für Nachwuchs- und etablierte Designer die Boutique *Love Brigade Co-op (230 Grand St., Brooklyn, NY,* Foto*)*.

## TROMMELN FÜR DIE FITNESS

### Kombi aus Musik und Sport

Man nehme zwei Schlagzeugstöcke, einen Pezziball und viel Power: Die neuen Fitnesskurse *Drums Alive* trainieren mit Aerobic-Choreographien und rhythmischem Trommeln neben Ausdauer auch Geschicklichkeit und Konzentration. Zu kraftvollen Beats trommelt man im *Edward Health & Fitness Center Seven Bridges* auf den Gymnastikball und bringt mit Aerobic-Übungen Körper und Geist in Schwung *(6600 S. Route 53, Woodridge, IL, www.edward.org)*. Auch im *In-Shape Sports Club Antioch* trifft Fitness auf Schlagzeug *(4099 Lone Tree Way, Antioch, CA, www.inshapeclubs.com,* Foto*)*.

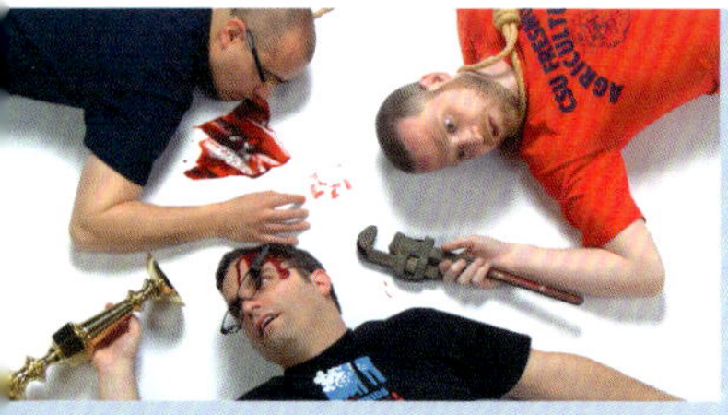

## NEUE TÖNE

### Abseits des Mainstreams

Als Gegenentwurf zu den alltäglichen Casting-Sendungen formieren sich in den USA Nachwuchsbands wieder aus eigenem Antrieb. Ihr Erfolgsrezept: Indie-Musik. Die *Ex-Boyfriends* aus San Francisco spielen einen rockigen Pop-Punk *(www.myspace.com/exboyfriends,* Foto*)*. Auch *The Silent Years* aus Detroit trumpfen mit Indie-Rock-Pop auf *(www.myspace.com/thesilentyears)*. Im *9:30 Rock-Liveclub* in Washington D.C. stehen Stars und Newcomer auf der Bühne *(815 V St. N.W., www.930.com)*. Tolle Livelocation: *Showbox at the Market (1426 1st Ave., Seattle, www.showboxonline.com)*.

# GALERIE IM UNTERGRUND

## Metro Art

Die U-Bahnstationen werden zu öffentlichen Kunstausstellungen: Diverse Programme setzen sich für die Aufwertung der Haltestellen ein und bieten Künstlern eine Plattform. Das *Metro Art Lightbox* Programm in L.A. verschönert mit riesigen Lichtboxen, in denen transparente Fotos ausgestellt werden, die Fahrt. Weitere Stationen entlang der Red und Purple Lines sind mit Installationen von rund 250 Künstlern ausgestattet, die man auf geführten Touren oder anhand einer Broschüre entdecken kann *(www.metro.net,* Foto*)*. Auch in New York in den U-Bahnhöfen *Bowling Green* und *Grand Central Terminal* können lokale Fotografen ihre Werke für 12 Monate ausstellen *(www.mta.info)*. In der New Yorker U-Bahn haben sich sogar berühmte Künstler verewigt: Roy Lichtensteins *Times Square Mural* hängt seit der Renovierung der Station endlich an seinem vorgesehenen Platz am Times Square *(Haupteingang, 42 Street)*. An zahlreichen Metrostationen in Washington D.C. prangen ebenfalls Kunstwerke, wie das von Fotograf William Wegman am *L'Enfant Plaza (www.wmata.com)*.

# BESONDERE BETTHUPFERL

## Gute-Nacht-Geschichten

Die Hotels kümmern sich aktiv um den Schlaf ihrer Gäste: Durch spezielle Einrichtungen und aufmerksamen Service wird höchster Schlafkomfort garantiert. Das *Dream Green Paket* im *Fairmont Washington D.C.* beinhaltet eine Nackenmassage oder Yoga vor dem Zubettgehen. Dazu gibt's schlaffördernde Lavendelplätzchen und einen Teddybär *(2401 M St., NW, www.fairmont.com)*. Die Geheimwaffe des *The Benjamin Hotel* in New York City ist der Schlaf-Concierge, der die Gäste vor ihrem Aufenthalt kontaktiert und über Schlafpräferenzen befragt. Zur Wahl stehen 12 verschiedene Kissenarten, darunter hypoallergene Kissen *(125 East 50th St., www.thebenjamin.com)*. Im *Hard Rock Hotel San Diego* kreiert der Vibe Manager eine Playlist mit sanfter Einschlafmusik *(207 Fifth Ave., www.hardrockhotelsd.com,* Foto*)*.

# > VON BROWN BAGS BIS ZUM X-ING OUT

Ein kleines Kompendium mehr oder weniger liebenswerter amerikanischer Besonderheiten

## BROWN BAGS

Ein Bauarbeiter, der auf offener Straße eine Bierdose an die Lippen setzt? Undenkbar. Doch was machen die Männer da, die mit den braunen Papiertüten? Sie trinken Bier. Als sie es im Laden gekauft haben, hat es der Verkäufer „gebrownbagt". Denn Alkoholkonsum in der Öffentlichkeit ist verboten. Ist die Dose aber in der Tüte, dann bemerken sie scheinbar weder der Allmächtige noch das Auge des Gesetzes. Hintergrund: der Puritanismus. Verhaltensprägend: die Prohibition der 1920er-Jahre. Auch daheim und in den Bars hat diese Doppelmoral ihre Auswirkung: den Mixed Drink. Er kommt scheinbar harmlos daher, süß und mit Säften oder Limonaden gestreckt, hat es aber in sich, denn die Schnapsgrundlage wird großzügiger eingeschenkt als in Europa.

Bild: Illinois, Rock ´n´ Roll McDonalds

# STICH WORTE

Weitere Besonderheiten: Jeder Bundesstaat, manchmal sogar ein einzelner Landkreis, ein County, hat eigene Spirituosengesetze. *BYO* heißt es in den Lokalen mancherorts: bring your own! Die Gaststätte serviert Gläser und Eis, das Getränk müssen Sie selber mitbringen. Fast überall – außer in völlig „trockenen" Bezirken – kann man sich selbst versorgen, in *Liquor Stores* oder in vom Namen her diskreteren *Package Stores*.

## DRIVE-IN UND DRIVE-THRU

Die Amerikaner leben in ihren Autos. Auf dem Weg zur Arbeit wird Kaffee getrunken, Schminke aufgelegt und auch mal der Bart gestutzt. Die Industrie hat sich auf die mobile Lebensweise eingestellt: Schon 1933 gab es die ersten Drive-in-Kinos, wenig später Drive-in-Restaurants.

Heute geht's noch schneller: Drive-Thru heißt die Devise. Man fährt nur noch vor, holt sich Kaffee, Burger oder Tacos, hebt vom Auto aus an der Bank Geld ab oder gibt die Hemden in die Reinigung. Und in Las Vegas gibt es sogar eine Drive-thru-Kapelle für die ultrafixe Trauung.

## DROGEN

„Crack, crack", rufen an einschlägigen Orten die Dealer, „H" oder „Pot". Drogen sind leicht und vielerorts erhältlich. Daher eine besondere Warnung: Die Amerikaner halten die Rauschgiftsucht für das Problem Nummer eins, und entsprechend hart greift die Polizei durch. Auch Ausländer werden nach den Landesgesetzen abgeurteilt – samt Todesstrafe für Kapitalverbrechen.

## INDIANER

Amerikas Ureinwohner kamen vermutlich aus Asien über die Beringstraße nach Amerika und lebten vor dem Kontakt mit den Europäern von der Jagd, dem Fischfang und der Landwirtschaft. Aber sie verfügten über keine Schrift, und Metall als Werkstoff war ihnen unbekannt. Daher haben sie außer den – ziemlich verballhornten – Namen von Flüssen, Gebirgen und Landstrichen wenig hinterlassen. Anfängliche Freundschaft zu den Eroberern und Siedlern aus Europa wich bald der Feindschaft. Zwangstaufen, Vertragsbrüche und eine geradezu systematische Ausrottung hörten erst auf, als die meisten überlebenden Indianer in abgelegene Reservate verdrängt worden waren.

Dort leben heute noch viele, misstrauisch, kulturell zerrissen und sich oft mehr schlecht als recht durch den Handel mit Souvenirs über Wasser haltend: Ein Foto vom Häuptling im Federschmuck? Macht 5 Dollar! Keine Volksgruppe ist weniger integriert. Einige jedoch kamen zu Reichtum. Die Irokesen z.B. verdienten gut, da sie, von Natur aus schwindelfrei, die entscheidenden Arbeiten beim Bau der Wolkenkratzer leisteten. Heutzutage erlauben vielerorts Sondergesetze den Indianern, legal Spielkasinos zu betreiben. Manche Stämme, wie die Pequot in Connecticut, die mit dem Foxwoods Casino das größte Glücksspielzentrum der Welt betreiben, haben sich eine goldene Nase daran verdient. Die Spieler, die im Casino ihr Geld verlieren, sind meist Weiße – eine späte Rache des roten Manns.

## KIRCHE

Baptisten, Methodisten, Episkopale, Holy Rollers, Latter Day Saints (Mormonen), Juden, Katholiken, Moslems, unzählbare Abzweigungen von den Hauptkirchen – die Vielfalt hat mit der Einwanderungsgeschichte zu tun, aber auch damit, dass Staat und Kirche wirklich strikt getrennt sind. Ein Geistlicher muss zusehen, dass er sein Gotteshaus voll bekommt. Denn die Kirchen werden ausschließlich aus Spenden finanziert. Da liegt der Gedanke für den Seelsorger, seinen Glauben marktschreierisch als den einzig wahren anzupreisen, nicht fern, für die umsorgte Seele aber auch nicht, es mal interessehalber mit einer anderen Kirche zu probieren.

## NATIONALPARKS

Sie sind die schönsten, abwechslungsreichsten, weitläufigsten und die bestbehüteten der Welt, die 55 Nationalparks der USA. Berühmte Parks wie der Grand Canyon oder der Yosemite National Park in Kalifornien sind in den öffentlich zugänglichen Bereichen jedoch chronisch überlaufen. Und den Everglades in Florida wird trotz gegenteiliger Gesetze weiterhin buchstäblich das Wasser abgegraben. Im Großen und Ganzen ist aber solch unberührte Natur sonst nicht mehr zu finden. Und ein Heer von Park Rangers sowie von idealistischen und überaus engagierten Naturschützern wacht über die *National Parks,* zu denen auch noch *National Forests* (Wälder), *National Seashores* (Küstenabschnitte) und *National Recreation Areas* (Erholungsgebiete mit Zelt- und Picknickplätzen) kommen, und bemüht sich um ihre Erweiterung. Bundesstaaten und Gemeinden folgten dem etwa hundert Jahren alten Schutzgedanken und bewahren ihrerseits in *State Parks* oder *County* und *Community Parks* die Natur für die Nachwelt.

Auf Powwow-Tanzfesten tragen Indianer oft noch traditionellen Schmuck

## PATRIOTISMUS

Mit wehender Fahne und Trommelwirbel: Der US-Amerikaner liebt sein Land. Als der später so schmachvoll abgewählte Präsident George Bush und danach sein Sohn George W. die Nation in die beiden

Golfkriege führten, waren sie so beliebt wie nie zuvor oder danach. *Rally around the flag* heißt das Phänomen, dass sich in der Stunde wirklicher oder vermeintlicher Not alle um die Fahne sammeln. Kein Parteitag ohne Fahnenmeer, kein Baseballspiel ohne Flaggengruß.

denen über den städtischen Haushalt entschieden wird.

Gängig ist überall das Misstrauen gegen jedwede Regierung. Bei Präsidentschaftswahlen beteiligt sich traditionell gerade mal die Hälfte der Bürger. Bemerkenswerte Ausnahme waren die jüngsten Wahlen: 64 Prozent der wahlberechtigten Amerikaner eilten 2008 an die Urnen – die höchste Beteiligung seit dem Zweiten Weltkrieg. Solch ein Zuspruch kommt sonst nur bei Volksentscheiden zu Stande: so in Kalifornien, wo die Bürger Gesetze zur Steuererleichterung beschlossen. Im Normalfall ist der US-Amerikaner dem Gesetz ziemlich fern, er handhabt es nach dem Trial-and-error-Prinzip: Ich tu, was ich will, bis mir einer auf die Nase haut.

Neben Basketball, Eishockey und Football ist Baseball der beliebteste Sport

# POLITIK

Die föderative Ordnung garantiert den 50 Bundesstaaten große Gestaltungsspielräume. Einige Neuengland-Staaten gehören zu den wenigen, die keine Todesstrafe haben, andere gestehen Frauen ausdrücklich das Recht auf Abtreibung zu. Manche praktizieren auf lokaler Ebene direkte Bürgermitbestimmung durch Versammlungen *(town meetings)*, in

## SPORTKULT

Nordamerika ist sportverrückt. Die vier Nationalsportarten American Football, Baseball, Basketball und Eishockey werden als Massenvergnügen inszeniert. Endspiele im Baseball oder Football, die gern bombastische Bezeichnungen wie World Series oder World Championship tragen, treiben das ganze Land vor die Fernsehschirme. Körperkult und Narzissmus zeichnen Rollerblader, Jogger und Bodybuilder aus. Aber einfach so radeln oder durch die Gegend laufen ist nicht. Sport wird überall mit großem Ernst betrieben. Der Radfahrer trainiert auf dem neusten Rennrad aus Titan – und der Läufer trägt mit wissenschaftlichem Eifer entwickelte Sportschuhe mit Luftkissenpolster.

## UMWELT

Umweltschutz in den USA scheint paradox: In manchen Staaten werden auf eine Getränkedose 0,15 Dollar Pfand erhoben, und die Strafe für das Wegwerfen von Abfall auf der Straße beträgt 500 Dollar. Anderswo, etwa in Hanford im Bundesstaat Washington, wurde bei der Herstellung des Plutoniums für Bomben derart gepfuscht, dass ganze Landstriche strahlen.

Die USA sind, nach China, die Nation mit dem zweitgrößten $CO_2$-Ausstoß der Welt. Klimaschutz stand bisher nicht auf der Agenda des Landes. Unter Barack Obama soll sich das ändern. Wegbereiter eines neuen Umweltbewusstseins ist auch der ehemalige Präsidentschaftskandidat Al Gore. Sein mit dem Oscar ausge-

## > BUNDESSTAATEN DER USA

*Die offiziellen Abkürzungen*

Alabama AL
Alaska AK
Arizona AZ
Arkansas AR
California CA
Colorado CO
Connecticut CT
Delaware DE
District of Columbia (Washington) DC
Florida FL
Georgia GA
Hawaii HI
Idaho ID
Illinois IL
Indiana IN
Iowa IA
Kansas KS
Kentucky KY
Louisiana LA
Maine ME
Maryland MD
Massachusetts MA
Michigan MI
Minnesota MN
Mississippi MS
Missouri MO
Montana M
Nebraska NE
Nevada NV
New Hampshire NH
New Jersey NJ
New Mexico NM
New York NY
North Carolina NC
North Dakota ND
Ohio OH
Oklahoma OK
Oregon OR
Pennsylvania PA
Rhode Island RI
South Carolina SC
South Dakota SD
Tennessee TN
Texas TX
Utah UT
Vermont VT
Virginia VA
Washington WA
West Virginia WV
Wisconsin WI
Wyoming WY

Vom zweiten Sonntag im März bis zum ersten Sonntag im November gilt (außer in Hawaii und Arizona) die Sommerzeit, die Uhr wird eine Stunde vorgestellt

zeichneter Dokumentarfilm „Eine unbequeme Wahrheit" über die globale Erwärmung haben Millionen US-Bürger gesehen.

## UNTERWEGS

An die Verkehrsregeln halten sich die US-Amerikaner ziemlich strikt, doch daneben gibt es Verhaltensweisen, die nicht im Gesetzeskatalog erscheinen. Zum Beispiel, dass es den Führerschein in Amerika meist schon ab 16 Jahren gibt und das ohne große Fahrschulausbildung: Die Eltern lernen die Kinder an – und geben so ihr eigenes, oft schlampiges Fahrverhalten weiter. Teenager sind daher oft schlechte Fahrer, zumal sie eine Hand lieber an der Freundin haben als am Auto. Generell sind US-Amerikaner im Umgang mit Karten ungeübt, kennen selten die Strecken von einem Ort zum anderen. Ein paar Tipps, wenn Sie die USA mit dem Auto bereisen wollen:

1. Vermeiden Sie Interstate Highways. Sie sind langweilig und in Stadtnähe häufig verstaut. Parallel gibt es meist eine ruhige Landstraße, auf der man mehr sieht. Ausnahme: In Großstädten ist man auf den Interstates meist schneller und bequemer unterwegs als auf Stadtstraßen.

2. Vertrauen Sie Ihrem Instinkt. In den USA folgte die Stadtentwicklung – umgekehrt zu Europa – dem Straßenbau. Was logisch erscheint, ist es meist auch. Ausnahme: Namen scheinen sich zu wiederholen, zum Beispiel Lincoln Road, Lincoln Street, etc.

3. Reiseführer und Karten sind hilfreich, Abenteuer und die Fahrt ins Unbekannte spaßiger. Ausnahme: Verödete Stadtstraßen führen mitunter in gefährliche Slums.

4. Gehen Sie nie auf das Angebot zu einem kleinen Wettrennen ein, das an roten Ampeln gemacht wird, indem der Nebenmann ein paarmal demonstrativ den Motor aufjaulen lässt. Ausnahme: Sie wollen die Kasse des örtlichen Sheriffs aufbessern.

## WAFFEN

Nie wird ein Europäer den Waffenwahn der US-Amerikaner verstehen. Nie wird indes ein Politiker in den Vereinigten Staaten die Macht der National Rifle Association (NRA) brechen, eines Vereins, der etwa das Verbot von panzerbrechenden Schusswaffen als Eingriff in die Grundfreiheiten verdammt. In einer nordamerikanischen Großstadt werden in einem Monat mehr Menschen erschossen als in einem Jahr in einem europäischen Land – eben auch, weil es so außerordentlich leicht ist, sich ein *piece,* eine Pistole oder einen Revolver, zu kaufen. Das Recht auf den Besitz von Waffen wird in den Vereinigten Staaten durch den zweiten Zusatzartikel der Verfassung geschützt.

Rund 11 000 Menschen kommen jedes Jahr in den USA durch Schusswaffen ums Leben. Sehr sehenswert zum Thema ist der Film „Bowling for Columbine“ von Michael Moore.

## X-ING OUT

Die Amerikaner lieben die lautmalerische Verwendung von Buchstaben und sogar Zahlen. *U-turn* etwa steht für eine Wende auf der Straße – und die ist meistens verboten. Andere Beispiele: *Ped X-ing* – Fußgänger kreuzen; im Laden: *If U don't C what U need ask 4 it* – Wenn Sie nicht sehen, was Sie brauchen, dann fragen Sie nach. Und *X-ing out* steht z. B. für Durchstreichen.

# PARADEN UND PICKNICKS

## Die Amerikaner lieben es zu feiern – Anlass dafür bieten Rodeos ebenso wie der Tag der Unabhängigkeit

> Neben den großen Feiertagen finden sich reichlich Gründe für Festivals: Der Hummerfang wird gefeiert oder Rodeos, Jahrestage aus der Pionierzeit, Country-, Jazz- oder Bluestage. Zu den meisten Festen gehören ein Picknick und natürlich eine Parade. Erkundigen Sie sich im örtlichen *Visitors Bureau* – irgendwo in der Nähe findet garantiert ein Festival statt. Staatliche Feiertage fallen in den USA meist auf einen Montag, so wird automatisch ein verlängertes Wochende daraus. Zwei dieser *holiday weekends,* Memorial Day und Labor Day, markieren Anfang und Ende der Sommerreisezeit.

### OFFIZIELLE FEIERTAGE

**1. Jan.** *Neujahr;* **3. Mo im Jan.** *Martin Luther King Jr. Day;* **3. Mo im Feb.** *Presidents' Day;* **Letzter Mo im Mai** *Memorial Day* (Heldengedenktag); **4. Juli** *Independence Day* (Nationalfeiertag); **1. Mo im Sept.** *Labor Day* (Tag der Arbeit); **2. Mo im Okt.** *Columbus Day*; **11. Nov.** *Veterans Day*; **4. Do im Nov.** *Thanksgiving Day;* **25. Dez.** *X-Mas/Christmas Day*

### FESTE UND FESTIVALS

**Februar**

*Chinese New Year:* Drachenparaden in den Chinatowns von San Francisco, New York und Los Angeles.

Zum *Mardi Gras* (wörtlich „Fetter Dienstag") in der Woche vor Aschermittwoch steht New Orleans Kopf: Kostümparaden, Bälle, Straßenpartys und viel Alkohol: *www.mardigras.com*

*Daytona 500:* 200 000 Autofans kommen nach Florida zum berühmten Stockcar-Rennen: *www.daytona500.com*

**Mai**

In St. Charles, MS wird zu den *Lewis & Clark Heritage Days* Mitte Mai das Camp der beiden Entdecker nachgestellt.

**Juni**

Exzellente Bluesmusiker treten Anfang Juni beim *Chicago Blues Festival* auf: *www.chicagobluesfestival.org*

Tänzer aus über 100 Indianerstämmen treffen sich zum *Red Earth Festival* in Oklahoma City: *www.redearth.org*

***Aktuelle Events weltweit auf www.marcopolo.de/events***

# > EVENTS FESTE & MEHR

San Francisco und New York: Mitte des Monats *Pride Weekend* der Schwulengemeinde mit Paraden in herrlich schrillen Kostümen; ähnliche Events in anderen Großstädten.

**Juli**

*Fourth of July:* Überall im Land wird der Unabhängigkeitstag mit Feuerwerk und Paraden gefeiert.
Cheyenne, WY: Die *Cheyenne Frontier Days* sind das älteste Rodeo Amerikas: *www.cfdrodeo.com*

**August**

sider ipp

10 t Hummer werden zu Monatsbeginn alljährlich beim *Maine Lobster Festival* in Rockland, ME verspeist; dazu Kunstmarkt und Krönung der Meeresgöttin.
Sturgis, SD: Hunderttausende von Harley-Fans treffen sich in der zweiten Augustwoche zur *Sturgis Rally* in den Black Hills: *www.sturgis.com*
Santa Fe, NM: Mitte des Monats *Indian Market,* der älteste Markt für Indianerkunst in den USA.

**September**

Insider Tipp

Am ersten Wochenende wird beim *Mountain Man Rendezvous* in Fort Bridger, WY die Trapperzeit originalgetreu nachgestellt.
London, KY, Heimatort von Kentucky Fried Chicken, veranstaltet Ende des Monats das *World Chicken Festival.*

**Oktober**

Die besten Countrybands spielen in Dallas beim Rummel des *State Fair of Texas: www.bigtex.com*
*Halloween:* Am 31. ziehen die Kinder verkleidet durch die Straßen, die Erwachsenen feiern Kostümpartys – besonders verrückt in New York, Hollywood und Key West.

**Dezember**

Zur Vorweihnachtszeit schmücken sich viele Orte mit Lichterketten und richten *Christmas Parades* aus. Besonders schön: Santa Fe und New York, die Dörfer in Vermont und Colorado sowie die Häfen von New England und Florida.

# > KULINARISCHES MOSAIK AUS ALLER WELT

## Die Einwanderer haben Amerikas Küche geprägt, doch längst gibt es auch Eigenes

**> Das Erste, was einem angenehm auffällt: Sogar in einfachen Coffeeshops werden die Gäste von einem *host* oder einer *hostess* empfangen und zum Tisch geleitet.**
Man stürmt nicht einfach hinein und sucht sich frei gewordene Plätze, sondern wartet höflich beim Schild „Please wait to be seated". Dafür aber kommt man nie in die unangenehme Lage, sich mit jemand anderem um einen Tisch streiten zu müssen. Man wird erst zum Tisch gebracht, wenn er gesäubert und frisch gedeckt worden ist. Sollte es Wartezeiten geben, dann werden die Gäste – in besseren Restaurants – gefragt, ob sie erst an der Bar einen Drink nehmen möchten.

Auch bei der Kleidung legen die Amerikaner Wert auf Formen: Das heißt Jackett für den Herren und auf keinen Fall kurze Hosen für die Damen. Das gilt allerdings wirklich nur fürs abendliche Dinner in den feine-

Bild: Atlanta, Westin Peachtree Plaza

# ESSEN & TRINKEN

ren Restaurants der Städte und für die Luxus-Resorts. Ansonsten geht es recht locker zu. Paradoxerweise dürfen sofort nach dem Hinsetzen die Jacketts abgelegt und die Krawatten gelöst werden; das stört dann niemanden mehr. Und selbst im Spitzenrestaurant kann es passieren, dass der Weinkellner nicht etwa den Korkenzieher, sondern die bestellte Flasche Bordeaux dreht und diesen dabei kräftig durchschüttelt.

Günstig und gut sind neben mancher Fastfood-Kette auch die vielen ethnischen Lokale. Ohne Übertreibung isst man in Amerika oft ebenso gut chinesisch oder mexikanisch wie in den ursprünglichen Ländern, wenn auch manchmal etwas im Geschmack angepasst. Die Portionen sind oft enorm – was dazu führt, dass man die Reste ganz selbstverständlich im *doggy bag* eingepackt bekommt und mitnehmen kann.

Die klassische amerikanische Küche serviert nach wie vor *meat and potatos* – ist also schwer und kalorienreich. Doch über die Jahrhunderte haben sich auch einige regionale Spezialitäten entwickelt. In Neuengland ist Fisch ein Muss. Hummer kommen zuhauf auf den Tisch. Austern, in Europa ein sehr teures Vergnügen, werden dort eher als Beigabe zum Bier gereicht, fast so wie Brezeln oder Nüsschen. Der schönste Austernkeller der Welt ist kein solcher, sondern eigentlich ein Imbiss, die „Oyster Bar" in New Yorks Grand Central Station.

## > SPEZIALITÄTEN

### *Genießen Sie die typisch amerikanische Küche!*

*blackened dolphin* – mit fast schwarzer Kruste angebratene Goldmakrele (kein Delphin)
*BLT sandwich* – Sandwich mit Speck, Salat und Tomate
*Caesar Salad* – Salat mit einem Parmesan-Anchovis-Dressing
*catfish with okra and corn bread* – (frittierter) Katzenwels mit Okra-Gemüse und Maisbrot
*clam/fish chowder* – sämige Muschel- oder Fischsuppe
*eggs sunny side up with bacon and hash browns* – Spiegeleier mit Speck und geraspelten Bratkartoffeln

*filet mignon with baked potato* – Kleines, kurzgebratenes Steak vom Rinderfilet mit Folienkartoffel
*French toast* – Brotscheiben in Eihülle (arme Ritter, Foto)
*grits with butter and jam* – Maisgrütze mit gesalzener Butter und Gelee
*lobster with drawn butter* – Hummer mit zerlassener Butter
*nachos with guacamole and sour creme* – Mais-Chips mit Käse überbacken, Avocadocreme und saurer Sahne
*New York steak with garlic mashed potatos* – Steak mit Fettrand, dazu Kartoffelbrei mit Knoblauch
*pancakes with maple sirup* – Pfannkuchen mit Ahornsirup
*prime rib with horseradish sauce* – sehr zarte, dicke Rinderbratenscheibe mit Meerrettich
*pumpkin pie with whipped cream* – Kürbiskuchen in einer Tarteform gebacken, mit Schlagsahne serviert
*seared tuna with sesame crust* – scharf angebratener Thunfisch in einer Sesamkruste
*sirloin steak with corn on the cob* – Lendensteak mit Maiskolben
*T-bone steak* – das größte Steak auf der Karte (mit Knochen)
*turkey with stuffing, yams and cranberry sauce* – Truthahn mit Füllung, Süßkartoffeln und Preiselbeermarmelade mit Brandy

Im Süden dominiert der Southern Style: viel Reis, schärfere Gewürze, Huhn, Rippchen und, wo Zuwanderer aus Lateinamerika leben, schon die karibische Küche. Authentisch wäre ein Gericht aus *southern fried chicken, black eyed peas* (Erbsen) und Maisbrot. In Louisiana, wo die französischstämmigen Akadier siedelten, ist auf dem Land scharf gewürztes *Cajun Cooking* verbreitet und in New Orelans der karibisch inspirierte *Creole Style* mit sämigen Soßen und Fisch-Eintöpfen. Und *shrimp creole,* scharf gewürzt, erinnert daran, dass überall auf der Welt Körpertemperatur und Chilipfeffer eng zusammenarbeiten.

Doch das ist kulinarisch noch nicht alles. Neuer Trend ist die *New American Cuisine*, die unter verschiedenen Namen übers ganze Land verbreitet ist. Gemeinsam ist allen Variationen, dass sehr leicht gekocht wird, so weit wie möglich mit frischen Zutaten, und dass Rezepte und Gewürze aus verschiedenen Kulturen vereint werden. In den 1970er-Jahren begann diese Kochrichtung an der Westküste als California Cuisine und hat seither ihren Siegeszug durch die ganzen USA erlebt: als Northwest Cuisine mit viel Fisch in Oregon und Washington oder als New World Cuisine mit karibischen Anklängen in Florida.

Um sich für den Tag zu stärken, essen die Amerikaner meist ein großes Frühstück, das *American Breakfast* mit Eiern, Schinken oder Speck, Bratkartoffeln, Toast und Marmelade. Das kleinere *Continental Breakfast* besteht nur aus Kaffee, Toast oder einem süßen Kringel. Lunch ist meist nur eine kleine Mahlzeit, während das Dinner – in ländlichen Regionen schon gegen 18 Uhr – wieder eine große Mahlzeit ist.

Überall wird zum Essen Eiswasser gereicht. Auch das Bier ist in Amerika

Fastfood einmal anders: gegrillter Mais

immer eiskalt – und wird dazu noch im tiefgekühlten Glas serviert. „Bud" und „Coors" sind nach wie vor die Hauptmarken; die Ales, Pilsener und Weizenbiere der zahlreichen *Microbreweries* werden aber immer beliebter. Amerika produziert zudem ausgezeichnete Weine: Chardonnays, Pinot Noirs und Cabernet Sauvignons aus Kalifornien, Merlots und Pinot Gris aus Oregon und Washington.

Kellner arbeiten meist ohne Grundgehalt. Daher gilt ein Trinkgeld *(tip)* von 15 Prozent als normal. Inzwischen hat man aber in den Restaurants der touristischen Zentren gemerkt, dass Europäer, an das eingerechnete Trinkgeld gewöhnt, nur noch aufrunden. Man addiert nun manchmal seinerseits automatisch 15 Prozent hinzu. Das steht dann – sehr klein gedruckt – irgendwo auf der Rechnung.

# SHOPPING IST VOLKSSPORT

## „Please come again": Ob Edelboutiquen oder Fabrikverkauf – die Amerikaner lieben es, einzukaufen

> Ein Einkaufsbummel in den USA ist sehr angenehm – der Kunde ist hier wirklich König. Auch wenn Sie nichts kaufen, werden Sie mit einem freundlichen „Please come again" verabschiedet. Schuhe, Freizeitklamotten und Sportartikel wie Golf- und Tennisschläger, Kosmetik oder auch Vitaminpillen sind in Amerika meist günstiger. Vorsicht allerdings, die europäischen Zöllner kennen mittlerweile den Wert eines Golf-Sets, das man von drüben mitbringt. Achtung auch bei Geräten mit einem Steckdosenanschluss: Sehen Sie genau nach, ob die Elektronik umschaltbar ist und auch 220 Volt verarbeiten kann.

Geschäfte sind meist Mo–Sa 10–18 Uhr geöffnet, die großen Malls von 10–21 und So 12–17 Uhr. Große Drugstores und Lebensmittelsupermärkte sind auch abends und an den Wochenenden offen, teilweise sogar rund um die Uhr.

### INDIANISCHE SOUVENIRS

Die Sioux und andere Stämme im Norden fertigen Mokassins, aufwendige Perlenstickereien und Lederarbeiten. Die Pueblo-Indianer in New Mexiko stellen großartige Keramik her, jedes Pueblo in einem eigenen, unverwechselbaren Stil. Die Navajo in Arizona sind bekannt für ihre Webteppiche, für Silberschmuck und Sandbilder, die Hopi für kunstvoll geschnitzte Kachina-Puppen. Am besten ist, direkt im Reservat bei den Künstlern zu kaufen. Gute, gesicherte Qualität bekommen Sie aber auch in den *gift shops* der Museen, in den renommierten Galerien und im Südwesten auch in den Trading Posts am Rand der Reservate.

### MADE IN AMERICA

Souvenirs sind natürlich überall im Angebot: T-Shirts, Baseballkappen und andere Kleinigkeiten. Vieles davon ist allerdings „Made in China". Aber es gibt auch Authentisches. Alles, was mit der Cowboy-Kultur zusammen hängt, kommt meist aus Amerika: Stetson-Hüte, handgefertigte Stiefel oder Gürtelschnallen etwa. Beliebt sind auch andere Produkte der Regionen: Kaktus-

# > EINKAUFEN

marmelade aus Arizona oder kleine Kakteen (in Gärtnereien gezogen), Süßigkeiten mit Pecan-Nüssen aus den Südstaaten, Ahornsirup aus Neuengland, *beef jerky* (eine Art Dörrfleisch) oder Chilisoßen aus New Mexico. Oder wie wäre es mit dem Samenkorn eines Redwood-Baums aus Kalifornien oder einer hübschen Kleinskulptur?
An Wochenenden finden in vielen kleineren Orten mit künstlerischem Flair vor allem in Kalifornien und Neuengland so genannte *arts and crafts fairs* statt. Auf diesen Kunsthandwerksmärkten bekommen Sie – neben viel Kitsch – auch hübsche Töpferwaren, Schmuck und andere Mitbringsel von regionalen Künstlern.

## OUTLET SHOPPING

Die Outlet-Center nutzen die günstigeren Mieten und Personalkosten im Hinterland entlang der großen Interstate-Autobahnen und verkaufen Produkte zahlreicher Markenfirmen wie Donna Karan, Levi's oder Tommy Hilfiger zu Rabattpreisen. Zwar sind die Waren manchmal zweite Wahl oder aus der Kollektion des letzten Jahres, aber bei deutlich reduzierten Preisen stört das wenig. Tipp: Oft gibt es bei der Information des jeweiligen Outlet ein Couponbuch mit weiteren Vergünstigungen.

## SHOPPING MALLS

Überall in und um die Städte erwarten große Malls die Kunden – klimagekühlt, mit 100 oder 150 Boutiquen und Kaufhäusern. Und immer ist irgendwo ein *sale*, ein Ausverkauf. An den großen Feiertagswochenenden greift die Reduzierungswelle auf fast alle Geschäfte über – und der Einkaufsbummel schlägt dann leicht in Kaufrausch um. Für die Amerikaner sind diese Einkaufspaläste aber auch Treffs, wo man am Wochenende die Zeit verbummelt, wo sich Jugendliche am Nachmittag treffen und oft auch die Senioren in den Coffeeshops sitzen. Meist gibt es in den Malls auch einen *food court* – eine eigene Halle mit Fastfoodlokalen aber auch chinesischen, griechischen oder indischen Imbissständen.

# > WO AMERIKAS WIEGE STAND

## Das bunteste Herbstlaub, die schönsten Dörfer – Neuengland geizt nicht mit seinen Reizen

**> Es heißt oft, in Neuengland sei Amerika dem alten Europa am nächsten. Tatsächlich ist die geografische Distanz hier am kürzesten, und beim Anblick eines Connecticut-Dörfchens aus dem 18. Jh. möchte man meinen, irgendwo im alten England zu sein.**

Doch trotz aller Verwandtschaft verkörpert Neuengland viel von der Seele Amerikas. Bei Plymouth nahe Cape Cod gingen die legendären Pioniersiedler der „Mayflower" an Land. In Boston, heute der wirtschaftliche und kulturelle Nabel der Region, begann mit der „Tea Party" der Weg zur Unabhängigkeit der Vereinigten Staaten. Hier begann die Industrialisierung, von hier kommen die geschäftssinnigen Yankees, und von hier stammt auch der Puritanismus, Grundlage für die heutige Fixierung der USA auf materielle Güter und harte Arbeit – trotz der sprichwörtlich prüden Lebensart hat

Bild: Conway, Indian Summer

# NEUENGLAND

aber Massachussetts 2004 als erster US-Staat offiziell die gleichgeschlechtliche Ehe eingeführt.

Die sechs Neuenglandstaaten zählen zu den kleinsten der USA. Rhode Island, Connecticut, Massachusetts, Vermont, New Hampshire und Maine sind zusammen kaum halb so groß wie Deutschland. Dennoch verblüfft die Region mit einiger Vielfalt: im Süden Farmland, Strände und Dünen, im Norden dichte Laubwälder und eine felsige, zerrissene Küste. Im Binnenland durchziehen die Appalachen, eine sanft gerundete Mittelgebirgskette, das Land von Nord nach Süd – hier zeigt sich Anfang Oktober der Indian Summer von seiner buntesten Seite.

Eine wunderbare Ferienregion also – doch Vorsicht, auch für die Amerikaner ist Neuengland eins ihrer liebsten Ferienziele. Im Hochsommer herrscht reges Badeleben an den Küsten, und zum Indian Summer reisen die *leaf peeper*, die „Blättergucker", in Scharen an. Dann ist jedes Bett belegt – frühzeitiges Buchen empfiehlt sich daher. Ausführliche Informationen finden Sie im MARCO POLO Band „USA · Neuengland".

Whale Watching, Wandern, Vogelbeobachtung: Mount Desert Island

## ACADIA NATIONAL PARK

[179 E3] ★ **Im einzigen Nationalpark Neuenglands treffen Land und Meer in besonders reizvollen Kontrasten aufeinander.** Dichte Wälder, rosafarbene Granitklippen und dunkelblaues Wasser umrahmen bunte Fischerhäfen und kleine Ferienorte: Der Park entstand 1919 auf einem Stück Land, das John D. Rockefeller und andere reiche Naturfreunde gekauft hatten, um den Wald vor der zunehmenden Abholzung zu bewahren. Hauptort von *Mount Desert Island,* auf der der überwiegende Teil des 150 km² großen Parks liegt, ist *Bar Harbor* (2700 Ew.), ein alter Ferienort betuchter Sommerfrischler aus Boston und New York. Zu einem Panoramablick über die Küstenregion können sie den 467 m hohen *Cadillac Mountain* im Osten der Insel zu Fuß oder mit dem Auto erklimmen.

Das Visitor Center des Parks liegt in *Hulls Cove.* Ein sympathisches Hotel in einem typischen alten Neuenglandhaus ist das *Quimby House Inn* mitten im Ort Bar Harbor. *22 Zi. | 109 Cottage St. | Tel. 207/288-58 11 | www.quimbyhouse.com | €–€€*

# BERKSHIRE HILLS

[179 D4] **Die idyllische Bergregion im Nordwesten von Massachussetts ist seit langem ein Ziel für die Sommergäste aus Boston.** Vor allem Literaten (Hermann Melville schrieb vor 150 Jahren in Pittsfield „Moby Dick"), Musiker und Schauspieler kommen gerne – alles Leute mit gutem Geschmack. Berkshire-Örtchen wie *Stockbridge* und *Lenox* sind denn auch echte Schmuckstücke – vor allem zur bunten Blätterzeit im Indianersommer. Lohnenswert sind auch die zahlreichen Festivals; das Boston Symphony Orchestra etwa hat in *Tanglewood* seinen Sommersitz.

## SEHENSWERTES

### CLARK ART INSTITUTE

Französische Impressionisten und eine neue Galerie von Tadao Audo im hübschen historischen Uni-Städtchen. *Tgl. 10–17 Uhr, im Winter Mo geschl. | Eintritt 12,50 $ | 225 South St. | Williamstown | www.clarkart.edu*

### HANCOCK SHAKER VILLAGE

Das Leben der Shaker, einer christlichen Sekte aus dem 19. Jh., die schöne, schlichte Holzmöbel fertigte, wird hier anschaulich rekonstruiert. *Im Sommer tgl. 200–17 Uhr | Eintritt 15 $, US 20 | Pittsfield*

### MASSACHUSETTS MUSEUM OF CONTEMPORARY ART

Insider Tipp

Performances, riesige Skulpturen, Installationen: Ein aufgelassenes Fabrikgelände beherbergt Amerikas größtes Zentrum für Avantgardekunst. *Tgl. 11–17 Uhr | Eintritt 12,50 $ | North Adams | www.massmoca.org*

## AUSKUNFT

### BERKSHIRE VISITORS BUREAU

*3 Hoosac St., Adams | Tel. 413/743-45 00 | www.berkshires.org*

## ZIEL IN DER UMGEBUNG

### BENNINGTON [179 D4]

Das Bilderbuchdorf (9000 Ew.) im Süden Vermonts liegt rund eine Stunde Fahrt nördlich von Pittsfield inmitten sanft gewellter Hügel – ein

## MARCO POLO HIGHLIGHTS

★ **Acadia National Park**
Dunkle Wälder und felsige Buchten am Atlantik (Seite 36)

★ **Freedom Trail**
Tea-Party und Revolution: in Boston auf den Spuren der Freiheit (Seite 38)

★ **John F. Kennedy Library**
Das Bostoner Denkmal für den Präsidenten (Seite 39)

★ **Mount Washington Cog Railway**
Die älteste Zahnradbahn der Welt (Seite 41)

★ **Cape Cod**
Herrliche Sandstrände, Hummer und Wale (Seite 41)

★ **Schlösser**
In Newport stehen Paläste von Amerikas Geldadel aus der Gründerzeit (Seite 42)

bunter Herbsttraum zu Anfang Oktober. Ein Blick ins *Bennington Museum* lohnt sich, es besitzt die größte Sammlung von Werken der naiven Künstlerin Grandma Moses.

Insider Tipp

## BOSTON

[179 E4] **Backsteinhäuser, kopfsteingepflasterte Gassen, gepflegte Parkanlagen – die Altstadtviertel von Boston erinnern an London, Lübeck oder Amsterdam.** Doch die charmante, sehr lebenswerte Hauptstadt von Massachussetts (7,4 Mio. Ew.) ist mit ihren großen Universitäten zugleich ein Powerhouse der Hightechindustrie und neben New York das bedeutendste Finanzzentrum an der Ostküste. Boston wurde 1630 von Puritanern gegründet. Als Handelsstadt am Charles River erlangte es schnell Bedeutung und spielte bald auch eine Hauptrolle im Kampf der Kolonien um die Unabhängigkeit von England. Die meisten historischen Sehenswürdigkeiten der Stadt stammen aus jener Zeit.

## > LOW BUDGET

- Mit Discount-Pässen lässt sich beim Sightseeing in Boston viel Geld sparen, etwa mit dem *CityPass Boston (6 Museen und Attraktionen für 44 $ | www.citypass.com)* oder dem *Boston Explorer Pass (Stadtrundfahrt oder Wal-Tour plus 2 Attraktionen für 45 Dollar | www.explorerpass.com).*
- Die günstigsten Hummer Neuenglands servieren die Lokale in den Häfen. Bestes Beispiel: *Beal's Lobster Pier* im Örtchen *Southwest Harbor, Maine (gleich neben dem Acadia National Park).* Hier gibt's für 15 $ einen ganzen gekochten Hummer frisch vom Boot. *182 Clark Point Rd. | Tel. 207/244-71 78*
- Es heißt, *Filene's Basement (Boston)* hat 1908 das Discount-Shopping erfunden. Das System ist immer noch dasselbe wie damals: Jedes Kleidungsstück wird in bestimmten Abständen um weitere 25 Prozent herabgesetzt. *426 Washington St. | www.filenesbasement.com*

### SEHENSWERTES

#### BACK BAY

Ein großzügig angelegtes Wohnviertel mit Bauten aus der zweiten Hälfte des 19. Jhs. und schicken Boutiquen an der *Newbury Street.* Angrenzend: *Copley Square* mit dem *Prudential Center* (Skywalk-Aussichtsplattform), der *Trinity Church* und der *Boston Public Library,* der ältesten Bibliothek der Vereingten Staaten.

#### BEACON HILL

Enge Gassen, malerische alte Backsteinhäuser – hier lässt Boston seinen ganzen Charme spielen.

#### FREEDOM TRAIL ★

Dieser durch eine rote Linie auf den Gehwegen markierte, 4 km lange Pfad führt zu allen Stätten, die in der Amerikanischen Revolution eine Rolle spielten. Ausgangspunkt ist der *Common,* der zentrale Stadtpark (am Info-Center).

#### ISABELLA STEWART GARDNER MUSEUM

Eine Oase der hohen Kunst mit Werken von Tizian und Rembrandt. Schöner Innenhof. *Di–So 11–17 Uhr | Eintritt 12 $ | 280 The Fenway*

### JOHN F. KENNEDY LIBRARY ★

Museum und Gedenkstätte für den 1963 ermordeten Präsidenten und seinen Bruder Robert (ermordet 1968) in einem spektakulären Bau von I.M. Pei. *Tgl. 9–17 Uhr | Eintritt 12 $ | in Dorchester südlich der Innenstadt, I-93 South | Exit 15*

## ESSEN & TRINKEN

### DURGIN-PARK

Das Restaurant am North Market ist eine Institution. Mächtige Portionen von Hummer und Prime Rib; laut, voll und touristisch, aber gut. *340 Faneuil Hall Marketplace | North Market Hall | Tel. 617/227-20 38 |* €–€€

Old State House in Boston: Hier residierte bis 1776 die britische Kolonialregierung

## TOUR

### WHALE WATCHING

Das ausgezeichnete *New England Aquarium* veranstaltet von April–Okt. naturkundliche Touren zum Wale-Beobachten in den Fischgründen der Stellwagen Bank. Daneben gibt es tägliche Shows mit Pinguinen, Seehunden und anderen Meeresbewohnern. *Central Wharf | Tel. 617/973-52 06 | www.neaq.org | Fahrt 36 $*

### SUMMER SHACK

Insider Tipp

Party-Lokal mit großer Bar und riesiger Austern- und Muscheltheke. *50 Dalton St. | Tel. 617/867-99 55 |* €–€€

### LEGAL SEA FOODS

Getreu dem Motto „Was nicht frisch ist, ist nicht legal" bietet das Lokal am Hafen erstklassige Fisch- und Meeresfrüchte. *255 State St. | Tel. 617/742-53 00 |* €€

## ÜBERNACHTEN

### B&B ASSOCIATES BAY COLONY

Vermittlung von Pensionen und Apartments. *Tel. 781/449-53 02* | *www.bnbboston.com* | €–€€

### FAIRMONT COPLEY PLAZA

Elegantes, historisches Grandhotel, zentral im Viertel Back Bay. *379 Zi.* | *138 St. James Ave.* | *Tel. 617/267-53 00* | *www.fairmont.com* | €€€

## AUSKUNFT

### GREATER BOSTON CONVENTION AND VISITORS BUREAU

*2 Copley Place* | *Tel. 888/733-26 78* | *www.bostonusa.com* | *Info-Center am Common*

## ZIELE IN DER UMGEBUNG

### CAMBRIDGE [169 E4]

Die am gegenüberliegenden Ufer des Charles River gelegene Stadt beherbergt zwei berühmte Universitäten: das *Massachusetts Institute of Technology (MIT)* und die *Harvard University*, die älteste Hochschule der USA. Studenten halten kostenlose Führungen über den Campus und weisen auch den Weg zu den hervorragenden Museen der Universität.

Im Museumsdorf von Plymouth steht die exakte Nachbildung der Mayflower II

### LOWELL [179 E4]

Insider Tipp

Die Stadt (105 000 Ew.), rund 50 km nördlich von Boston, gilt als Geburtsort der industriellen Revolution in Amerika. Hier baute Francis C. Lowell 1813 seine erste Fabrik mit mechanischen Webstühlen. Wenig später war Lowell eine Hochburg der Textilindustrie – und heiß umkämpftes Schlachtfeld der Gewerkschaftler. Der *Lowell National Historical Park* dokumentiert heute in einem großartigen Freiluftmuseum das frühe Industriezeitalter *(Park tgl. 9–17 Uhr, Museum 9.30–17 Uhr | Museumseintritt 6 $ | Visitor Center 246 Market St.).*

### PLIMOTH PLANTATION [179 E4]

Hier, beim heutigen Plymouth, gingen 1620 die Pilgerväter an Land. Heute ein faszinierendes Museumsdorf, komplett mit Schauspielern. *April–Nov. tgl. 9–17 Uhr* | *Eintritt 28 $*

### ROCKPORT [179 E4]

Die alte Künstlerkolonie (6000 Ew.) am Cape Ann, 75 km auf der SR 128 in Richtung Nordosten, entspricht genau dem Klischee eines malerischen Hafenorts.

### SALEM [179 E4]

Die Hafenstadt (40 000 Ew.), ca. 30 km nördlich von Boston, hat früh traurige Berühmtheit erlangt: 1692 wurden hier Hexen verbrannt. Im *Salem Witch Museum* erläutert eine sehr gute Multimediashow die Vorfälle. Der langen Seefahrergeschichte der Stadt, die einst einer der wichtigsten Häfen Neuenglands war, widmen sich das *Peabody Essex Museum* und die *Salem Maritime National Historic Site,* ein Freiluftmuseum aus alten Werften und Lagerhallen.

## CAPE COD

[179 E4] ★ **Wie ein krummer Kleiderhaken ragt die Halbinsel vor Massachusetts rund 100 km in den Atlantik hinaus.** Mit ihren langen Sandstränden, guten Hotels und Fischrestaurants ist sie ein beliebtes Wochenend- und Ferienziel der Bostoner. Trotzdem können Sie hier auch ruhige Plätzchen finden und Cape Cod so erleben, wie es die Maler, die sich um Wende zum 20. Jh. in dem hübschen Hafenstädtchen *Provincetown* niederließen, lieben gelernt haben: als eine kilometerlange, naturbelassene Dünenlandschaft, die heute in der *Cape Cod National Seashore* unter Schutz steht.

Cape Cod vorgelagert liegen die Inseln *Martha's Vineyard* und das als Walfängerhafen im 19. Jh. berühmt gewordene *Nantucket* (es bestehen Fährverbindungen), beides ebenfalls beliebte Sommerziele mit schönen Stränden.

### SEHENSWERTES

**HERITAGE MUSEUMS & GARDENS**

Der weitläufige Museumskomplex in Sandwich liegt in einem prächtigen Park und zeigt Kunst, Oldtimer-Autos und Militärgeschichte. *Im Sommer tgl. 10–17 Uhr | Eintritt 12 $ | Sandwich | Grove/Pine Sts.*

### AUSKUNFT

**CAPE COD CHAMBER OF COMMERCE**

*Route 6/Route 132 | Hyannis | Tel. 508/362-32 25 | www.capecodchamber.org*

## MOUNT WASHINGTON

[179 E3] **Der 1917 m hohe Berg in den White Mountains von New Hampshire ist der höchste Punkt Neuenglands.** Die grandiose Aussicht vom Gipfel über das waldreiche Mittelgebirge kann auch genießen, wer keine Bergtouren gewöhnt ist: Die ★ *Mount Washington Cog Railway* schnauft seit 1869 auf steilen Schienen (37 Prozent Steigung!) den Berg hinauf.

Als Ausgangspunkte für Touren eignen sich die Örtchen *Bretton Woods, Conway* und *North Conway.* Gute Wanderreviere erwarten Sie in *Franconia Notch, Crawford Notch* und *Pinkham Notch* (*notches* sind Schluchten). Besonders schön ist im Herbst die Fahrt auf dem von Laubwäldern gesäumten *Kancamagus Highway* (Insider Tipp) zwischen Conway und North Woodstock.

## NEW BEDFORD

[179 E4] **Anfang des 19. Jhs. war der Walfang Neuenglands bedeutendste Industrie, und New Bedford (92 000 Ew.) in Massachusetts war das Zentrum.** Wie wohlhabend New Bedford damals war, können Sie in Hermann Melvilles „Moby Dick" nachlesen; die Geschichte von der Jagd auf den weißen Wal nimmt hier ihren Anfang.

## SEHENSWERTES

**WHALING MUSEUM**

Weltweit die beste Sammlung zum Thema Walfang, komplett mit Nachbau eines Fangschiffs und Pottwalskeletts. *Tgl. 9–17 Uhr | Eintritt 10 $ | 18 Johnny Cake Hill*

## ZIEL IN DER UMGEBUNG

**NEWPORT** [179 E4]

Eine Verfilmung des „Großen Gatsby" könnte gut vor der Kulisse von Newport spielen. Das alte Seebad in Rhode Island, ca. 40 km südlich von Bedford gelegen, verkörpert das Flair der eleganten 1920er-Jahre. Richtige ★ Schlösser stehen hier entlang des *Cliff Walk* in beherrschender Lage am Atlantik, erbaut vom Geldadel Amerikas: Die Vanderbilts, die Morgans, die Astors verbrachten hier ihre Sommer. Dank der Newport Preservation Society blieben die spektakulärsten dieser „Cottages", wie *The Breakers* und *Marble House,* erhalten und können besichtigt werden.

Im Restaurant *The Mooring* gibt es guten Fisch und Hummer mit Blick über den Hafen; Drinks auf der Veranda. *Sayer's Wharf | Tel. 401/ 846-22 60 |* €€–€€€

# NEW HAVEN

[179 D4] **In die Stadt New Haven (123 000 Ew.) fährt man wegen Yale, der Eliteuniversität.** Seit ihrer Gründung im Jahr 1701 liegt sie in Wettstreit mit Harvard, welche Uni denn mehr Nobelpreisträger und Spitzenpolitiker hervorbringt. Studenten bieten kostenlose Führungen an. Die Hochschule besitzt gute Museen, so etwa das naturkundliche *Peabody Museum* und die *Beinecke Rare Book and Manuscript Library.*

## ZIEL IN DER UMGEBUNG

**MYSTIC SEAPORT** [179 D4]

Das Freilichtmuseum eine knappe Fahrstunde östlich von New Haven lädt zur Zeitreise ins 19. Jh. ein, in eine typische Hafenstadt Neuenglands. Auch Dampferfahrten werden angeboten. *Im Sommer tgl. 9–17, sonst 10–16 Uhr | Eintritt 18,50 $ | an der I-95 | Exit 90*

# PORTLAND

[179 E3–4] **Mit 65 000 Ew. ist der bereits 1632 gegründete Hafenort die wichtigste Metropole in Maine.** Die viktorianische Altstadt *Old Port Exchange* mit ihren Boutiquen und Restaurants ist ein Beispiel gelungener Innenstadterneuerung. Sehenswert ist neben historischen Häusern wie der *Victoria Mansion (tgl. 10–16, So 13–17 Uhr | Eintritt 13,50 $)* vor allem das *Portland Museum of Art (Di–So 10–17 Uhr | Eintritt 10 $),* das auf amerikanische Kunst des 19. und 20. Jhs. spezialisiert ist.

## ZIEL IN DER UMGEBUNG

**MAINE COAST** [179 E–F 3–4]

Nördlich von Portland beginnt der eindrucksvollste Teil der Küste Neuenglands. An der waldreichen, zerrissenen Küstenlinie liegen hübsche Fischerorte wie *Bath* und *Boothbay Harbor.* In *Brunswick* schrieb Harriet Beecher Stowe „Onkel Tom's

Hütte". Im Süden dagegen warten Sandstrände, und knapp 40 km südlich von Portland erreichen Sie das malerische *Kennebunkport,* wo der ehemalige Präsident George Bush Senior sein Sommerhaus hat.

Woodstock ist der perfekte Ort, zu entspannen und die ländliche Kulisse zu genießen. *Auskunft: www.woodstockvt.com*. Das Dörfchen Quechee (7 Meilen nordöstlich) bietet jede Menge Wanderwege.

Maine Coast: Nicht weit von Bath liegt der Leuchtturm von Pemaquid Point

# WOODSTOCK

[179 D4] **Woodstock (nicht das Woodstock im Staat New York, bei dem das weltberühmte Festival stattfand) gehört zu den Paradedörfern Vermonts:** An den Straßen stehen elegante, im Federal und Georgian Style erbaute Häuser, der Ottauquechee schlängelt sich durchs Stadtzentrum. Eine überdachten Brücke führt von einer Seite zur anderen.

## ZIEL IN DER UMGEBUNG

**GREEN MOUNTAINS** [179 D3]

Der zentrale Abschnitt der größten Bergkette Vermonts mit seinen altertümlichen Dörfern liegt rund eine Fahrstunde westlich von Woodstock (gute Wanderwege und Skipisten). Auf der Ostseite der Berge verläuft der *Highway 100,* vielleicht die schönste Panoramastrecke durch Vermont im Indian Summer. Insider Tipp

# > METROPOLEN UND LIEBLICHES HINTERLAND

## Zwischen New York und Washington D.C. zeigt sich Amerika seiner Geschichte und seinen Traditionen verhaftet

**> Dank der Pilgerväter gebührt Neuengland der Titel als Wiege der USA. Doch historisch und politisch ist die Region der mittleren Atlantikstaaten fast noch stärker mit der Geschichte der jungen Nation Amerika verbunden.**

In Philadelphia wurde 1776 die Unabhängigkeitserklärung unterzeichnet. Und das mit prächtigen Avenuen angelegte Washington D.C. ist seit dem Jahr 1800 der politische Kopf der heutigen Supermacht.

Dennoch steht die Region immer ein wenig im Schatten der übermächtigen Metropole New York. Schade, denn die von vielen Buchten zergliederte, breite Küstenebene am Atlantik und die dahinter liegenden Hügel der Appalachian Mountains können mit sandigen Stränden, hübschen Kleinstädten, Naturparks und zahlreichen historischen Stätten aufwarten. Vier bis fünf Tage dürfen Sie sich für eine Tour von New York bis

Bild: New York, Blick vom Empire State Building

# MITTLERE ATLANTIK STAATEN

Washington ruhig Zeit nehmen. Dann werden Sie in bunter Folge Metropolen und kaum bekannte Naturlandschaften erleben.

Die wenigsten etwa wissen, dass es neben New York City auch einen Staat New York gibt (zur besseren Unterscheidung oft „Upstate New York“ genannt). Dort ist der *Indian Summer* mit seiner Farbenpracht im idyllischen Tal des Hudson River genauso schön wie in Neuengland. Südlich davon liegt das kleine New Jersey, das man auch das „Schlafzimmer New Yorks“ nennt. Es ist aber auch der Spielplatz der New Yorker, denn entlang der Küste dehnen sich bis Cape May lange Strände, und in Atlantic City, dem Las Vegas der Ostküste, rattern die Spielautomaten und schwingen Showgirls die Beine. Nebenan, im einst von frommen Quäkern gegründeten Pennsylvania, wird dies eher als Teufelswerk gese-

Gelbe Taxis, die Yellow Cabs, prägen das New Yorker Straßenbild

hen – zumindest im Lancaster County bei den Amish, jener altdeutsch-rheinischen Sekte, deren Angehörige sich in altmodische schwarze Tracht hüllen und wie ihre Vorväter leben. Welch ein Kontrast zur Metropole Philadelphia nur eine Stunde weiter.

Südlich davon grenzen der winzige Staat Delaware und das von der riesigen Chesapeake Bay geprägte Maryland an. Berühmt ist diese Bucht für ihre leckeren Krebse – und für die hier in zahlreichen Stützpunkten vertretene US-Navy. Die Herren über die Fregatten und Flugzeugträger residieren gleich nahebei: im Pentagon vor den Toren der Bundeshauptstadt Washington D.C. In weiser Voraussicht haben die Gründerväter den Regierungssitz des Landes keinem einzelnen Staat zugeordnet, sondern einen eigenen, vom Kongress verwalteten Bezirk zwischen den Staaten Maryland und Virginia geschaffen. Dort wurden über die letzten 200 Jahre Prunkbauten und Denkmäler errichtet und all die großen Nationalmuseen angesiedelt: eine würdige Hauptstadt.

## BALTIMORE

[178 C5] **Die mit rund 2,7 Mio. Ew. größte Stadt des Staats Maryland liegt an einem Nordarm der Chesapeake Bay und ist eine der Überraschungen der amerikanischen Ostküste:** Ehemals Tabakhafen und unansehnliche Industriestadt, hat Baltimore jüngst durch ein großes Sanierungsprogramm ungemein an Attraktivität gewonnen. Kunstinteressierte können sich zudem auf ausgezeichnete Sammlungen freuen im *Walters Art Museum* und im *Baltimore Museum of Art* („Cone Collection“ für moderne Kunst).

### SEHENSWERTES

**INNER HARBOR**

Das Herz von Baltimore: Restaurants und Geschäfte, historische Schiffe,

Museen, Boote zum Ausleihen und ein *Watertaxi,* das alle Sehenswürdigkeiten im weiten Hafenbecken anläuft. *Tagespass 9 $*

sider ipp

**LEXINGTON MARKET**

Der älteste Markt Amerikas: Gemüse, Obst, Bonbons und viele Buden mit kulinarischen Spezialitäten. Bei J. W. Faidely´s gibt es die besten *crabcakes* der Chesapeake Bay. *Mo–Sa 9–17 Uhr | 400 Lexington St.*

**NATIONAL AQUARIUM ★**

Eines der schönsten Aquarien Amerikas. Sieben kurvige Etagen mit nachgestellten Lebensräumen des Meeres beherbergen etwa 11 000 Tiere. Am bekanntesten ist das Aquarium für seine Haie und Delphine. Die Delphin-Shows finden über den ganzen Tag verteilt statt. *Tgl. 9–17, im Winter werktags bis 16, im Sommer Fr/Sa bis 20 Uhr | Eintritt 22 $ | 501 E. Pratt St. | www.aqua.org*

### AUSKUNFT

**BALTIMORE VISITORS ASSOCIATION**

*401 Light St. | Tel. 877/225-84 66 | www.baltimore.org*

## NEW YORK

**[179 D5] New York setzt die Standards. An ihr müssen sich alle anderen Metropolen messen. In New York (19 Mio. Ew.), genauer in dem relativ kleinen Stadtteil Manhattan, kommt alles zusammen: Macht, Geld, Kultur – und Elend.** Selbstbewusst tragen die New Yorker zur Schau, was sie haben. Zwar gibt es weiterhin Obdachlosigkeit, Suppenküchen und Kriminalität, doch eine große Kampagne des letzten Bürgermeisters Rudolfo Giuliani hat die Stadt viel sauberer und für Besucher sicherer gemacht. Und die Anschläge vom 11. September 2001 haben die New Yorker zusammenrücken lassen.

Obwohl schon oft totgesagt, blüht „The Big Apple" unentwegt weiter. Eine ganze Reihe neuer, postmoderner Hochhäuser: scheinbar schon Jahrzehnte her. Die *gentrification,* bei der Yuppies die alteingesessenen Bewohner Manhattans verdrängten: Vergangenheit. Die Umwandlung des Times Square vom verrotteten Laster- und Drogeneck zum wieder neuen Zentrum: abgeschlossen. Der 11. September und die Finanzkrise

## MARCO POLO HIGHLIGHTS

**★ National Aquarium**
Korallenriffe, Rochen und Haie im Aquarium von Baltimore (Seite 47)

**★ Empire State Building**
Inbegriff eine Wolkenkratzers und Wahrzeichen New Yorks seit 1931 (Seite 49)

**★ Niagara Falls**
Amerikas berühmtestes Naturspektakel (Seite 52)

**★ Vietnam Veterans Memorial**
Bewegendes Denkmal für die Gefallenen in der Hauptstadt (Seite 57)

**★ National Air and Space Museum**
Alte Flugzeuge und moderne Raumstationen in Washington D. C. (Seite 58)

**★ Luray Caverns**
Eine unterirdische Märchenwelt im Shenandoah National Park (Seite 59)

von 2008: Selbst damit lernen die New Yorker irgendwie umzugehen.

Mehr Informationen finden Sie im MARCO POLO Band „New York".

## SEHENSWERTES

### BROOKLYN BRIDGE

Sie ist die erste stählerne Hängebrücke der Welt und ein beeindruckendes

Der Fußgänger- und Fahrradweg, der östlich der City Hall beginnt, bietet eine wunderbare Aussicht auf Lower Manhattan und Brooklyn. Im *River Café (1 Water St. | Tel. 718/522-52 00 | €€–€€€)* auf der Brooklyn-Seite gibt zur fabelhaften Aussicht noch ordentliches Essen und gute Drinks.

Insider Tipp

Die New Yorker lieben ihren Central Park. Im Sommer tanzen sie hier Samba bis in die Nacht

Symbol amerikanischer Schaffenskraft. Als die neogotischen Granitpfeiler der Brücke nach 16 Jahren Bauzeit 1883 endlich die doppelte Fahrbahn und den hölzernen Fußgängersteg trugen, führten 150 000 Menschen einen Freudentanz auf. Brückenkonstrukteur John Röbling erlebte ihn nicht mehr. Bei Messarbeiten war ihm ein Bein zerquetscht worden. Er starb an den Amputationsfolgen.

### CENTRAL PARK

Nicht nachts und nicht in die entlegenen Winkel, sonst aber hinein in die grüne Lunge zwischen 59th und 110th Street sowie zwischen Fifth Avenue und Central Park West, der Verlängerung der Eighth Avenue. Hier ist der Ort der Lunchpause für Büroangestellte, der Spielplatz der Kinder, das Séparée der Liebespaare, das Rund der Jogger, Fahrradfahrer,

Eisläufer und Rollerblader. Pferdekutschen fahren hindurch und Benzinkutschen vom Typ Cadillac Stretchlimousine. New Yorks Neureiche speisen zu Mittag gern in der *Tavern on the Green (W. 67th St. | Tel. 212/873-32 00 | €€–€€€).*

#### CHINATOWN UND ANDERE VIERTEL

Nördlich der Brooklyn Bridge hinter der City Hall beginnt das zwölf Blocks umfassende chinesische Viertel: winzige Orientgeschäfte, Garküchen, Restaurants, Pseudopagoden, Girlanden. Gut und billig essen? Hier! Wo am besten? Wo die Familie vor der Tür sitzt und Gemüse putzt. Was? Alles, nur nicht Chop Suey oder Fried Rice: Die wurden für den Geschmack der Langnasen erfunden.

Andere interessante Viertel: östlich von Chinatown die *Lower East Side,* früher verwahrlost, heute hippes Stadtviertel. Von den ersten Bewohnern des Viertels, den Juden, ist u.a. die *Eldridge Street Synagogue*, übrig geblieben *(www.eldridgestreet.org)*. Mit Retro-Industrial-Look beeindruckt *Tribeca* (Triangle Below Canal Street) – hier gibt es schicke Lofts und Lounges. *SoHo* (South of Houston) ist das etablierte Künstlerviertel mit den größten Galerien und den mondänsten Boutiquen. U. a. schwer im Kommen: das Brooklyner Viertel *Red Hook* südlich von Carroll Gardens: mit Blicknähe zum Hafen und zur Freiheitsstatue, coolen Bars und Restaurants.

#### EMPIRE STATE BUILDING ★

1929 begonnen, 1931 vollendet, ist das Gebäude immer noch der Inbegriff eines Wolkenkratzers. Sein Gewicht: 331 120 000 kg. Höhe: mit Antenne 443,18 m. Treppenstufen: 1860, mittels 73 Aufzügen können sie vermieden werden. Von der Aussichtsplattform im 86. Stock (102. Stock derzeit für Umbau geschl.) geht der Ausblick gut 80 km in die Ferne. *Tgl. 8–2 Uhr morgens | Eintritt 19 $ | Fifth Ave./34th St.*

#### FLATIRON BUILDING

An der Kreuzung von Broadway, Fifth Avenue und 23rd St. steht das berühmte Bügeleisengebäude aus dem Jahr 1902. Damit es hier überhaupt hinpasst, wurde es dreieckig gebaut – an seiner Schmalseite ist es nur 2 m breit. Neben der Freiheitsstatue, dem Chrysler Building sowie dem Empire State Building ist es eines der Wahrzeichen von New York City.

#### GREENWICH VILLAGE

Das Village ist ein Szeneviertel mit Cafés, Bars, Restaurants und experimentellen Theatern. Sein Aufstieg begann in den 1920ern, als die Bohème das Viertel zum Montmartre von New York kürte. In den 1970ern hatte die Schwulen- und Lesbenbewegung hier *(Christopher Street)* ihr Zentrum. Später entdeckten auch reiche New Yorker das Quartier. Die Häuser sind teuer saniert und schöner denn je, das Viertel lebt von seinem alten Ruf und prominenten Bewohnern wie Dustin Hoffmann oder Uma Thurman.

#### GROUND ZERO

Seit dem 11. September 2001 ist nichts mehr, wie es war. Jedenfalls nicht an der Südspitze von Manhattan, wo die beiden Türme des World Trade Center durch die Terroranschläge zerstört wurden. *Ground Zero* heißt der Ort bei den New Yorkern. Ein hoher Metallzaun umgibt heute den Standort der ehemaligen Twin Towers *(ChurchSt./Fulton St.)*. Dort hängen Fotos mit Texten, die einen Eindruck vom Ablauf der Ereignisse geben. Die Planungen für den neuen Freedom Tower gehen voran. Denkmal und Center entstehen nach den Entwürfen des Architekten Daniel Libeskind, der auch das Jüdische Museum in Berlin gestaltete. *Infos zum Projekt: www.renewnyc.com*

Amerikas Ikone: die Freiheitsstatue

### METROPOLITAN MUSEUM OF ART

„The Met" ist eines der ganz großen Kunstmuseen der Welt und eine der beliebtesten Sehenswürdigkeiten von New York. Einige Highlights: die Abteilungen griechische, römische und ägyptische Kunst, der amerikanische Flügel, die Impressionisten. Dachgartencafé mit Blick über Manhattan. *Di–So 9.30–17.30, Fr/Sa bis 21 Uhr | Eintritt 20 $ | 5th Ave., 82nd St. | www.metmuseum.org*

### MUSEUM OF MODERN ART

Cézannes, Van Goghs, Picassos: Das MoMA ist der weltweit bekannteste Tempel für Kunst des späten 19. und des 20. Jhs. Seit 2005 residiert das riesige Museum in einem opulenten Neubau. Toll: der Skulpturengarten und das Kino, in dem das MoMA Auszüge seiner Sammlung von über 19 000 Filmen zeigt. *Mi–Mo 10.30–17.30 Uhr, Fr bis 20 Uhr | Eintritt 20 $ | 11 West 53 St. | www.moma.org*

### STATUE OF LIBERTY

Im Haus des französischen Historikers Edouard de Laboulaye kam bei einem Diner die Idee auf. Einer der Gäste, der Elsässer Bildhauer Frédéric Auguste Bartholdi, reiste mit der Idee im Kopf nach Amerika. Im Hafen von New York nahm sie Form an, Bartholdi sah eine „mächtige Frau mit einer Fackel" vor seinem geistigen Auge. Die Franzosen brachten damals 250000 Dollar auf, die Amerikaner, die nur den Sockel bauen sollten, keinen Cent. „Ein Leuchtturm für New York" – weshalb? Aber der Verleger Joseph Pulitzer nutzte seine „New York World" für eine nationale Spendenkampagne. Am 28. Oktober

1886 erleuchtete die 93 m hohe *Lady Liberty* erstmals die Welt. *Fähre (12 $) von Battery Park City nach Liberty Island und zum Einwanderungsmuseum auf Ellis Island; Eintritt frei, Besteigung der Statue aus Sicherheitsgründen nicht möglich*

#### WALL STREET

Gouverneur Peter Stuyvesant ließ 1653 eine Mauer errichten, um die Indianer abzuwehren. Die Briten hatten solchen Schutz nicht mehr nötig, ließen den Wall abreißen, eine neue Straße mit Kaffeehäusern und Kneipen entstand. Mit der Unabhängigkeit 1776 kamen die Geldhändler: Die ersten Börsianer wählten das *Tontine Coffee House* an der Ecke Wall Street und Water Street als Domizil. Die heutige *New York Stock Exchange* hat 2773 gelistete Mitglieder und 1700 assoziierte Firmen. Pro Tag handeln sie mit mehr als einer Mrd. Aktien und Wertpapieren. Das US-Börsenjahr 2008 wird dabei als das Horrorjahr in die Geschichte eingehen: Nie zuvor wurde an der Wall Street so viel Vermögen in Luft aufgelöst wie im Jahr der weltweiten Finanzkrise. Der Börsenwert aller Firmen im US-Börsenbarometer schmolz um satte 7,3 Billionen Dollar. *Das Besucherzentrum der New York Stock Exchange ist derzeit aus Sicherheitsgründen geschlossen.*

#### WOLKENKRATZER

Außer dem Empire State Building sind noch Dutzende anderer Wolkenkratzer sehenswert. Hier einige der interessantesten Wolkenkratzer der City: Das *Chrysler Building* (318,8 m), mit herrlicher Art-déco-Lobby *(Lexington Ave./42nd St. | tgl. 7–18 Uhr)*. Das *Citicorp Center* (278,9 m) steht wie auf Stelzen *(Lexington Ave. zwischen 53rd/54th St.)*. Das *RCA-Building* (259,1 m) ist Teil des Rockefeller Centers *(Sixth Av.)*: ein 70-stöckiger Art-déco-Turm mit der Aussichtsplattform *Top of the Rock*, die einen weiten Blick über City und Central Park erlaubt *(tgl. 8–24 Uhr | Eintritt 20 $)*. Zum Rockefeller-Komplex gehört auch die *Radio City Music Hall*, ein perfekt restauriertes Art-deco-Theater mit regelmäßigen Führungen. Das *World Financial Center* (225,5 m) ist eine postmoderne Hochhauslandschaft im Süden Manhattans. *Battery Park City* (225 m) glänzt mit einem glasüberwölbten Palmengarten. *AT&T Tower* (198 m), auch postmodern, mit einer runden Öffnung im Spitzgiebel *(Madison Ave. zw. 55th und 56th St.)*. Der *Trump Tower* (202,3 m), ist ein Konsumtempel an der *Ecke Fifth Ave./56th St.* Der *Hearst Tower* (182 m), 2006 nach einem Entwurf von Norman Foster erbaut, ist der erste Wolkenkratzer mit nachhaltigen Energie- und Müllkonzepten *(300 West 57th St)*.

Insider Tipp

### ESSEN & TRINKEN

#### BROOKLYN DINER

Insider Tipp

New-York-typischer Diner, aber in etwas gehobenerer Version. Schön auch zum Frühstück. *212 West 57th St. | Tel. 212/977-19 57 | €–€€*

#### OYSTER BAR & RESTAURANT

Stuck- und Freskenpalast in der *Grand Central Station*. Fisch vom Grill und Austern. *Im Bahnhof an der Ecke 42nd St./Park Ave. | Tel. 212/490-66 50 | €€*

## ÜBERNACHTEN

**AMERITANIA**

Kleines, angenehmes Designhotel, zentral gelegen in Midtown zwischen Times Square und Central Park. *230 West 54th St. | Tel. 212/247-50 00 | www.nychotels.com/ameritania.html | €€–€€€*

**CHELSEA INN**

Kleine Pension in zwei renovierten Stadthäusern. Sehr einfach, aber sauber. Alle 17 Zi. mit kleiner Küche. *46 W. 17th St. | Tel. 212/645-89 89 | www.chelseainn.com | €–€€*

Insider Tipp **GRACE HOTEL** ▶▶

Ultracoole Herberge mit DJs am Pool und iPod-Soundsystem in allen 139 Zimmern. Zentral in Midtown gelegen. *125 W. 45th St. | Tel. 212/354 23 23 | www.room-matehotels.com | €€€*

## AM ABEND

Martinibars und Jazzclubs, Blueskneipen und coole Dachgarten-Lounges – New York schläft nie. Epizentren der Szene sind *Greenwich Village*, die derzeit sehr beliebte ▶▶ *Lower East Side (LES)*, *SoHo*, der *Meatpacking District*, das *Lincoln Center* für klassische Aufführungen und die *Broadway-Theater* um den *Times Square*. Details in den Programmzeitungen „Time out" und „Village Voice". Tickets verkauft das *Times Square Visitor Center | 7th Ave./47th St.*

## AUSKUNFT

**NEW YORK CITY & COMPANY**

*810 Seventh Ave. | Tel. 212/484-12 22 | www.nycvisit.com, www.newyork.de*

> **www.marcopolo.de/usa**

# NIAGARA FALLS

[178 C4] ★ **Die berühmten Fälle am Niagara River zwischen dem Lake Erie und dem Lake Ontario besitzen zwei Staatsangehörigkeiten: die amerikanische und die kanadische.** Obwohl das Wasser auf der amerikanischen Seite mit 54 m tiefer stürzt als auf der 52 m hohen kanadischen Seite, sind die kanadischen Fälle beeindruckender. Sie schießen in einem gewaltigen Hufeisen *(horseshoe)* auf fast 800 m Breite über die Felskante. Von *Goat Island* aus, der Insel, die die Wassermassen trennt, können Sie einen guten Blick auf beide Fälle werfen.

## TOUR

**„MAID OF THE MIST"**

Das Schiff fährt bis an den Fuß der schäumenden Kaskaden – eine beeindruckende Perspektive. Und sehr feucht, Regenzeug ist inklusive. *Im Sommer 9.15–20 Uhr | Fahrpreis 12,50 $ | Abfahrt am Observation Tower am Prospect Point*

# PHILADELPHIA

[179 D5] **Für die Amerikaner ist Philadelphia (5,8 Mio. Ew.) der Schrein ihrer Demokratie. Hier wurde die Unabhängigkeitserklärung verfasst und unterzeichnet, hier läutete die Freiheitsglocke.** Und Philadelphia war die Hauptstadt der USA, bevor die Regierung nach Washington umzog. Viele der Attraktionen in der fußgängerfreundlichen Innenstadt wie auch die alten Villen am *Society Hill* stammen daher aus der Kolonialzeit. Darüber hinaus ist die einst vom Quäker William Penn (daher Pennsylvania) gegründete Stadt heute eine ethnisch sehr bunte, fröhliche Stadt, in der man sich auch abends gut amüsieren kann.

## SEHENSWERTES

### HISTORISCHES PHILADELPHIA

Zur Altstadt – auch „America´s Most Historic Square Mile" genannt – gehört der *Independence National Historic Park*. Hier sind Liberty Bell, Independence Hall, Benjamin Franklins Haus und andere Bauten, die mit der Unabhängigkeitsbewegung in Zusammenhang stehen, zu besichtigen. Einen Blick in die Seele Amerikas erlaubt das *National Constitution Center (525 Arch St. | tgl. 9.30–17 Uhr | Eintritt 12 $)* mit patriotischer Multimediashow und Ausstellungen über Amerikas Demokratie. *Visitor Center an der Ecke 6th St./Market St.*

### PHILADELPHIA MUSEUM OF ART

Eine der wichtigsten Kunstsammlungen der USA. *Di–So 10–17 Uhr, Fr bis 20.45 Uhr | Eintritt 14 $ | Benjamin Franklin Parkway/26th St.*

### RODIN MUSEUM

Die größte Sammlung von Werken des Bildhauers Rodin außerhalb von Paris. *Di–So 10–17 Uhr | Eintritt 3 $ | 22nd St./Benjamin Franklin Parkway*

## ESSEN & TRINKEN

### READING TERMINAL MARKET

Markt mit Essbuden jeder Nationalität und sogar einem Biergarten. Typisch sind die Philadelphia- oder „Philly"-Cheesesteaks *(Mo–Sa 8–18 Uhr);* der urige *Down Home Diner* Insider Tipp mit deftigen Burgern und originalen Pennsylvania-Dutch-Gerichten, herzhafter Landkost, bleibt bis 19 Uhr offen. *12th/Filbert St.,* €

Niagara: vorn die American Falls (330 m breit), hinten die Horseshoe Falls

**FORK RESTAURANT**
Bistro mit kreativer neu-amerikanischer Küche; Markt und Cafe angeschlossen. *306 Market St.* | *Tel. 215/625-94 25* | €€–€€€

## ÜBERNACHTEN

**THE LATHAM HOTEL**
Gepflegtes historisches Hotel von 1907, direkt im Stadtzentrum. *139 Zi.* | *135 South 17th St.* | *Tel. 877/528-42 61* | *www.lathamhotel.com* | €€

## AM ABEND

▶▶ Beliebte Viertel für Kneipen und Musik-Clubs sind *Center City* um die Broad Street und *Northern Liberties* nördlich der Spring Gardens Street. Mehrere Clubs liegen nördlich von *Penn's Landing* auf den Werften.

## AUSKUNFT

**PHILADELPHIA VISITOR CENTER**
*Market/6th St.* | *Tel. 215/965-76 76* | *www.gophila.com*

## ZIEL IN DER UMGEBUNG

**AMISH COUNTRY** [179 D5]
Etwa eine Autostunde westlich von Philadelphia liegt *Lancaster,* die wichtigste Stadt im Land der „Amischen". Die Anhänger dieser altdeutschen Mennoniten-Sekte – „Pennsylvania Dutch" heißen Sie hier – kamen Ende des 17. Jhs. nach Pennsylvania und leben bis heute in althergebrachter Weise: Sie benutzen keine Maschinen, bewegen sich mit Pferdekutschen fort, kommen ohne Elektrizität aus. Bitte respektieren Sie, dass sich viele orthodoxe Men-

Gegen den Strom: Bis heute verweigern sich die Amish moderner Technik

noniten nicht gerne fotografieren lassen. *Visitor Center: 501 Greenfield Rd. | Lancaster | Tel. 717/299-89 01 | www.padutchcountry.com*

**ATLANTIC CITY** **[179 D5]**
Was Las Vegas in der Wüste ist, ist Atlantic City am Meer: ein Spielerparadies. Hätte der Staat New Jersey im Jahr 1976 nicht die Glücksspiellizenz erteilt, wäre der einst berühmte Badeort verfallen. 33 Mio. Besucher kommen jährlich in die 40000-Ew.-Stadt, um an der Kasinomeile am Strand ihr Glück zu versuchen. Am *Boardwalk*, der rund 8 km langen, aus Holzplanken gebauten Strandpromenade, reihen sich die Kasinos. Das kitschigste: Donald Trumps *Taj Mahal*. Mehrere sider ipp *Bike Rentals* vermieten Räder zur Erkundung des Boardwalk. Auskunft: *Atlantic City Welcome Centers | Boardwalk Hall am Boardwalk sowie am Atlantic City Expressway | Tel. 888/228-47 48 | ww.atlanticcitynj.com*

# PITTSBURGH

**[178 C5] Stahl war über Jahrzehnte das Schlagwort für die Stadt im „Goldenen Dreieck" am Zusammenfluss von Allegheny, Monongahela und Ohio River im Westen von Pennsylvania.** Nach dem Bürgerkrieg im 19. Jh. avancierte Pittsburgh gar zum größten Stahlproduzenten der Welt. Staub und Ruß hat die mit 2,4 Mio. Ew. zweitgrößte Stadt Pennsylvanias heute abgeschüttelt, seit rund 20 Jahren erlebt sie ihre Renaissance. Die Stahlmagnaten Andrew Carnegie und Henry C. Frick haben ihr sehenswerte Erbstücke für die Kulturindustrie hinterlassen: den *Carnegie-Museumskomplex* und das *Frick Art Museum*. Aber nicht nur alte Meister sind in Pittsburgh zu sehen, sondern auch das breit gespannte Lebenswerk eines modernen Künstlers – im neuen *Andy Warhol Museum (Di–So 10–17, Fr bis 22 Uhr | Eintritt 15 $ | 117 Sandusky St.)*.

## >LOW BUDGET

- Nicht nur beim Road-Trip, auch in den Metropolen lohnt es, die Budget-Hotels zu checken. Manchmal entdeckt man Perlen wie das *Comfort Inn* in New York. Hier kosten die 90, allerdings kleinen Zimmer, teils nur 150 Euro – sensationell für die Lage nahe des Central Parks. *31 West 71st St. New York | Tel. 212/721-47 70 | www.comfortinn.com*
- Washington D.C. bietet im Sommer eine Reihe kostenloser Konzerte: werktags am Mittag etwa in der *Woodrow Wilson Plaza (13th/Pennsylvania Ave.)*, jeden Abend um 18 Uhr auf der *Millenium Stage des Kennedy Center* oder So (18.30 Uhr) in der *National Gallery of Art*.
- Der populärste Snack in New York ist natürlich der Hot Dog, der an kleinen Karren mit eingebautem Grill oder in winzigen Lokalen gekauft wird, dazu gibt's oft tropische Limonaden. Tipp: *Greys Papaya | 539 8th Ave. und 2090 Broadway*
- Die knallgelben Wassertaxis in New York bieten von Mai–Okt. an den Wochenenden *Hop-on/Hop-off-Pässe* an: Für weniger als 20 Euro kann man zwei Tage lang die Stadt vom Wasser aus erkunden. Info: *www.nywatertaxi.com*

# WASHINGTON D.C.

[178 C5] **Voilà, die Hauptstadt der USA! Eine Symphonie aus weißem Marmor, klassizistischen Gebäuden, weiten Parkanlagen und Wasserflächen, die das Grün und Weiß reflektieren.** Washington wurde einzig zu dem Zweck geschaffen, Hauptstadt zu sein: 1790 ließ die damals in Philadelphia sitzende Regierung mit der Rodung des sumpfigen Ufers am Potomac River beginnen und beauftragte den Franzosen Charles Pierre L'Enfant mit der Stadtplanung. Großzügig und repräsentativ sollte die Stadt werden, mit sternförmig verlaufenden Boulevards wie in Paris. Im Jahr 1800 zog bereits der erste Präsident ins noch farbenfeuchte Weiße Haus ein.

Das Stadtbild der Metropole von knapp 600 000 Ew. (5,3 Mio. im Großraum) bestimmen heute Touristen, Beamte und Geschäftsleute. Zwar wirkt Washington manchmal etwas bieder, doch bietet es eine Fülle von Sehenswürdigkeiten und hervorragende Museen, die Sie fast alle kostenlos besuchen können.

Detaillierte Informationen, auch über die gesamte Region, finden Sie im MARCO POLO Band „Washington D.C.“.

## SEHENSWERTES

Vom *Capitol* aus ist die Stadt in vier Quadranten aufgeteilt, deren Achsen entlang der N Capitol St., E Capitol St., S Capitol St. und der National Mall verlaufen. Achtung: In diesen Quadranten gibt´s jeweils identische Adressen! Einen Rundgang beginnen

## > BLOGS & PODCASTS

***Die besten Tagebücher und Files im Netz***

- > *www.forum.usa-talk.de* – Chatroom und Forum in Deutsch mit Fotos, Tipps und vielen Themen über die Vereinigten Staaten
- > *www.usa-reise.de* – Privates Forum mit Neuigkeiten aus den Reisezielen und vielen Tipps von USA-Reisenden
- > *www.gochicago.de* – Deutsche Site des Fremdenverkehrsamtes mit aktuellen News und Podcast einer deutschen Mode-Designerin in Chicago
- > *www.reiseberichte-aus-aller-welt.de* – Unter dem Stichwort USA finden sich viele private Erlebnisberichte, Tipps und Fotos
- > *www.nytimes.com* – Von der Weltpolitik bis zur jüngsten Kunstausstellung: Englische Podcasts über New York und die Welt von der wichtigsten Zeitung Amerikas
- > *www.amerika-forum.de* – Ob Rundreise oder Traum vom Auswandern: professionell gestalteter Chatroom und Forum über Reisen, Politik, Auswanderung und mehr
- > *www.podcastnyc.net* – Website für ein gutes Dutzend Kanäle von englischen Video- und Podcasts, die über Kultur, Sport und andere News aus New York berichten

Für den Inhalt der Blogs & Podcasts übernimmt die MARCO POLO Redaktion keine Verantwortung.

Sie am besten am *Capitol Hill,* dem Hügel am östlichen Ende der Mall. Hier thront das kuppelgekrönte *United States Capitol (Mo–Sa 9–16.30 Uhr kostenlose Führungen),* dahinter liegen der *Supreme Court,* oberster Gerichtshof des Lands, und die *Library of Congress,* die größte Bibliothek der Welt *(Mo–Sa Führungen).*

Die *Mall,* ein 3,2 km langer Grünstreifen, verbindet das Capitol mit dem *Lincoln Memorial;* beiderseits der Parkanlage stehen die großen *Nationalmuseen der Smithsonian Institution.* Vom *Washington Monument,* einem 169 m hohen Obelisken (Lift), überblicken Sie die ganze Stadt. Wenden Sie sich vom Obelisken nach Norden, kommen Sie zum *White House,* dem Sitz des Präsidenten *(Visitor Center E. St./15th St. | keine Führungen für Einzelbesucher).*

Zu den klassischen Denkmälern zählen die für die Präsidenten Thomas Jefferson und Abraham Lincoln und seit 1997 das für Franklin D. Roosevelt. Besonders beeindruckend jedoch ist ein Kriegsmahnmal: eine schlichte schwarze Steinwand, in die 58 132 Namen von Gefallenen und Vermissten graviert sind: das ★ *Vietnam Veterans Memorial.*

George Washington legte den Grundstein: Das Capitol thront über Washington D.C.

### ARLINGTON CEMETERY

Jenseits des Potomac und ganz in der Nähe des Pentagons liegt der Heldenfriedhof Arlington. Hier ist auch das Grab John F. Kennedys und seiner Frau Jackie zu sehen. *Im Sommer 8–19 Uhr | Eintritt frei*

Insider Tipp

### INTERNATIONAL SPY MUSEUM

Unsichtbare Tinte, Verkleidungen, Hightech-Kameras: Eine Straße vom FBI entfernt werden die Spione des Kalten Kriegs gefeiert. Gut gemacht: realistische Szenen wie ein Nachkriegscafé in Berlin oder ein KGB-Büro. Früh kommen, sonst heißt es Schlange stehen. *Tgl. 10–18, im Sommer 9–20 Uhr | Eintritt 18 $ | 800 F St. NW. | www.spymuseum.org*

### SMITHSONIAN INSTITUTION

Fast alle Museen an der Mall gehören zum *Smithsonian,* der Stiftung eines reichen Engländers. Besonders faszinierend: das ★ *National Air and Space Museum (tgl. 10–17.30 Uhr | Eintritt frei)* mit umfassenden Ausstellungen über Luft- und Raumfahrt; das 2004 eröffnete *National Museum of the American Indian (tgl. 10–17.30 Uhr | Eintritt frei)* mit sehr guten Sonderausstellungen über indianische Kultur und die 2008 nach einer umfangreichen Renovierung wiedereröffnete *National Gallery of Art (Mo–Sa 10–17, So 11–18 Uhr | Eintritt frei)* mit einer hochwertigen Sammlung und einem zeitgenössischen Skulpturengarten.

### UNITED STATES HOLOCAUST MEMORIAL MUSEUM

Eindringliche Darstellung der Judenverfolgung in der Nazizeit und des Widerstands gegen den Faschismus. *Tgl. 10–17.30 Uhr | Eintritt frei, Ticketausgabe morgens ab 10 Uhr, Vorbestellung über das Internet | 100 Raoul Wallenberg Place SW. | www.ushmm.org*

## ESSEN & TRINKEN

### D.C. COAST

Beliebtes Fischrestaurant mit großer Bar und schicken Menschen. *1401 K St. | Tel. 202/216-59 88* | €€–€€€

Insider Tipp

### NICK´S RIVERSIDE GRILLE

Steaks, Rippchen und Fisch werden auf einer Terrasse am Potomac River in Georgetown serviert. Schön auch für einen Drink zum Sonnenuntergang. *3050 K St. NW. | Tel. 202/342-35 35* | €€

## ÜBERNACHTEN

### THE LATHAM

Beste Lage, guter Service: ein Mittelklassehotel im hübschen Viertel Georgetown. *133 Zi. | 3000 M St. NW. | Tel. 202/726-50 00 | www.thelatham.com* | €€–€€€

Insider Tipp

### TOPAZ HOTEL

Stilvolles kleines Hotel mit New-Age-Appeal nahe dem Dupont Circle. Unter anderem gibt es eigene Yoga-Zimmer. *99 Zi. | 1733 N St. NW. | Tel. 202/393-30 00 | www.topazhotel.com* | €€

## AM ABEND

Die ▸▸ *M Street* im Szene- und Studentenviertel *Georgetown* und dort besonders die Ecke M St./Wisconsin Ave. ist der Ort, an dem sich die vergnügungswilligen Nachtschwärmer sammeln. Bunter und ethnisch gemischter geht es in *Adams Morgan* zu, der Gegend um Columbia Rd. und 18th St.

## AUSKUNFT

### DESTINATION DC VISITOR CENTER

*1300 Pennsylvania Ave. NW. | Tel. 202/289-83 17 | www.washington.org*

## ZIELE IN DER UMGEBUNG

### ANNAPOLIS [175 F1]

Die Hauptstadt Marylands, rund 50 km östlich von Washington, ist mit 36 000 Ew. nur eine Kleinstadt. Aber eine hübsche, mit viel kolonialem Flair, georgianischen Häusern und Gassen aus dem 17. Jh. Größte Attraktion ist die *US-Marineakademie* (werktags um 12 Uhr ist Appell), aber auch das *State House* (1779) und der georgianische Herrensitz

Millionen Jahre alte Pracht: Die Luray Caverns bilden das größte Höhlensystem der USA

*Hammond-Harwood House* (1774) verdienen einen Besuch.

**HARPER'S FERRY** [178 C5]

Knapp 100 km westlich von Washington liegt das Schmuckkästchen von West Virginia: Die Stadt am Zusammenfluss von Potomac und Shenandoah River wurde als *National Historic Site* einfühlsam restauriert, denn sie hat historische Bedeutung. Hier inszenierte der Rebell John Brown den ersten Angriff auf die Sklaverei der Südstaaten (Inspiration für das Lied „Glory, glory, hallelujah").

**MT. VERNON** [178 C5]

George Washingtons Landsitz, ein schönes Herrenhaus knapp 20 km von der Innenstadt, lässt sich auf einem halbtägigen Ausflug mit dem Sightseeing-Boot „Spirit of Mt. Vernon" erreichen. *Abfahrt: im Sommer tgl. 8.30 Uhr | Fahrpreis 44 $ | Pier 4 | 6th/Water Sts. | Tel. 806/211/38 11*

**ST. MARY'S CITY** [185 F1] Insider Tipp

Zwei Stunden Fahrt südlich von Washington bewahrt dieser als Museumsdorf fortlebende Ort den Charme der alten Städtchen an der Chesapeake Bay *(im Sommer Mi–So 10–17 Uhr | Eintritt 10 $).*

**SHENANDOAH NATIONAL PARK** [178 C5–6]

Inmitten dieses für seine Schönheit berühmten Parks *(www.nps.gov/shen)*, eine Fahrstunde westlich von Washington, beginnt der *Skyline Drive,* eine Panoramastraße mit herrlichen Aussichten auf das Tal des Shenandoah River und über die Blue Ridge Mountains. Im Frühling und Sommer besonders spektakulär. Auf jeden Fall sollten Sie diesen Ausflug mit einem Besuch der ★ *Luray Caverns* verbinden, eindrucksvollen, bis zu 40 m hohen Tropfsteinhöhlen, die gut erschlossen und ausgeleuchtet sind *(www.luraycaverns.com).*

# > DIE NOSTALGIE DES „DEEP SOUTH"

## Magie und Vielfalt: Der Süden bietet viel mehr als die Klischees zwischen Herrenhäusern und bemoosten Eichen

**> Fragen Sie einen Südstaatler unterwegs doch einmal nach dem Weg: Ganz sicher wird er sich Zeit für Sie nehmen und Ihnen mit seinem typisch rollenden Akzent eine farbenfrohe Beschreibung geben. Wahrscheinlich gespickt mit Anekdoten. Vielleicht einen Eistee dazu anbieten.**

Das ist eine der schönsten Seiten der Region: Die Menschen hier haben alle Zeit der Welt. Und sie sind äußerst freundlich. Südstaatler kümmert es nicht sonderlich, dass ihre Region häufig als rückständiges Trockengebiet verunglimpft wird, bewohnt von Hinterwäldlern und Reaktionären. Sie wissen es besser: Der „Deep South" hat seine eigene Magie.

Die neun Staaten, aus denen der Süden besteht – Georgia, Alabama, Mississippi, Louisana, Arkansas, Tennessee, Kentucky, North und South Carolina –, bieten eine Vielfalt an Eindrücken, flirrend in der suptropischen Hitze. Auf den Hügeln Ken-

Bild: Georgia, Herrenhaus

# DER SÜDEN

tuckys grasen wie eh und je die Vollblüter der Pferdezüchter. Keine Universität liegt hübscher als die von Thomas Jefferson gegründete University of Virginia in Charlottesville. Keine Stadt atmet den schwülen, süßen Hauch des Südens stärker als Savannah. 1733 wurde es als die „erste moderne Stadt“ des Kontinents gegründet, und bis heute steht sie unverändert. Tiefer Süden – die Stadt Savannah ist der Inbegriff.

Aber auch das an der Mississippi-Mündung gelegene und von zahlreichen Wasserläufen durchzogene Louisiana mit der von Hurrikanen gebeutelten Dixieland-Metropole New Orleans als Zentrum gehört zum „Deep South“. Beim Mardi Gras kann man alle Hemmungen fallen lassen und zwei Wochen feiern. Und nicht nur geografisch hängt Florida wie ein Zipfel an allem. Zur Zeit des Bürgerkriegs war es noch in weiten

Teilen unentwickeltes Sumpfgebiet. Heute ist es das ganz auf Art déco und Disney getrimmte Ferienziel Nummer eins in den gesamten Vereinigten Staaten. Warum auch immer

Im Herzen von Atlanta: Blick hinauf zum Peachtree Center

man hierher kommt – auf den Spuren der Musik von Nashville und Memphis, zum Feiern nach New Orleans, für einen Besuch der historischen Plantagen in Charleston und der Kolonialvillen in Savannah, unterwegs auf dem Blues-Highway entlang des Mississippi-Deltas oder zum Bummeln durch Atlanta – der Süden empfängt einen herzlich.

Ausführliche Informationen in den MARCO POLO Bänden „Florida“ und „USA·Südstaaten“.

# ATLANTA

**[185 D3] Wie keine andere Stadt verkörpert Atlanta, 1996 Schauplatz der Olympischen Spiele, die Wandlung der ganzen Region hin zum „New South“.** Spiegelnde Bürotürme prägen die Innenstadt, postmodern und etwas steril. Ringsum elegante alte Wohnviertel wie *Buckhead* oder das flippige *Virginia-Highland* und die modernen, ausufernden Vorstädte einer neuen schwarzen Mittelschicht, der nicht zuletzt Martin Luther King hier in Atlanta die Tür in eine bessere Zukunft öffnete.

Mit 5,3 Mio. Menschen ist die Stadt heute nicht nur die größte Metropole in Georgia, sondern der wirtschaftliche Motor des ganzen Südens. Gut 2000 Industriebetriebe haben sich in und um die City angesiedelt, darunter so berühmte Großkonzerne wie Coca-Cola. Für Besucher ist Atlanta vor allem auch wegen seines großen internationalen Flughafens – Delta Airlines ist hier zu Hause – ein guter Ausgangspunkt für Touren durch den „Deep South“.

## SEHENSWERTES

### CNN CENTER ★

Ultramoderner Büro- und Hotelkomplex mit den CNN-Studios. *55-minütige Führung durch die Senderäume tgl. 9–17 Uhr alle 10 Min. | Eintritt 12 $ | Marietta St./Techwood Dr. | Reservierung unter Tel. 404/827-23 00*

### GEORGIA AQUARIUM

Eines der größten Aquarien der Welt. Im gigantischen Zentraltank schwimmt sogar einer der seltenen Walhaie. Aber auch die Unterwasserwelt der Flüsse und Lagunen von Georgia werden gezeigt. *Tgl. 10-17, Fr bis 22 und Sa bis 18 Uhr | Eintritt 26 $ | 225 Baker St. NW*

**MARTIN LUTHER KING, JR. NATIONAL HISTORIC SITE**

Archiv, Bibliothek, Geburtshaus, Grab und die *Ebenezer Baptist Church* des berühmten schwarzen Pfarrers und Bürgerrechtlers. *Tgl. 9–17, Museum im Sommer bis 18 Uhr | Eintritt frei | 450 Auburn Ave. nahe Dr. Charles Allen Dr.*

**PEACHTREE CENTER**

Das futuristische Bürozentrum mit einer luxuriösen Mall und Innengärten ist Fokuspunkt der Innenstadt. *Tgl. | Eintritt frei | im Karree Baker, Ellis, Williams und Courtland Sts.*

**WORLD OF COCA-COLA**

Nostalgie-Trip in die Geschichte der braunen Brause: Mit alten Neonschildern, Flaschen, Plakaten, Werbemusik der Fifties, Fernsehspots aus aller Welt und einem rasanten 4-D-Film feiert sich die Firma selbst. Auf alle Fälle sehr gut gemacht. *Im Sommer tgl. 10-18.30 Uhr | Eintritt 15 $ | Pemberton Place, 121 Baker St., NW*

## ESSEN & TRINKEN

**BUCKHEAD DINER**

Die Edelversion des klassischen amerikanischen Fifties-Diners. Amerikanische Küche, schickes Publikum aus dem umliegenden Nobelviertel Buckhead. *3073 Piedmont Rd. | Tel. 404/262-33 36 |* €€

**FAT MATT'S RIB SHACK** Insider Tipp

*Southern Barbecue* ist die Spezialität dieses einfachen, sehr beliebten Lokals. Gut dazu passt abends die Livemusik, die wechselnde Bluesbands beisteuern. *1811 Piedmont Ave. | Tel. 404/607-16 22 |* €

## EINKAUFEN

**LENOX SQUARE/PHIPPS PLAZA**

Eine riesengroße Mall. Was es in New York gibt, gibt's auch hier: Macy's, Abercrombie & Fitch, Calvin Klein, Tiffany und Dutzende andere Boutiquen und gehobene Warenhäuser. *Tgl. 9–21 Uhr, unterschiedliche Geschäftszeiten für einzelne Läden | Peachtree/Lenox Rds.*

## MARCO POLO HIGHLIGHTS

**★ CNN Center**
Auf Knopfdruck kommt aus Atlanta die Welt auf den Bildschirm (Seite 62)

**★ Art Deco District Miami Beach**
Ein pastell- und pinkfarbenes Szeneviertel (Seite 67)

**★ Florida Keys**
Inselhüpfen auf dem Highway (Seite 70)

**★ French Quarter**
Jazzkneipen und Altstadtflair in New Orleans (Seite 71)

**★ Orlando**
Mickey, Donald, die Simpsons – Orlando ist Themenpark-Hauptstadt (Seite 73)

**★ Savannah**
Die schönste Stadt des alten Südens an der Küste von Georgia (Seite 76)

## ÜBERNACHTEN

**DOUBLETREE ATLANTA BUCKHEAD**

Viel Komfort und vernünftige Preise im Viertel Buckhead. *230 Zi. | 3342 Peachtree Rd. | Tel. 404/231-12 34 | www.doubletree.com* | €€

**WESTIN PEACHTREE PLAZA**

Reservieren Sie ein Zimmer im 70. Stock, denn höher hinauf geht es in nur wenigen Hotels der Welt. *1068 Zi. | 210 Peachtree St. NW. | Tel. 404/659-14 00 | www.westin.com* | €€€

## AM ABEND

Guten Blues hören Sie im *Blind Willies (828 N. Highland Ave.)*, Jazz im *Sambuca Jazz Café (3102 Piedmont Rd.)*. Jazz und Folk im *Dante's Down the Hatch (3380 Peachtree Rd. NE.)*. Live-Rock in einer alten Lagerhalle: *Masquerade (695 North Ave.)*.

## AUSKUNFT

**CONVENTION & VISITORS BUREAU**

*233 Peachtree St. NE. | Suite 100 | Tel. 404/521-66 00 | www.atlanta.net.* Weitere Visitor Centers in *Underground Atlanta,* am *Flughafen* und am *Lenox Square.*

# CHARLESTON

[185 E3] **Eine elegante und für amerikanische Verhältnisse uralte Stadt (105 000 Ew.). Sie wurde 1670 zu Ehren von King Charles II. und zur Freude der Plantagenbesitzer gegründet, denn diese brauchten dringend einen Ausfuhrhafen für Baumwolle, Tabak und Reis.** Hugenotten aus Frankreich gaben der Quasi-Aristokratie der Südstaatler den richtigen kulturellen Schliff. Wegen der vielen Kirchen hieß Charleston auch „The Holy City". Dominierend aber waren die eleganten Herrschaftshäuser der reichen Plantagenbesitzer und Händler.

Im Bürgerkrieg ergab sich die Stadt klugerweise den Nordstaatentruppen. Schlimmer wüteten 1886 ein Erdbeben und 1989 der Hurrikan „Hugo". Doch im Großen und Ganzen blieb alles erhalten, 2000 historische Gebäude, praktischerweise auf einer Fläche von nur 10 km² versammelt: eine Perle des alten Südens.

## SEHENSWERTES

Die Altstadt um *Church* und *Meeting Streets* auf einer Landzunge an der Charleston Bay lernen Sie am besten zu Fuß kennen – oder bei einer zwar etwas touristischen, aber recht informativen Kutschfahrt. Die interessantesten Bauten sind das *Nathaniel Russell House (51 Meeting St.),* das Wohnhaus eines reichen Kaufmanns von 1808; das authentisch möblierte *Aiken-Rhett House (48 Elizabeth St.)* Insider Tipp und das sehr original erhaltene *Edmonston-Alston House (21 E. Battery St.)* mit Blick über den Hafen.

**BOONE HALL PLANTATION**

Fotogenes Plantagenhaus mit langer Eichenallee, filmbekannt aus „Fackeln im Sturm". Schöne Gärten, in denen einstige Sklavenquartiere zu besichtigen sind. *Im Sommer Mo–Sa 8.30–18.30, So 13–17 Uhr, sonst 9–17, So 12–16 Uhr | Eintritt 17,50 $ | US 17 rund 10 km nördlich der Stadt*

**SOUTH CAROLINA AQUARIUM**

Fischotter, Meeresschildkröten, Delphine und Ausstellungen über die Ökosysteme des Südostens. Dazu ein toller Blick auf Stadt und Hafen. *Mo–Sa 9–17, So 12–17 Uhr | Eintritt 17 $ | 100 Aquarium Wharf*

## ESSEN & TRINKEN

**HANK'S SEAFOOD**

Fisch in allen Variationen: traditionell und kreativ modern. *Church/Hayne St. | Tel. 843/723-3474 | €€*

**MAGNOLIAS UPTOWN/DOWN SOUTH**

Moderne, raffiniert verfeinerte Südstaatenküche im historischen Zollhaus von 1739. *185 E. Bay St. | Tel. 843/577-77 71 | €€–€€€*

## ÜBERNACHTEN

**THE MILLS HOUSE**

Gemütliches historisches Hotel mitten in der Altstadt; Pool und hübscher Innenhof fürs Frühstück. *115 Meeting St. | Tel. 843/577-24 00 | www.millshouse.com | €€–€€€*

## AUSKUNFT

**VISITOR INFORMATION CENTER**

Filmvorführung über die Stadtgeschichte. *375 Meeting St. | Tel. 843/853-80 00 | www.charlestoncvb.com*

# MEMPHIS

[184 B2] **Wenn man diese Stadt betritt, denkt man zuallererst an Elvis Presley. Der King of Rock ´n´ Roll hat auch Memphis (1,3 Mio. Ew.) unsterblich gemacht.** Wie überall im Süden hängt auch diese Stadt an ihrem Mix aus Vergangenheit und Gegenwart. Schaufelraddampfer stampfen an Inlineskatern vorbei, die auf den Uferpromenaden dahinrasen. Memphis ist eine moderne Großstadt mit dem weltgrößten Handelsmarkt für Baumwolle und gleichzeitig ein Wahrzeichen der Bürgerrechtsbewegung – wurde hier doch Martin Luther King erschossen.

Charleston: So prächtig wohnten die Plantagen- und Sklavenbesitzer

## SEHENSWERTES

**GRACELAND**

Hier hat er gewohnt, und nun ist sein Haus ein Mausoleum für den King of Rock 'n' Roll: Glitzerkostüme, goldene Schallplatten, edle Autos. Die Pilgerstätte für alle Elvis-Fans. *Im Sommer Mo–Sa 9–17, So 10–16 Uhr, im Winter Mi–Mo 10–16 Uhr | Platinum Tour 33 $ | Reservierung: Tel. 800/238-20 00 | 3765 Elvis Presley Blvd. | www.elvis.com*

Insider Tipp **MEMPHIS ROCK 'N' SOUL MUSEUM**

Hier wird die Musikgeschichte der Stadt illustriert, und B. B. Kings Gitarre – „Lucille" – wird gezeigt. *Tgl. 10–19 Uhr | Eintritt 10 $ | 145 Lt. George W. Lee Ave.*

## ESSEN & TRINKEN

**RENDEZVOUS**

Memphis rühmt sich auch als „Porc Barbecue Capital of the World", als die Welthauptstadt der gegrillten Schweinerippchen. Von rund hundert einschlägigen Restaurants ist dies eins der beliebtesten. *52 S. 2nd St. | Tel. 901/523-27 46 | €*

## AM ABEND

Die legendäre *Beale Street* ist recht touristisch, doch echten Blues kann man hier immer noch hören.

**B. B. KING'S BLUES CLUB**

Jeden Abend Blues; manchmal tritt B. B., mittlerweile mehr als 80 Jahre alt, sogar selber auf: „Riding with the king". *143 Beale St.*

Extratipp für Blues-Fans: 2008 wurde im 200 km südlich von Memphis gelegenen Örtchen *Indianola* ein eigenes *B.B. King Museum* eröffnet.



# MIAMI

[185 E6] **Floridas Glitzermetropole (5,4 Mio. Ew.) hat mit den Südstaaten außer der Lage so wenig gemein wie Kopenhagen mit den Alpen:** In den pompösen Hotels von Miami Beach legen Stylisten einem Fotomodel frisches Make-up auf. Reifere Damen eilen in den Hoteltrutzburgen am Strand zum *Beauty Parlor.* In den kubanischen Restaurants servieren die Kellner *tapas y mariscos,* spanische Imbisse und Schalentiere. An den Neonbars rührt die Jeunesse dorée mit lauernd taxierendem Blick in ihren Frozen Margaritas.

Was ist Miami? Abgesehen von der administrativen Einteilung, nach der Miami eigentlich *Dade County* heißt und *Miami Beach* eine eigene Stadt darstellt, ist es Folgendes: ein Traumstrand; das liebevoll restaurierte größte Art-déco-Viertel der Welt; eine anonyme Hochhauslandschaft (Fehlspekulation und Geldwäscherei); eine Reihe luxuriös bebauter Südseeinseln; ein Kunstmekka (vor allem zur *Art Basel* Anfang Dezember); die wahrheitsgetreue Vorlage für „Miami Vice"; das Shoppingzentrum für Südamerikaner, winterflüchtige Nordamerikaner und herumreisende Europäer. *Coral Gables* war die erste für sonnenhungrige Pensionäre geplante Gemeinde; *Coconut Grove* ist eine Art bohemisch-bahamisches Neuenglanddorf; und an der *Calle Ocho* oder im *Máximo Gómez Park* – beide im im Viertel *Little Havanna* – glaubt man sich nach Kuba versetzt.

Miami ist buchstäblich und metaphorisch die heißeste Stadt der USA – auch in Sachen Verbrechensquote.

Doch solange man als Besucher in den Strandvierteln bleibt und sich nicht in den Slums um den Flughafen herumtreibt, ist man relativ sicher.

## SEHENSWERTES

### ART DECO DISTRICT MIAMI BEACH ★

Die Pinks und Pastelle, die Ozeandampfer-Bullaugen – im ganzen südlichen Miami Beach betören die zarten Farben und nautischen Muster. Noch nicht lang ist es her, da wäre das in den 1920er- und 1930er-Jahren erbaute Viertel – die größte Ansammlung von Art-déco-Gebäuden der Welt – beinahe der Spitzhacke zum Opfer gefallen. Bauspekulanten wollten ein ganz neues Miami Beach schaffen. Eine Bürgerinitiative warf sich dazwischen. Der 30 Blocks umfassende Bezirk kam in das „National Register of Historic Places“, die Liste der schützenswerten Gebäude.

Modefotografen entwickelten ein Faible für die Kulissen aus diesen Art-déco-Bauten und aus grell lackierten Straßenkreuzern der 1950er-Jahre. Was in den Modejournalen der Welt gedruckt wurde, wirkte auf deren Leser wie ein Magnet. Das Viertel wurde Urlaubsziel Nummer eins der schicken Jugend. Der *Ocean Drive* parallel zum breiten Strand und die Fußgängerzone *Lincoln Road* sind die angesagten Flaniermeilen, die renovierten Hotels am Ocean Drive sind die beliebtesten. Und ihre Bars bieten beste Voraussetzungen für eine neue Form des Tourismus: *people watching,* Leute gucken.

Kubanisches Lebensgefühl in Miami: Dazu gehört auch eine Runde Schach im Gómez Park

Insider Tipp Führungen zu Fuß durch das Art-déco-Viertel veranstaltet die *Miami Design Preservation League: Di/Mi/Fr/Sa/So um 10.30 Uhr, Do 18.30 Uhr | Gebühr 20 $ | ab Welcome Center | 1001 Ocean Dr. | Tel. 305/672-20 14*

### BAYSIDE MARKETPLACE

Keine simple Mall ist dies, kein grauer Klotz, sondern ein buntes Flanierviertel in zwei teils überdachten Pavillons, herrlich gelegen an der Biscayne Bay. Fast wie ein orientalischer Basar mit Ständen und Buden, mit Jongleuren, Musikbands und quirligen Bars. *Tgl. 10–22, So 12–20 Uhr | 401 Biscayne Blvd.* in *Downtown Miami*

### VIZCAYA MUSEUM AND GARDENS

Ein Einblick in das Miami der frühen Tage: 1916 baute sich der schwerreiche Traktorhersteller James Deering dieses „Ferienhaus" mit 70 Zimmern, die opulente und fantasievolle Kopie eines italienischen Renaissancepalasts mit einer Gartenanlage nach klassischen Vorbildern. *Tgl. 9.30–16.30 Uhr | Eintritt 12 $ | 3251 S. Miami Ave.*

## ESSEN & TRINKEN

### 11TH STREET DINER

Nostalgischer Coffeeshop in einem alten Bahnwagen. Rund um die Uhr geöffnet. *1065 Washington Ave. | Miami Beach | Tel. 305/534-63 73* | €–€€

### RESTCAFÉ AT THE PELICAN

Mediterrane Küche und schöne Terrasse zum Leute gucken. Auch sehr gutes Frühstück. Insider Tipp *826 Ocean Dr. | Tel. 305/673-3373* |€€

Gleich nebenan gibt es guten Cappuccino und interessante Menschen im *News Café* | €–€€

Hier lässt es sich leben: Wohnkultur der 1930er-Jahre in Miami Beach

**VERSAILLES**
Spiegel gibt es wie im richtigen Versailles, die dick mit Braten, Käse oder Schinken belegten *Medianoche-Sandwiches* beeindrucken allerdings noch mehr. *Das* kubanische Küche in Klein-Havanna. *3555 SW. 8th St. | Tel. 305/444-02 40* | €€

## ÜBERNACHTEN

**CARDOZO**
Das I-Tüpfelchen der Art-déco-Restauration am Strand von Miami Beach. Von der Terrasse aus lassen sich in aller Ruhe die schönen Flaneure bewundern. *43 Zi. | 1300 Ocean Dr. | Tel. 305/535-65 00 | www.cardozohotel.com* | €€€ *(im Sommer ca. 30 Prozent billiger)*

**FONTAINEBLEAU HILTON RESORT AND SPA**
Eine Mrd. Dollar kostete die Komplettrenovierung dieses mondänen Strandresorts. Ein Wahrzeichen der Stadt. *1504 Zi. | 4441 Collins Ave. | Tel. 305/538-20 00 | www.fontainebleau.com* | €€€ | *im Sommer ca. 25 Prozent billiger*

**VILLA PARADISO**
Einfach und sauber und mitten im Trubel. *17 Zi. | 1415 Collins Ave. | Tel. 305/532-06 16 | www.villaparadisohotel.com* | €–€€

## AM ABEND

**CLEVELANDER**
Tropische Open-air-Bar am Pool, viel Glas und Neon mitten im Art-déco-Viertel und mit Blick auf den Ocean Drive – eben echt Miami. Rummel bis 2 Uhr morgens. *1020 Ocean Drive | Miami Beach*

**CROBAR MIAMI**
Großer Club mit Housemusik und Hiphop. *1445 Washington Ave. | Miami Beach*

**MANGO'S TROPICAL CAFE**
Erst Dinner, dann Disko: Großer Partyclub mit Shows im Herzen von South Beach. *900 Ocean Dr. | Miami Beach*

## AUSKUNFT

**GREATER MIAMI CONVENTION AND VISITORS BUREAU**
*701 Brickell Ave. | Tel. 305/539-30 00 | www.miamiandbeaches.com*

## > LOW BUDGET

> Viele US-Städte haben einen Tag der Kunst pro Monat eingeführt: Museen und Galerien öffnen ihre Türen für Vernissagen, Parties und Gratis-Führungen. Gutes Beispiel: der *Second Saturday Gallery Walk* in St. Petersburg, Florida, der von 17.30–21 Uhr jeden 2. Sa im Monat gehalten wird. *Info: www.stpetearts.com*

> *BBQ Pork* ist Grundnahrungsmittel in den Südstaaten und meist sehr günstig: Für 6–8 $ gibt es ein mächtiges Pork-Sandwich mit Kohlsalat – besonders gut im *Bessinger's BBQ Restaurant | 1602 Savannah Hwy., Charleston, South Carolina | Tel. 843/556-1354*

> Outlet Malls sind in den gesamten USA verbreitet. Das größte Discount-Zentrum liegt in Florida: In *Sawgrass Mills* am Rand von Fort Lauderdale bieten rund 350 Outlets drastisch herabgesetzte Kleidung, Schuhe, Koffer und Küchenartikel an. *www.sawgrassmills.com*

## ZIELE IN DER UMGEBUNG

### EVERGLADES [185 D–E6]

Die subtropische Sumpflandschaft – das größte Feuchtgebiet Nordamerikas voller seltener Pflanzen und Tiere – liegt 70 km südwestlich von Miami. 2005 fegte wieder einmal ein Wirbelsturm, Hurrikan Katrina, über weite Teile der im *Everglades National Park* geschützten Sumpflandschaft. Doch die Natur erholt sich schnell, und längst sind auch die angelegten Naturlehrpfade durch das einzigartige Biotop wieder zugänglich. *Zufahrt über die State Route 9336 ab Florida City*

### FLORIDA KEYS ★ [185 D–E6]

Als großartige Panoramastrecke führt der *Overseas Highway* von Miami in etwa vier Stunden über die Kette der „Keys" genannten Inseln von Miami rund 260 km bis *Key West*. Ernest Hemingway lebte dort, suchte Ruhe zum Schreiben und Bars zum Auftanken. Diese hübscheste der Keys mit ihren verschnörkelten Holzhäuschen ist Treffpunkt und Ferienort (kaum Strand!) der Nachtschwärmer und Exzentriker, der Partypeople und Lebenskünstler.

Everglades: Herabhängendes „Greisenhaar" besiedelt die Sumpfzypressen

## NASHVILLE

[184 C2] **In den Bergen Tennessees liegt eine weitere der großen Musikstädte, und auch sie ist wie Memphis eine moderne, von Autobahnen durchzogene Metropole (1,5 Mio. Ew.).** Zwar verfügt sie als das „Athen des Südens" über zahlreiche neoklassizistische, kolonialzeitliche und viktorianische Gebäude, und sie ist die „Music City USA“, womit vor allem Country & Western gemeint ist, aber sie ist auch so etwas wie die heimliche neue Hauptstadt der Autoindustrie und der Versicherungen.

## SEHENSWERTES

### COUNTRY MUSIC HALL OF FAME

Alles über die Geschichte der Countrymusik in einem spektakulären Neubau; Musikshows und sehr guter Laden. Unter Musikern gilt es als höchste Auszeichnung, in dieser Institution präsentiert zu werden. *Tgl. 9–17 Uhr | Eintritt 18 $ | 222 Fifth Ave. | www.countrymusichalloffame.com*

### GAYLORD OPRYLAND

Eine Art Disneywelt der Countrymusik mit Rundfahrten mit dem Schaufelraddampfer „General Jackson“, dem eindrucksvoll mit überdachten Gärten angelegten *Opryland Hotel* und der berühmten Countryshowbühne *Grand Ol' Opry (Fr u. Sa Radioshows). 2000 | Briley Parkway*

# NEW ORLEANS

[184 B4] **Die Stadt mit dem Beinamen „Wiege des Jazz“ hat in den letzten Jahren viel erdulden müssen.** Im Herbst 2005 hat Hurrikan Katrina, dann in 2008 der Wirbelsturm Gustav New Orleans schwer gebeutelt und ganze Stadtteile zerstört. Doch der Lebenswille der City (heute wieder 1. Mio Ew.) ist ungebrochen. Im *French Quarter* und der übrigen Innenstadt läuft das Leben normal: Die Restaurants servieren ihre berühmte *Cajun-Küche*, scharf, fett und mit viel Reis mit Bohnen, so wie die spanisch-französisch Siedler es mochten. Aus den Kneipen dringen Dixieland-Jazz und Zydeco, und im Februar wird mit bunten Umzügen und rauschenden Partys wieder *Mardi Gras* gefeiert, der legendäre Karneval von New Orleans. Dann ist auch das Klima angenehm, denn im Sommer ist es oft brütend heiß.

## SEHENSWERTES

### FRENCH QUARTER ★

Es ist das Herz von New Orleans und am besten ziellos zu erwandern. Filigrane gusseiserne Balkone, Stuckwände und lauschige Innenhöfe geben Orientierung: Wo sie enden, endet auch das Viertel. Ranger des National Historic District bieten kostenlos geführte Spaziergänge an. *Zwischen Canal Street und Esplanade Avenue, zwischen Louis Armstrong Park und dem Mississippi.*

Zentral liegt der *Jackson Square* mit der spanischen Kolonialarchitektur des ausgehenden 18. Jhs. Hier steht die *St. Louis Cathedral,* ein Pilgerziel der Katholiken. Das Gebäude nebenan mit dem großartigen Balkon ist der *Cabildo (Di–So 9–17 Uhr, Eintritt 6 $),* ehedem Sitz der spanischen Regierung. Beiderseits des Platzes sind die dreistöckigen *Pontalba Buildings* bemerkenswert, Wohn- und Geschäftshäuser von 1850; das *Haus Nr. 523* in der *St. Ann Street* ist zugänglich *(Di–So 9–17 Uhr | Eintritt 3 $).*

Vom *Moon Walk* aus, einer Holzpromenade jenseits der Decatur Street, kann man den Hafen erblicken. Flussabwärts liegt der *French Market* von 1720, jetzt ein Markt mit Ständen und kleinen Läden für Kunsthandwerk und viel Schnickschnack. Der angeschlossene *Farmers Market* wird derzeit noch renoviert.

Schön ist etwas flussabwärts die eichenbestandene *Esplanade Avenue* mit den großen kreolischen Villen. An ihrem Anfang, in der *Old US Mint,* findet sich das *Jazz-Museum (Di–So 9–17 Uhr | Eintritt 6 $),* das neben der Musikgeschichte auch den Original-Straßenbahnwagen „Desire" von 1906 zeigt, dem der Schriftsteller Tennessee Williams mit „Endstation Sehnsucht" ein Denkmal setzte.

Von der Esplanade Avenue geht es links in die *Bourbon Street,* die Fußgängerzone und ehemalige Hauptstraße des Amüsements, einen Boulevard voller Andenkenläden, Cafés, Wachsfigurenkabinette, Oben-ohne-Bars und Restaurants.

#### GARDEN DISTRICT

Prächtige Villen und Alleen – hier lebten einst die Plantagenbesitzer. Und hier liegt auch einer der filmberühmten Friedhöfe der City, der *Lafayette Cemetery No. 1* an der Washington Avenue. *Westlich der Jackson St., Anfahrt mit St. Charles Streetcar*

Insider Tipp

### ESSEN & TRINKEN

#### ACME OYSTER HOUSE

Austern auf Marmortresen. Beliebt bei Polizisten, und die wissen Bescheid. Witzig: die Webcam unter *www.acmeoyster.com. 724 Iberville St. | Tel. 504/522-59 73* | €

#### CAFÉ DU MONDE

Beignets und Café au lait. Sehr, sehr beliebt. *Tgl. 0–24 Uhr | 800 Decatur St. | Tel. 504/587-08 33* | €€

#### K-PAUL'S LOUISIANA KITCHEN

Keine Reservierung möglich und oft Warteschlangen, doch dafür gibt's die authentischste Cajun-Fischküche im French Quarter. *416 Chartres St. | Tel. 504/524-73 94* | €€€

### ÜBERNACHTEN

#### BOURBON ORLEANS

Historisches Hotel – Baldachinbetten inklusive – mit Pool. *211 Zi. | 717 Orleans St. | Tel. 504/523-22 22 | www.bourbonorleans.com* | €€–€€€

#### MAISON DE VILLE

Hotel von 1783 im Herzen des French Quarter. Hübscher Innenhof. Einst auch Domizil von Tennessee Williams. *26 Zi. | 727 Rue Toulouse | Tel. 504/561-58 58 | www.maisondeville.com* | €€–€€€

#### VILLA CONVENTO

Insider Tipp

Einfache Pension in einem alten kreolischen Stadthaus. *25 Zi. | 616 Ursulines Ave. | Tel. 504/522-17 93 | www.villaconvento.com* | €

### AM ABEND

Während des *Mardi Gras* (fetter Dienstag) in den beiden Wochen vor Beginn der Fastenzeit findet man jederzeit und überall seinen Spaß. Am großen Tag reihen sich vor Sonnenaufgang an der Paraderoute entlang der St. Charles Ave. Stühle, Leitern und Kühltruhen aneinander. Um 8.30 Uhr setzen sich mehr als 30 Wagen und Marschkapellen in Bewegung. Die *Krewes* (Karnevalsvereine der Männer) beginnen um 10 Uhr weiter oben an der St. Claiborne Ave. Bis in die Nacht tanzt die Menschenmenge dicht gedrängt in den Straßen.

Vermutlich die bekannteste Straße im French Quarter: die Bourbon Street und ihre Bars

**PAT O'BRIEN'S BAR**
Große Bar mit Innenhof, stets voll und voll Stimmung – hier wurde angeblich der „Hurricane"-Drink erfunden. *718 St. Peter St.*

**PRESERVATION HALL**
Keine Getränke, keine Stühle, trotzdem Ziel aller Touristen, weil: traditioneller Jazz von uralten schwarzen Musikern. *Tgl. ab 20 Uhr | mit wechselndem Solisten | Eintritt 10 $ | 726 St. Peter St.*

sider ipp

**SNUG HARBOR**
Kleiner, immer voller Club mit hervorragenden Jazz-, Blues- und Zydeco-Künstlern. *Tgl. Shows um 21 u. 23 Uhr | wechselnder Eintritt | 626 Frenchmen St. | www.snugjazz.com*

**TIPITINA'S**
Renommierter und alteingesessener Club: Jazz, Cajun/Zydeco, Blues. *Tgl. ab 18 Uhr | Eintritt 10–25 $ | 501 Napoleon Ave. | www.tipitinas.com*

## AUSKUNFT

**NEW ORLEANS METROPOLITAN CONVENTION & VISITORS BUREAU**
*2020 St. Charles Ave. | Tel. 504/566-50 11 | www.neworleans.de*

# ORLANDO

[185 D5] ★ **Die Heimat der Micky Mouse. Ohne sie wäre die Stadt in Zentralflorida ein verschlafener Ort.** Dank Disneyworld und rund zwei Dutzend weiterer Themenparks aber ist Orlando mit heute schon 2 Mio. Ew. eine echte Boomtown, die Welthauptstadt des inszenierten Vergnügens. Es gibt riesige Ozeanarien wie *SeaWorld,* wilde Achterbahnen, Fahrten mit Flugsimulatoren und sogar Bibelparks für christliche Fundis. Und mit einem Dutzend Wasserparks samt Surfpools und Kamikazerutschen lässt das strandlose Orlando zumindest die Kids jeden Ozean vergessen.

## SEHENSWERTES

### UNIVERSAL STUDIOS FLORIDA

„Men in Black", „Shrek", „Die Rache der Mumie" oder „The Simpsons" – hier wird man Teil des Geschehens. Im „Terminator-2"-Spektakel rettet Arnold Schwarzenegger wieder mal die Welt, und wenn das nicht reicht, wartet der Park *Islands of Adventure* gleich nebenan. *Tgl. 9–18 Uhr, im Sommer bis 23 Uhr | Eintritt 75 $, 2-Tage-Kombiticket 120 $ | Exit 30 West am Hwy. I-4 | 1000 Universal Studios Plaza | www.universalstudios.com*

### SEAWORLD ORLANDO

Gelungene Mischung aus Themenpark und Ozeanarium: Delphin-, Robben- und Wal-Shows sorgen für Abwechslung, Korallenriffe und seltene Seekühe machen den Besuch lehrreich. In den angeschlossenen *Parks Aquatica* und *Discovery Cove* darf man selbst mit ins Wasser – auch mit Delphinen. *Tgl. 9-18 Uhr, im Sommer länger | Eintritt 70 $ | Central Florida Pkwy./International Drive | Tel. 800/327-24 24 | www.seaworld.com*

### WALT DISNEY WORLD

Lust auf mehr? Dann auf zu den *Disney-MGM-Studios* mit den „Muppets" und „Indiana Jones". Oder ins *Magic Kingdom* mit dem Cinderella-Schloss und ins *Epcot Center* (Experimental Prototype Community of Tomorrow), das einem zeigt, wie man sich vor 30 Jahren die Welt von morgen, also die heutige, vorgestellt hat. Das *Animal Kingdom* schließlich ist ein perfekt gestalteter Wildpark. Neben den vier Hauptparks gibt es noch die Wasser- und Abenteuerwelten *Discovery Island, River Country* und *Typhoon Lagoon.* Es ist schier unmöglich, mehr als einen Park pro Tag zu besuchen: Die Anlagen, 32 km südwestlich von Orlando, umfassen zusammen mehr als 111 km². Um Warteschlangen zu vermeiden, sollte man seine Tickets im Voraus bestellen – entweder in einem Disney-Shop, online oder per Post. Und noch ein Tipp: Denken Sie an Trinkwasser

## > WANDER-TRAILS

**Zu Fuß quer durch den Kontinent**

Wer Amerika wirklich entdecken will, der kann auf Langstrecken-Trails Monate unterwegs sein. Der längste Wanderweg Amerikas, der *Discovery Trail,* führt auf 10 170 km zwischen Cape Henlopen am Atlantik durch 16 Bundesstaaten und 14 Nationalparks bis Point Reyes am Pazifik bei San Francisco. Noch zwei weitere solcher kontinentalen Pfade gibt es: den 3488 km langen *Appalachian Trail,* der durch 12 Staaten von Georgia im Süden bis Maine im Norden führt, und den *Pacific Crest Trail,* der dem Grat der Berge im Westen Amerikas gut 4000 km von Mexiko bis nach Kanada folgt. Auch Teilstücke der Trails sind übrigens sehr lohnend. Informationen im Internet unter: *www.discoverytrail.org, www.nps.gov/appa/* und *www.pcta.org*

(kann in den Disney-Restaurants nachgefüllt werden) und an einen Sonnenschutz.

*Tgl. 9 bis mindestens 20 Uhr, meist bis 23 oder 24 Uhr; Tagespass je Park 75 $, 7-Tages-Pass für alle vier Parks plus Pleasure Island, Typhoon Lagoon, River Country und Discovery Island 278 $; Zufahrt über Hwy. I-4 und den Irlo Bronson Memorial Hwy. (US 192/530). Info-Tel. 407/824-43 21 | www.disneyworld.com*

Fast wie auf dem Meeresgrund: In Seaworld Orlando tauchen Orcas vor dem Publikum auf

### ÜBERNACHTEN

Wenn schon, denn schon: In der Disneywelt findet sich eine Reihe von Hotels verschiedener Preisklassen, so etwa das *Boardwalk Resort* oder die *Wilderness Lodge (beide €€€)*, das *Dixie Landings (€€)* oder auch das *All Star Resort (€)*. Manche sind der durch die Parks führenden Bahn angeschlossen, darunter sogar ein weitläufiger Campingplatz. *Tel. 407/934-76 39 | www.disneyworld.com*

## RICHMOND

[185 E1] **Während des amerikanischen Bürgerkriegs war die Hauptstadt von Virginia auch „Capital of the Confederacy", also Hauptstadt der Konföderierten, der Südstaaten.** Heute ist Richmond (200 000 Ew.) eine Bankenstadt und noch immer bedeutend in der Tabakverarbeitung. Die Stadt versprüht jedoch noch immer den Duft des vormals herrschaftlichen Südens: breite, von Bäumen gesäumte Straßen, hübsche Häuserreihen, Südstaatenküche. Viele Sehenswürdigkeiten erinnern an die Tage der Konföderation. Das *Museum of the Confederacy* gibt einen ausgezeichneten Überblick über die Zeit des Kriegs (1861–1865) zwischen Nord- und Südstaaten.

## ÜBERNACHTEN

**COMMONWEALTH PARK SUITES**

Historisch. Mitten im Zentrum mit Blick aufs Capitol. *59 Zi. | 901 Bank St. | Tel. 804/343-73 00 | www.commonwealthparksuites.com* | €€

## ZIELE IN DER UMGEBUNG

**CHARLOTTESVILLE** [175 E1]

Die von Thomas Jefferson gegründete Universitätsstadt (45 000 Ew., 100 km westlich von Richmond) hat wohl den schönsten Campus der ganzen USA. Gekrönt wird diese Gelehrtenrepublik von der *Rotunda,* die Jefferson dem Pantheon in Rom abschaute. 1976 wurde die *University of Virginia* sogar zum großartigsten Bauwerk der USA erklärt. In einem der Studentenzimmer unter den Kolonnaden, der Nr. 13, wohnte einst der Dichter Edgar Allan Poe. *Im Semester tgl. 10/11/14/15/16 Uhr kostenlose 45-minütige Führungen ab der Rotunda*

In der Nähe steht der Landsitz *Monticello,* Wohnhaus des 3. US-Präsidenten und Autors der Amerikanischen Unabhängigkeitserklärung, Thomas Jefferson. Monticello gilt als einer der bedeutendsten Bauten aus der Gründerzeit der USA. Das Haus wurde nach Jeffersons eigenen Entwürfen im klassizistischen Stil gebaut, das Innere steckt voller Späße: In der Eingangshalle sieht man sich z. B. in Spiegeln auf dem Kopf stehen. Neben dem Haupthaus finden sich die Reste der *Mulberry Row,* des Quartiers für Jeffersons 200 Sklaven. *Tgl. 8–17, im Winter 9–16.30 Uhr | Eintritt 15 $ | 5 km südlich am Hwy. 53*

**JAMESTOWN SETTLEMENT** [185 F1]

Die Rekonstruktion der ersten Siedlung an der amerikanischen Ostküste, die die Europäer 1607 hier an der Mündung des James River, 80 km östlich von Richmond, errichteten. Zu sehen sind auch ein Indianerdorf und die Schiffe, mit denen die Siedler ankamen. *Tgl. 9–17 Uhr | Eintritt 13,50 $*

**WILLIAMSBURG** [185 F1]

Der ganze Ort ist ein Museum. In den rund 100 Gebäuden ist alles, aber auch wirklich alles so geblieben wie in der Zeit zwischen 1698 und 1780, als Virginia noch Kolonie war. Handwerker werkeln wie damals, Bäcker backen wie einst, Fräuleins kleiden sich im alten Stil. In der *Raleigh Tavern* heckten Thomas Jefferson, Patrick Henry und andere Revolutionäre die Pläne des amerikanischen Unabhängigkeitskrieges (1775–1783) aus. Ziel der nordamerikanischen Kolonien war es damals, sich vom britischen Mutterland zu lösen. *Tgl. 9–17, im Sommer 8.30–18 Uhr, zur Hochsaison länger | Eintritt 37 $ | Colonial Parkway, 90 km östlich von Richmond*

# SAVANNAH

[185 D3] ★ **Verschlafener Süden, erdrückende Hitze: Die Geschichte hat es mit der Stadt an der Küste von Georgia (130 000 Ew.) gut und schlecht zugleich gemeint.** 1733 wurde sie als erste moderne Ansiedlung in den britischen

Kolonien Amerikas angelegt. 1864 ließ General William Tecumseh Sherman auf seinem „Marsch zur See" den bis dahin zum wichtigen Baumwollhafen gediehenen Ort unzerstört. Danach verfiel Savannah – eine Folge des Niedergangs der sklavenlosen und daher unrentablen Plantagen. Erst in den 1950er-Jahren begannen Einheimische mit der – heute sehr gelungenen – Restaurierung.

## SEHENSWERTES

Im Schachbrettmuster des Zentrums liegt der *Historic District.* Von den alten Herrenhäusern kann man das *Owens-Thomas House* aus der klassischen Kolonialzeit besichtigen *(124 Abercorn St.).* Weiter südlich, am *Chippewa Square,* steht die weiße Bank von Forrest Gump aus dem gleichnamigen Film.

### HISTORY MUSEUM

Die Stadt- und Bürgerkriegsgeschichte Savannahs im restaurierten Bahnhof der Central Georgia Railroad. *Tgl. 9–17 Uhr | Eintritt 4 $ | 303 Martin Luther King Jr. Blvd.*

## ÜBERNACHTEN

### MULBERRY

Eine Coca-Cola-Abfüllanlage, liebevoll restauriert und im alten Zentrum. Innenhof. *145 Zi. | 601 E. Bay St. | Tel. 912/238-12 00 | www.savannahhotel.com | €€–€€€*

## AUSKUNFT

### VISITOR CENTER

Das Besucherzentrum ist dem *History Museum* angeschlossen: *301 Martin Luther King Jr. Blvd. | Tel. 912/944-04 55 | www.savannahvisit.com*

Savannah: subtropische Vegetation und opulenter Brunnen im Forsyth Park

# > DAS LAND UM DIE GROSSEN SEEN

## Ehemals Motown, heute „Brotkorb der Nation": In der Heimat des Henry Ford gedeiht die Landwirtschaft

**> Midwest, „Mittlerer Westen", nennen die Amerikaner die Region um die Südufer der fünf Großen Seen (die Nordufer gehören bereits zu Kanada). Dies ist das Herzland der Vereinigten Staaten.**

Hier ist der Sitz von McDonald's, und hier stehen all die großen alten Metropolen, die das Land zur größten Industriemacht der Welt werden ließen. Von Detroit ging einst eine Weltrevolution aus. Henry Ford entwickelte sein erstes Fließbandauto. die Stadt wurde in den Goldenen Zwanzigern zu einer der bedeutendsten Industriemetropolen der Welt und war für Jahrzehnte eines der wichtigsten Zentren der US-Wirtschaft. Motoren und Autos werden nach wie vor in Detroit und in Milwaukee hergestellt. Doch die Blütezeit dieser Städte ist schon lange vorbei. Vor allem Detroit steht vor riesigen sozialen Problemen. Und welche Auswirkungen die weltweite Finanz- und

Bild: Skyline von Detroit

# MITTLERER WESTEN

Absatzkrise auf die bereits brachliegenden Industriereviere hat, muss die Zukunft erst zeigen.

Den Sprung in ein neues Wirtschaftszeitalter hat eine andere Stadt der Region längst geschafft: Chicago, die „Königin der Großen Seen", ist mit spektakulärer Architektur, vielfältigem Kulturleben und bester Shoppingvielfalt das beliebteste Besucherziel im Midwest. Doch auch ringsum, in den Anrainerstaaten der Seen – in Ohio, Indiana, Illinois, Michigan, Wisconsin und Minnesota sowie südlich davon in Iowa und Missouri – warten so manche Attraktionen, die eine Reise lohnen.

Fast wie in Mitteleuropa wirkt dic Landschaft – sattgrün, mit sanften Hügeln im Norden und unendlichen Ebenen im Süden um den mächtigen Mississippi River. Dort dehnen sich große Farmen aus, weiter nördlich beherrschen endlose Waldgebiete das

Chicago am Abend: am Seeufer der alles überragende Hancock Tower

Land. Mittendrin liegen die fünf Großen Seen *Lake Superior, Lake Michigan, Lake Huron, Lake Erie* und *Lake Ontario:* 250 000 km² groß sind diese Binnenmeere, und sie bergen 18 Prozent der Süßwasservorräte unserer Erde. Entlang der fast 6000 km langen Küsten warten gewaltige Dünen, Strände und felsumrahmte Buchten.

Schon auf Tagesausflügen von Chicago aus können Sie bei den Indiana Dunes nahe Michigan City gut baden oder in Richtung Springfield eine nostalgische Fahrt entlang der legendären Route 66 unternehmen. Auf einer längeren Reise sind lohnende Ziele im Hinterland zu erreichen: die idyllische Door Peninsula in Wisconsin, Mackinac Island, die verträumten Dörfer am Mississippi River oder die einsamen Kanu- und Angelreviere im hohen Norden von Minnesota. Auch der Herbst ist übrigens eine gute Reisezeit im Land um die Großen Seen, dann leuchten die Laubwälder in den Farben des *Indian Summer,* und es ist nicht so schwül wie manchmal im Hochsommer.

Detaillierte Informationen finden Sie im MARCO POLO Band „Chicago und die Großen Seen".

## CHICAGO

[177 F4] **Den Rang als zweitgrößte Stadt der USA musste Chicago mit heute „nur" 9,6 Mio. Ew. an Los Angeles abtreten.** Doch die Metropole an der Südwestecke des Lake Michigan in Illinois, die alte Stadt der Schlachthöfe und der Gangster, fühlt sich immer noch als „Second City". Und sie will mit Macht ihr Image als Kultur- und Architekturstadt erhalten.

# MITTLERER WESTEN

Dieses Image kommt nicht von ungefähr: In Chicago stehen der älteste Wolkenkratzer der Welt, das *Monadnock Building* von 1891, und das heutige höchste Gebäude Amerikas, der 442 m hohe *Sears Tower.* Das Chicago Symphony Orchestra zählt zur Weltspitze, und die Museen werden höchstens von denen in New York übertroffen. Die architektonische Dynamik verdankt Chicago nicht zuletzt dem großen Brand von 1871: Danach musste die Stadt völlig neu aufgebaut werden. Und der stets neuen Ideen aufgeschlossene Bautrend ging im 20. Jh. weiter – mit Architekten wie Louis Sullivan, Mies van der Rohe und Frank Lloyd Wright. Chicago ist aber nicht nur eine atemberaubende Galerie der Architektur, sondern auch das kräftig schlagende wirtschaftliche Herz des Midwest und ein Zentrum von Jazz, Blues und moderner Kunst.

## SEHENSWERTES

Die Hauptstraße Chicagos ist die *Michigan Avenue,* die parallel zum Ufer des Lake Michigan verläuft. Südlich des schmalen Chicago River liegt die Innenstadt, auch „The Loop" genannt, weil sie von einer Schleife der Hochbahn umschlossen wird. Hier, am und um den *Wacker Drive,* ragen die meisten Wolkenkratzer und postmodernen Bauten auf: das *State of Illinois Building (Thompson Center)* von Helmut Jahn, das *Daley Civic Center* mit einer 15 m hohen Picasso-Skulptur, der *Sears Tower (Aussichtsplattform tgl. 10–20, im Sommer bis 22 Uhr | Eintritt 13 $)* und das *Board of Trade Building.*

Nördlich des Flusses säumen die Michigan Avenue, die hier „Magnificent Mile" heißt, schicke Boutiquen, Einkaufszentren und Luxushotels. Direkt östlich davon lässt es sich auf der Promenade des *Navy Pier* schön spazieren, und westlich im Bezirk *River North* erwarten Sie Kunstgalerien und das ▶▶ Nightlife-Viertel um die *Rush Street.*

### Art Institute of Chicago

Eines der besten Kunstmuseen der Welt: im Erdgeschoss chinesische Lehmsoldaten aus der Tang-Dynastie

## MARCO POLO HIGHLIGHTS

★ **Chicago Architecture**
Faszinierend: per Boot zu den Wolkenkratzern (Seite 82)

★ **John Hancock Center**
Der schönste Blick über Chicago (Seite 82)

★ **Henry Ford Museum**
Das älteste Model-T und der Fahrradladen der Wright-Brüder in Detroit (Seite 86)

★ **Hannibal**
Schauplatz der Abenteuer von Tom Sawyer (Seite 91)

★ **Gateway Arch**
Das Symbol des epischen Pioniertrecks gen Westen steht in St. Louis (Seite 91)

★ **Sleeping Bear Dunes**
Dünen wie in der Sahara – bis zu 140 m hoch (Seite 93)

und Andy Warhols „Mao“, im ersten Stock französische Impressionisten. Guter Museumsladen, nettes Café im Hof. *Mo–Fr 10.30–17, Sa/So 10–17 Uhr | Eintritt 12 $ | 111 S. Michigan Ave. | www.artic.edu*

**FIELD MUSEUM**

Über 20 Mio. Objekte birgt dieses Natur- und Völkerkundemuseum. Highlights: altägyptische Grabkammern, Inuit- und Indianerkunst und eine Dinosaurierausstellung mit „Sue", dem größten je gefundenen Tyrannosaurus Rex. *Tgl. 9–17 Uhr | Eintritt 14 $ | 1400 Lakeshore Dr.*

**JOHN HANCOCK CENTER ★**

Eine Stadt in der Stadt: Der 100-stöckige Wolkenkratzer ist Büro- und Wohnhaus zugleich. Aussichtsterrasse mit Blick über Lake Michigan und Lakeshore Drive. *Tgl. 9–23 Uhr | Eintritt 15 $ | 875 N. Michigan Ave.*

Insider Tipp **MILLENNIUM PARK**

20 ha Gärten, Kunst, Kultur. Nicht verpassen: Frank Gehrys *Pritzker Pavilion* und die Skulptur *Cloud Gate* von Anish Kapoor. Häufig kostenlose Konzerte. *55 N. Michigan Ave. | www.millenniumpark.org*

Insider Tipp **NATIONAL VIETNAM VETERANS ART MUSEUM**

Ein Antikriegsmuseum im besten Sinne – mit bewegenden Werken ehemaliger Vietnamsoldaten. *Di–Fr 11–18, Sa 10–17, So 12–17 Uhr | Eintritt 10 $ | 1801 S. Indiana Ave.*

**SHEDD AQUARIUM**

8000 Fische, Seelöwen, Beluga-Wale, Seeotter – und ein grandioser Blick auf die Skyline Chicagos. *Tgl. 9–18, im Winter Mo–Fr 9–17, Sa u. So 9–18 Uhr | Eintritt 16 $ | 1200 S. Lakeshore Dr.*

**WRIGHT HOME AND STUDIO**

Für Architekturfans Pflicht: Führung durch die im „Prairie Style“ erbaute Werkstatt des berühmten Architekten. Weitere Häuser von Frank Lloyd Wright nahebei. *Tgl. 10–15 Uhr Führungen | Eintritt 12 $ | 951 Chicago Ave., Oak Park | www.gowright.org*

## TOUR

**CHICAGO ARCHITECTURE ★**

Täglich Führungen zu den architektonischen Höhepunkten der Stadt, zu Fuß, mit dem Bus oder per Boot. Wechselnde Zeiten, möglichst vorab reservieren, Preis: 10–30 $. *Info-Center Mo–Sa 9–18.30 Uhr | 224 S. Michigan Ave. | Tel. 312/922-34 32 | www.architecture.org*

## ESSEN & TRINKEN

**FRONTERA GRILL**

Fabelhafte Fischsuppe, hausgemachte Tortillas und eine beliebte Tequila-Bar. *445 N. Clark St. | Tel. 312/661-14 34 | €€*

**GIBSON'S STEAK HOUSE**

Die besten Steaks diesseits des Mississippi. Ein eleganter Klassiker im Nightlife-Viertel der *Gold Coast* im Norden der Stadt. *1028 N. Rush St. | Tel. 312/266-89 99 | €€–€€€*

**GINO'S EAST**

Die Adresse für original Chicagoer „Deep-dish Pizza“, fast so dick wie ein Auflauf. *633 N. Wells St. | Tel. 312/943-11 24 | €–€€*

**HARRY CARAY´S**
Lange Bar, deftige italo-amerikanische Küche. *33 W. Kinzie St. | Tel. 312/828-09 66* | €€–€€€

## ÜBERNACHTEN

Insider Tipp **ALLEGRO**
Designer-Mobiliar, schickes junges Publikum und viel Flair der „Golden Twenties" im Herzen der Innenstadt. *483 Zi. | 171 W. Randolph St. | Tel. 312/236-01 23 | www.allegrochicago.com* | €€–€€€

**THE FAIRMONT**
Im neoklassizistischen Stil mit Blick auf den See und den Grant Park. *687 Zi. | 200 N. Columbus Dr. | Tel. 312/565-80 00 | www.fairmont.com* | €€€

**HOUSE OF TWO URNS**
Nette Privatpension im Szeneviertel *Wicker Park. 6 Zi. | 1239 N. Greenview Av. | Tel. 773/235-14 08 | www.twourns.com* | €–€€

## AM ABEND

Das Nightlife Chicagos ist legendär. Die meisten Clubs und Bars liegen innerhalb des Loop sowie um Halstead und Rush Street. Probieren Sie für Blues mal das *B.L.U.E.S (2519 N. Halstead St.),* gegenüber das *Kingston Mines (2548 N. Halstead St.)* oder das *Legends* des Blues-Künstlers Buddy Guy *(754 S. Wabash Ave.),* für Jazz den *Jazz Showcase (59 W. Grand Ave.),* und zum Gospel-Brunch das *House of Blues (329 N. Dearborn St.).* Insider Tipp

Chicago, die Heimat von Blues und Jazz: Eine Kostprobe gibt´s im „Blue Chicago" in der City

## AUSKUNFT

**CHICAGO OFFICE OF TOURISM**
*Chicago Cultural Center | 77 E. Randolph St. | Tel. 877/244-22 46 | www.explorechicago.org*

Die Heimatstadt im Blick: Abraham-Lincoln-Statue in Springfield

## ZIEL IN DER UMGEBUNG

**SPRINGFIELD** [177 E5]
Die Hauptstadt (110 000 Ew.) von Illinois, 340 km südlich, ist vor allem bekannt als Wohnort von Abraham Lincoln, der als Präsident der USA die Sklaverei abschaffte. Sein Haus und das Mausoleum, in dem er begraben liegt, stehen Besuchern offen.

# CINCINNATI

[178 A5] **Die mit 2,1 Mio. Ew. größte Stadt im Süden des Staats Ohio liegt ansprechend auf mehreren Hügeln am Nordufer des Ohio River.** Nach der Gründung 1788 wurde Cincinnati im 19. Jh. zur bedeutenden Handels- und Industriestadt, die bis heute sehr viel Lebensqualität besitzt. Die Innenstadt um den Fountain Square liegt zu Füßen des ✱ 49-stöckigen *Carew Tower (Aussichtsplattform)*. Ebenfalls sehenswert sind das alte Wohn- und Geschäftsviertel *Mt. Adams* und hervorragende Kunstmuseen wie das *Taft Museum (316 Pike St.)* oder das *Contemporary Arts Center* in einem Neubau von Zaha Hadid *(44 E. 6th St.)* Nach 1830 war Cincinnati ein wichtiges Einwandererziel der Deutschen, deren Nachkommen alljährlich Mitte September ein rauschendes *Oktoberfest* feiern.

## ESSEN & TRINKEN

**MONTGOMERY INN**
Berühmt für BBQ-Rippchen in rauchig-würziger Sauce, buntes Dekor

mit Bildern von Sport- und Filmstars an den Wänden. *925 Riverside Dr. | Tel. 513/721-74 27 | €€*

## AUSKUNFT

### CINCINNATI VISITORS BUREAU

*525 Vine St. | Tel. 513/621-21 42 | www.cincyusa.com; Visitor Center am Fountain Square*

# CLEVELAND

**[178 B4] Die Hafenstadt (2,1 Mio. Ew. im Großraum) am Südufer des Lake Erie in Ohio war bereits Ende des 19. Jhs. eine der wichtigsten Industriestädte Amerikas.** Hier machte John D. Rockefeller seine Millionen. Nach langem, schmerzvollem Niedergang hat die Stadt in jüngster Zeit wieder an Attraktivität gewonnen: Die Waterfront am Seeufer und alte Lagerhallenbezirke wie *The Flats* wurden restauriert, im Viertel *University Circle* entstand eine Reihe ausgezeichneter Museen, und Christoph von Dohnányi führte das Cleveland Orchestra zur Weltgeltung.

### CLEVELAND MUSEUM OF ART

Insider Tipp

Eins der besten Kunstmuseen der Neuen Welt. Großartige mittelalterliche Sammlung mit vielen Stücken aus dem Welfenschatz. *Di–So 10–17 Uhr | Eintritt frei | 11150 East Blvd. | www.clemusart.com*

### ROCK AND ROLL HALL OF FAME

Reliquien berühmter Bands und Ausstellungen zur Geschichte der Rockmusik in einem kühnen Bau von I.M. Pei. *Tgl. 10–17.30, Mi bis 21 Uhr | Eintritt 22 $ | East 9th St./Erieside Ave. | www.rockhall.com*

## TOUR

### BB RIVERBOATS

Rundfahrten mit einem schmucken Schaufelraddampfer. Neben einstündigen Rundfahrten *(14 $)* auch dreistündige Touren mit Bourbon-Verkostung *(45 $)*. Abfahrtszeiten tel. erfragen. *Tel. 216/85 00 | Abfahrt Covington Landing | www.bbriverboats.com*

## ZIEL IN DER UMGEBUNG

### SANDUSKY [178 B4]

Der siebte Himmel für Achterbahnfans: Am Ufer des Lake Erie eine Fahrstunde westlich von Cleveland fahren im riesigen Vergnügungspark *Cedar Point* ein gutes Dutzend der schnellsten und steilsten *rollercoaster* der Welt *(Mai–Ende Okt. tgl. ab 10 Uhr | Eintritt 44 $)*.

## > LOW BUDGET

> Die billigste Kneipe in Chicago ist seit 1934 die *Billy Goat Tavern* neben dem Wrigley Building. Zu Preisen zwischen 2–6 $ gibt es „Cheeezborger", Salami-Sandwiches und sogar Frühstück. *430 N. Michigan Ave.*

> Die meisten Städte veranstalten im Sommer *Free Concert Series*: Gratiskonzerte örtlicher Rockbands oder auch Kammerorchester. Programme im Internet, z.B. *www.saintanthonymain.com* für Minneapolis.

> Es gibt nicht viele Jugendherbergen in Amerika, doch das Hostel in Chicago zählt zu den besten: Für 28 $ pro Nacht schläft man in guter Lage in der Innenstadt, Frühstück und kostenloses WLAN inklusive. *24 East Congress Parkway | Tel. 312/360-03 00 | www.hichicago.org*

# DETROIT

[178 B4] **In Detroit (917 000 Ew. ) regierten lange Zeit die Großen Drei – Ford, General Motors und Chrysler. In Motown pochte das Herz Amerikas.** Hier erfand Henry Ford die Fließbandtechnik und startete mit der automobilen Massenproduktion – der Beginn von Motown, der Motorenstadt. In den 1960ern lag ihr Anteil am amerikanischen Automarkt bei 90 Prozent. Nun ist es gerade noch die Hälfte. Der Abschwung begann bereits vor Jahrzehnten, zwischen 1950 und 2003 verlor Detroit 50 Prozent seiner Bewohner. Durch die Weltwirtschaftskrise dreht sich die Abwärtsspirale nun noch schneller. Die Folgen sind überall sichtbar: Ganze Bezirke rund um den Detroit River sind verwaist, die Gebäude verfallen. Die Verbrechensrate ist hoch. In den Kriminalitätsstatistiken nimmt Detroit jedes Jahr eine Spitzenposition ein. „Visit Detroit" wirbt die örtliche Tourismusbehörde dennoch. Die Stadt versucht jenseits der Krisen einen Neuanfang. In Downtown sind die Fassaden frisch renoviert, die Glastürme des *Renaissance Center* schimmern. Bezirke wie *Greektown* um die *Monroe Street* und der *Theatre District* wurden restauriert und avancieren zu Flaniervierteln. Schön für einen Bummel ist das quirlige ▶▶ Szeneviertel um die *Main Street* im Vorort *Royal Oak* mit vielen Restaurants.

## SEHENSWERTES

### HENRY FORD MUSEUM ★

Blank polierte Oldtimer, alte Fließbänder und Tankstellen dokumentieren in diesem riesigen Museumkomplex die Geschichte der Autoindustrie. Angeschlossen ist *Greenfield Village*, ein Freilichtmuseum mit historischen Häusern und dem Laboratorium von Thomas Alva Edison. *Tgl. 9.30–17 Uhr | Museum 14 $, Village 20 $ | Dearborn, Village Rd./Oakwood Blvd. | www.thehenryford.org*

Legendäre Rennwagen und Flugzeuge im Henry Ford Museum

**MOTOWN MUSEUM**
In dem unscheinbaren Haus war 1959–72 das Plattenstudio von Motown-Stars wie Smokey Robinson und Diana Ross & The Supremes. *Di–Sa 10–18 Uhr | Eintritt 10 $ | 2648 W. Grand Blvd.*

## ÜBERNACHTEN

**ATHENEUM SUITE HOTEL**
Moderner Turmbau in der Innenstadt mit 174 großen Suiten. Gutes Restaurant. *1000 Brush Ave. | Tel. 313/962-23 23 | www.atheneumsuites.com |* €€–€€€

**HAMPTON INN DEARBORN**
Gutes Motel mit Suite-Zimmern, nahe Ford-Museum. *119 Zi. | 20061 Michigan Ave. | Tel. 313/436-96 00 | www.hamptoninn.com* | €–€€

## AUSKUNFT

**DETROIT VISITOR INFORMATION CENTER**
*211 W. Fort St. | Suite 1000 | Tel. 313/202-18 00 | www.visitdetroit.com*

# INDIANAPOLIS

[178 A5] **Die Hauptstadt und mit 1,7 Mio. Ew. auch größte Stadt Indianas liegt exakt in der Mitte des Staats. Berühmt wurde sie durch das „Indy", das Indianapolis 500.** Dieses legendäre Autorennen über 500 Meilen wird seit 1911 jeweils am letzten Maisonntag auf dem Speedway nördlich der Stadt gefahren und ist mit 500 000 Zuschauern Amerikas größte Sportveranstaltung. Autofans sollten sich das – ganzjährig geöffnete – *Hall of Fame Museum* der Rennfahrer und besten Autos am Speedway ansehen. 75 originale Rennwagen, ein historischer Film und geführte Bustouren auf dem Rennkurs informieren hier über alle Aspekte des großen Rennens.

In der modernen Innenstadt verdient vor allem das der Westernkunst gewidmetete *Eiteljorg Museum of American Indian and Western Art (Di–Sa 10–17, So 12–17 Uhr | Eintritt 8 $ | 500 W. Washington St.)* einen Besuch.

# KANSAS CITY

[177 D5] **„KC" ist die Metropole der Prärien, was angesichts der endlosen Felder und Weiden ringsum schnell klar wird.** Die gut geplante Stadt (2 Mio. Ew.) am Ufer des Missouri River ist Amerikas wichtigstes Landwirtschaftszentrum. Hier wird das Korn der Prärien gemahlen, hier werden die Rinder gemästet und verkauft. Aber das dürfen Sie in Kansas City niemandem vorhalten: Die Stadt gibt sich kosmopolitisch. Man hat schon vor 70 Jahren Statuen aus Europa importiert, um die Boulevards zu schmücken. Kansas City leistet sich auch ein exzellentes Kunstmuseum, das *Nelson-Atkins Museum of Art* mit seinem Henry-Moore-Skulpturengarten. Außerdem stehen hier seit 80 Jahren das erste Shoppingcenter Amerikas, die maurisch gestylte *Country Club Plaza,* und eins der modernsten, das 300 Mio. Dollar teure *Crown Center.*

## SEHENSWERTES

**AMERICAN JAZZ MUSEUM**
Ein absolutes Muss für alle Jazzliebhaber. *Di–Sa 9–18, So 12–18 Uhr | Eintritt 6 $ | 18th/Vine St. | www.americanjazzmuseum.com*

# KANSAS CITY

## ESSEN & TRINKEN

Insider Tipp

**B. B.'S LAWNSIDE BAR-B-QUE**

Genau richtig in der „Barbecue Capital": supergute Rippchen vom Rind, 14 Stunden im Ofen geschmort, dazu Mi–So Livemusik und originaler Blues. *1205 E. 85th Street | Tel. 816/822-74 27 | €*

**UNION STATION**

Shops, Bahnausstellungen und Restaurants sind heute im großartig renovierten *Bahnhof* der City *(30 W. Pershing Rd.)* untergebracht. Die besten Steaks der Stadt serviert hier das elegante *Pierpont's (Tel. 816/221-51 11 | €€–€€€).*

## ÜBERNACHTEN

**QUARTERAGE HOTEL**

Schickes kleines Hotel, gute Lage mit Restaurants und Nachtleben ringsum. *123 Zi. | 560 Westport Rd. | Tel. 816/931-00 01 | www.theqhotel.com | €€*

## AM ABEND

Die Stadt, in der Count Basie und Charlie Parker ihre Karrieren begannen, bietet auch heute guten Jazz, z. B. in *Jardine's Restaurant (4536 Main St.)* oder im *Grand Emporium (3832 Main St.).* Näheres über Konzerte bei der *Jazz-Hotline | Tel. 816/753-52 77 | www.jazzkc.org*

## AUSKUNFT

**CONVENTION & VISITORS BUREAU OF GREATER KANSAS CITY**

*1100 Main St. | Tel. 816/221-52 42 | www.visitkc.com*

## ZIEL IN DER UMGEBUNG

Insider Tipp

**BRANSON** [177 D6]

Ein Ziel für Country-Fans: Neben Nashville ist Branson (6000 Ew.), 250 km südlich von Kansas City in den Ausläufern der Ozark Mountains, das wichtigste Zentrum der Country-&-Western-Szene in den USA. In gut 30 Theatern und Kon-

Steaks in Fülle: Viehwirtschaft ist in Kansas ein wichtiger Erwerbszweig

zertsälen treten jeden Abend die besten Countrystars auf.

## MILWAUKEE

[177 F4] **Auch wenn Harley-Davidson hier seine Motorräder baut, ist Milwaukee (1,5 Mio. Ew.) am Westufer des Lake Michigan in Wisconsin die Stadt der Deutschen in Amerika – und die der Bierbrauer.** Zwar ist Deutsch schon seit dem Ersten Weltkrieg nicht mehr die vorherrschende Sprache und die Braukunst wird nicht nach dem Reinheitsgebot ausgeübt, aber Milwaukee hat sich in seinen ruhigen Wohnstraßen und vielen deutschen Restaurants in der Third Street ein teutonisches Flair erhalten. Wer sehen möchte, wie heute Bier gebraut wird: Die *Miller Brewery (4251 W. State St.)* bietet kostenlose Führungen an *(tgl. 10.30–15.30 Uhr)*.

### SEHENSWERTES

Um die Hauptstraßen *Wisconsin* und *Kilborn Avenue* liegen in buntem Nebeneinander moderne Shoppingkomplexe wie die *Grand Avenue Mall* und Altstadtstraßen wie die *Old World Third Street* mit deutschen Bäckern und Metzgern. Einen Bummel verdienen der mit vielen Skulpturen geschmückte *RiverWalk* sowie das Restaurant- und Kneipenviertel rund um die *Water Street* auf der Ostseite des Milwaukee River. Sehenswert auch das *War Memorial Center* am Lake Michigan, 1957 erbaut für die Toten des Zweiten Weltkriegs und des Koreakriegs.

#### HARLEY DAVIDSON MUSEUM

2008 eröffnet: das erste offizielle Museum der legendären Bikes. *Tgl. 9-18, im Winter bis 17 Uhr | Eintritt 16 $ | 400 W. Canal St. | www.hdmuseum.com*

#### MILWAUKEE ART MUSEUM

Der kühne 100-Mio.-Dollar-Anbau des Museums von Santiago Calatrava hat weltweites Aufsehen erregt. Auch die Sammlungen alter Meister, deutscher Expressionisten und haitianischer Malerei sind sehr sehenswert. Die „Flügel“ der Kunstinstallation *Burke Brise Soleil* werden täglich um 12 Uhr bewegt. *Tgl. 10–17 Uhr | Eintritt 8 $ | 700 N. Art Museum Dr. | www.mam.org*

Insider Tipp

### ÜBERNACHTEN

#### KNICKERBOCKER HOTEL

Gemütliches historisches Hotel, liebevoll renoviert und nur ein paar Schritte vom See entfernt. *180 Zi. | 1028 E. Juneau Ave. | Tel. 414/276-85 00 | www.knickerbockeronthelake.com* | €–€€

### ZIELE IN DER UMGEBUNG

#### DOOR PENINSULA [177 F3]

Die fast 100 km lange Halbinsel im Westen des Lake Michigan, 200 km nördlich von Milwaukee, ist eins der beliebtesten Feriengebiete Wisconsins. Felsküsten, malerische Strandbuchten und Hafenorte wie in Neuengland säumen die Ufer, im Binnenland überziehen Kirschplantagen im Frühjahr die Hügel mit einem weißrosa Blütenteppich. Ein herrliches Revier für Radtouren und Küstenwanderungen.

#### MANITOWOC [177 F3]

Von dem Hafenort – rund eine Fahrstunde nördlich von Milwaukee –

setzt die einzige Fähre über den Lake Michigan. Die rund vierstündige Fahrt mit dem Dampfer „S.S. Badger" sollten Sie zur Hochsaison vorab reservieren *(Tel. 800/841-42 43 | Fahrpreis 47 $ | www.ssbadger.com)*. Direkt am Hafen verdient das *Wisconsin Maritime Museum* einen Besuch, es schildert die Geschichte der Seefahrt auf den Großen Seen *(tgl. 9–17, im Sommer bis 18 Uhr | Eintritt 12 $)*.

**SPRING GREEN** [177 E4]

Das 1500-Seelen-Städtchen, 2,5 Stunden Richtung Westen, wurde berühmt als Wohnsitz von Frank Lloyd Wright. Sein Haus *Taliesin* ist noch heute Pilgerziel für Architekturfans aus aller Welt *(Führung reservieren unter Tel. 877/588-79 00)*. Nicht verpassen dürfen Sie gleich nahebei das Insider Tipp skurrile Museum *House on the Rock*, das eine herrliche Sammlung von Musikautomaten und Zirkuskunst zeigt *(im Sommer 9–18 Uhr | Eintritt 26,50 $)*.

# MINNEAPOLIS & ST. PAUL

[177 D3] **Die Schwesterstädte beiderseits des Mississippi River mit zusammen rund 3,2 Mio. Ew. sind ungleiche Zwillinge.** Das kleinere, ältere St. Paul, das um 1840 als Pelzhändlerposten entstand, liegt am Nordufer des Flusses und ist die Hauptstadt Minnesotas. Sehenswert sind hier die Altstadt um das imposante *State Capitol* und – hoch über einer Schleife im Mississippi – das historische *Fort Snelling*, heute ein Museumsdorf.

Auf der anderen Flussseite ragen die Wolkenkratzer von Minneapolis auf, der wirtschaftskräftigeren, moderneren der beiden Städte. In der Innenstadt um die *Nicollet Mall*, einer belebten Fußgängerzone zwischen dem Mississippi und dem hübschen *Loring Park* zeigt sich die Stadt von ihrer besten Seite. Nicht zu vergessen: die *Mall of America*, das größte Einkaufszentrum der USA im Vorort *Bloomington* nahe dem internationalen Flughafen.

## SEHENSWERTES

**MILL CITY MUSEUM** Insider Tipp

Weizen von 23 000 Farmen wurde früher in dieser riesigen Industriemühle verarbeitet. Heute illustrieren Ausstellungen in der alten Mühle den Aufstieg der Prärien zum Brotkorb der Welt. *Di–Sa 10–17, So 12–17 Uhr | Eintritt 10 $ | 704 S. Second St.*

**WALKER ART CENTER**

Moderne Kunst und ein herrlicher, 3 ha großer Skulpturengarten. *Di–So 11–17 Uhr, Garten tgl. 6–24 Uhr | Eintritt 10 $ | 725 Vineland Place | www.walkerart.org*

## AUSKUNFT

**MINNESOTA TRAVEL INFO CENTER**

*121 7th Place E. | St. Paul | Tel. 651/296-50 29 | www.exploreminnesota.com*

# ST. LOUIS

[177 E5] **Die Stadt nahe dem Zusammenfluss von Missouri River und Mississippi River war um 1850 das „Tor zum Westen" für Hunderttausende von Pionieren.** Im 20. Jh. wurde St. Louis mit Brauereien, Auto- und Flugzeugwerken zu einer der wichtigen Industriestädte der Vereinigten Staaten und ist heute mit 2,8 Mio. Ew. die größte Metropole im ganzen Mississippi-Tal.

## SEHENSWERTES

In den vergangenen Jahrzehnten hat St. Louis seine arg heruntergekommene Innenstadt um die *Market Street* wieder restauriert. In die alten Lagerhäuser des historischen Viertels *Laclede's Landing* zogen Boutiquen und Restaurants ein. Westlich der Downtown liegt der rund 5 km² große *Forest Park*. Hier ist im einzigen verbliebenen Gebäude der Weltausstellung von 1904 das *St. Louis Art Museum* untergebracht, das viele Werke deutscher Expressionisten besitzt.

### GATEWAY ARCH ★

Der 192 m hohe Stahlbogen am Ufer des Mississippi ist das Wahrzeichen von St. Louis und wurde 1965 vom finnischen Architekten Eero Saarinen als Denkmal für die Westwärtswanderung der amerikanischen Siedler errichtet. Museum im Fuß des Bogens. *Tgl. 8.20–21.10, im Winter 9.20–17.10 Uhr | Eintritt und Aufzug 10 $ | Riverfront Park*

## EINKAUFEN

### UNION STATION

Der eindrucksvolle Bahnhof von 1894 an der Ecke *Market St./18th St.* ist heute Einkaufszentrum mit einem Dutzend Restaurants.

## ÜBERNACHTEN

### MILLENIUM HOTEL

Direkt gegenüber dem Gateway Arch. Aussichtsrestaurant. *780 Zi. | 200 S. 4th St. | Tel. 314/ 241-95 00 | www.milleniumhotels.com | €€–€€€*

St.-Louis-Kollage: Der Gateway Arch rahmt das Old Court House ein

## ZIELE IN DER UMGEBUNG

### HANNIBAL ★ [177 E5]

In dem Städtchen (18 000 Ew.), rund zwei Fahrstunden nördlich von St. Louis am Mississippi River, verlebte der Schriftsteller Mark Twain seine Kindheit. Sehenswürdigkeiten wie das *Mark Twain Boyhood Home* (mit dem berühmten Lattenzaun) erinnern an Schauplätze seines Romans „Die Abenteuer des Tom Sawyer".

## SAULT STE. MARIE

[178 B2] **Die Attraktion der Kleinstadt (17 000 Ew.) im waldreichen Norden Michigans sind die Soo Locks: zwei gewaltige Schleusen am St. Mary's River, der die Verbindung vom Lake Superior zum Lake Huron bildet.** 300 Meter lange Frachter können hier zwischen den verschiedenen Wasserebenen der Seen hoch- und runterwechseln. Vom *Soo Lock Park* in der Innenstadt aus haben Sie beiderseits des Flusses einen guten Blick auf die Schleusen und den Frachtverkehr. Hier gibt es auch ein Informationszentrum mit Beobachtungsdeck. Die zweistündigen Törns der *Soo Lock Boat Tours* führen durch die beiden Schleusen *(Fahrpreis 21 $ | 515 E. Portage Ave. | Tel. 906/632-63 01).*

## > BÜCHER & FILME

### Auf der Suche nach dem wahren Amerika

- **Meine Reise mit Charley** – Ein Klassiker für unterwegs: John Steinbeck erzählt von seiner 10 000-Meilen-Tour quer durch die USA im Jahr 1960.
- **Stumme Zeugen** – Krimis aus dem heutigen wilden Westen sind die Spezialität von C.J. Box. Sein neuester Thriller spielt im Norden Idahos, wo sich gerne Polizisten aus Los Angeles zur Ruhe setzen. (2007)
- **Trucks, Baptisten und Einarmige Banditen** – Die Journalistin Viola Schenz erzählt in 16 kurzen Reportagen unterhaltsam vom Alltag in den kleinen Städten Amerikas. (2002)
- **Der Patriot** – Mel Gibson und Roland Emmerich nahmen in diesem modernen Monumentalfilm den amerikanischen Unabhängigkeitskrieg zum Thema. (2000)
- **Easy Rider** – Die Mutter aller Road-Movies in Amerika. Mit Peter Fonda, Jack Nicholson, Dennis Hopper und Musik von Steppenwolf. (1969)
- **Forrest Gump** – Tom Hanks unternimmt als nicht allzu cleverer Südstaatenjunge eine Zeitreise durch das Amerika des 20. Jahrhunderts – inklusive einer anrührenden Liebesgeschichte. (1994)

# MITTLERER WESTEN

Acht Kilometer lang: Die Amerikaner nennen die Mackinac-Brücke liebevoll „Big Mac"

### ZIEL IN DER UMGEBUNG

**MACKINAC ISLAND** [178 B3]

Eine Stunde Fahrt südlich von Sault Ste. Marie überspannt eine gewaltige, 8 km lange Hängebrücke die Enge zwischen dem Lake Michigan und dem Lake Huron. Am Südende liegt das historische Städtchen *Mackinaw City,* von dem aus Fähren nach *Mackinac Island* und zu dem alten Armeeposten *Fort Mackinac* (Freiluftmuseum) verkehren. Die autofreie Insel wirkt mit ihren weißen Villen und hübschen Gärten wie eine Zeitreise zur Sommerfrische im Jahr 1900.

## TRAVERSE CITY

[178 A3] **Bunter Strandrummel bestimmt im Sommer das Bild der Ferienstadt (15 000 Ew.) an den sandigen Ufern der Grand Traverse Bay in Michigan.** Ruhiger wird es außerhalb des Orts bei Auto- oder Radtouren auf den Panoramastraßen am Lake Michigan: Die SR 37 führt durch Weingärten auf die *Old Mission Peninsula,* die SR 22 zu einem Leuchtturm (Museum) aus dem Jahr 1858 auf die *Leelanau Peninsula.*

### ÜBERNACHTEN

**CHERRY TREE INN**

Modernes, im viktorianischen Stil erbautes Hotel mit eigenem Strand. *78 Zi. | 2345 US 31 North | Tel. 231/938-88 88 | www.cherrytreeinn.com* | €–€€

### ZIEL IN DER UMGEBUNG

**SLEEPING BEAR DUNES** ★ [178 A3]

Im Nationalpark an der Küste des Lake Michigan faszinieren Wanderdünen, Überbleibsel aus der Eiszeit. Bis zu 140 m sind die Sandberge hoch. Attraktionen: die Dünenklettertour am Highway 109 und der *Pierce Stocking Scenic Drive,* eine 13 km lange, einspurige Straße mit einem phantastischen Blick auf den See. *www.nps.gov/slbe*

# > ALLES EIN BISSCHEN GRÖSSER

## Mexican Food, ein Mekka der Kunstszene und viel Natur: Texas bietet mehr als nur Staubpisten und Bohrtürme

**> Schnee fällt auf eine Kaktuspflanze hoch in den Bergen, in einem alten deutschen Biergarten spielt eine Blaskapelle und in einem kleinen mexikanischen Lokal werden Chips mit Salsa serviert: Momentaufnahmen von Texas.**

Wer mit dem Landstrich im tiefen Süden nur Cowboys, Staubpisten und Ölfördertürme verbindet, sollte schleunigst umdenken. „Everything is bigger in the Lone Star State", sagen die Texaner über ihr Land. Stimmt, alles ist größer hier: die Hüte, die Autos, die Anfahrtswege. Wer unterwegs nach einer Adresse fragt, erhält die Antwort: „It's down the road away". Und diese Straße scheint nie zu enden ... Selbst die Speisekarten im Burger-Restaurant sind überdimensional – bei der Fastfoodkette Whataburger etwa stehen 36 000 Varianten zur Wahl!

Die Größe Texas bestimmt auch seine kulturelle und landschlaftliche Vielfalt. Natürlich gibt es die staubi-

Bild: South Dakota, Badlands

# TEXAS UND DIE PRÄRIEN

gen Prärien und den typisch texanischen Redneck, der Country-Musik liebt und Wrangler-Jeans trägt. Die Bezeichnung „Redneck" kommt übrigens vom sonnenverbrannten Nacken, den sich viele Farmer in der Gluthitze hier zuziehen. Doch zu Texas gehören auch 2000 m hohe Berge, in denen Schwarzbären leben. Im Land von Hill County, um Fredericksburg, wird Wein kultiviert. Und die Nähe zu Mexiko spürt man in dessen Einfluss auf Speisen, Sprache und Kultur. Ebensogut können Sie in der Weite des Wilden Westens aber auch auf tschechische Bäckereien und deutsche Fleischereien treffen. Und in Dallas, wo einst nur Ölbarone die Wirtschaft regierten, ist die internationale Kunstszene sesshaft geworden. Von den swingenden Bluesbars in Austin bis zur alten Route 66 in Amarillo – Texas hält eben viele Überraschungen bereit.

# AMARILLO

[182 B2] **Der Panhandle von Texas, der äußerste Norden des Staats, ist eine schier endlose Ebene – der von Trappern und Siedlern einst gefürchtete Llano Estacado, wo noch vor 130 Jahren die Komantschen herrschten.** Heute regiert in Amarillo (240 000 Ew.), der wichtigsten Stadt des Panhandle, die Ölindustrie, und außerdem sitzt die Stadt auf 90 Prozent der Heliumvorkommen weltweit. Dennoch ist wie seit 100 Jahren dienstags Viehauktion. Die Attraktionen sind das *Helium Monument*, das neue *American Quarter Horse Museum* und die *Cadillac Ranch*, eine Pop-Art-Skulptur aus zehn kopfüber in die Prärie gesteckten Cadillacs rund 15 km westlich.

Auf zur Insektenjagd: Auch in Austin werden Fledermäuse erst abends aktiv

Insider Tipp

## ESSEN & TRINKEN

### BIG TEXAN STEAK RANCH

Wenn Sie das 2 kg schwere Steak, das auf der Speisekarte steht, schaffen, zahlen Sie nichts. *7701 I-40 East | Tel. 800/657-71 77* | €€

## ZIEL IN DER UMGEBUNG

### PALO DURO CANYON [182 B2–3]

Nach einem Besuch im ausgezeichneten *Panhandle-Plains Historical Museum* in *Canyon,* 30 km südlich von Amarillo, wartet östlich des Städtchens die rote Schluchtenwelt des gut 400 m tiefen und 100 km langen Canyons (Panoramastraßen, Wanderwege). Im Sommer gibt es nahe des Canyon-Eingangs Aufführungen des Musicals „Texas Legacies" in einem großen *Amphitheater (Tel. 806/655-21 81).*

# AUSTIN

[182 C4] **Die Hauptstadt von Texas hat sich seit ihrer Gründung 1840 zur sehr beliebten und lebenswerten Hightechmetropole mit mehr als 1,6 Mio. Ew. entwickelt.** Eine große Universität mit gut 50 000 Studenten und viele aufstrebende Technologiefirmen sorgen für eine junge Bevölkerung, was sich in einer pulsierenden Restaurant- und Musikszene niederschlägt.

Nicht verpassen dürfen Sie einen Bummel durch den bunten *Central Market (40th St./Lamar Blvd.)* und einen Besuch im riesigen *Texas State History Museum (Mo–Sa 9–18, So 12–18 Uhr | Eintritt 7 $ | 1800 N. Congress Ave.).* Das beliebteste Ziel im heißen Sommer aber sind die *Barton Springs* im *Zilker Park* mit einem 300 m langen Swimmingpool, der aus Naturquellen gespeist wird.

Faszinierend: Jeden Abend im Sommer schwärmen über dem Colorado River rund 1,5 Mio. Fledermäuse zur Insektenjagd aus, die unter der *Congress Avenue Bridge* mitten in der Innenstadt nisten. Und auch ins Umland lohnt sich ein Ausflug: Die Hügel des idyllischen *Hill Country* beginnen direkt am Südwestrand der Stadt, und im Frühjahr bilden dort Wildblumen riesige bunte Teppiche.

## ESSEN & TRINKEN

**THE OASIS**

Dinner und Drinks mit herrlichem Blick über das Hill Country. Etwa 20 km westlich der Stadt. *6550 Comanche Trail | Tel. 512/266-24 42 |* €€

## AM ABEND

Die beiden Zentren des turbulenten Nightlifes von Austin liegen um die *Sixth Street* und im alten Warehouse District um die *W. Fifth Street,* wo in vielen Clubs jeden Abend Country-, Blues- und Jazzbands spielen. Tipp: Der Rockclub La Zona Rosa im Warehouse District *(612 W. 4th St. | www.lazonarosa.com)*.

## ZIEL IN DER UMGEBUNG

**HILL COUNTRY** [182 C4]

Vor mehr als einem halben Jahrhundert ließen sich deutsche und tschechische Siedler auf den Hügeln und in den Tälern zwischen Austin und San Antonio nieder. Ihre kleinen Städte liegen ebenso verteilt im Gebiet wie 15 Weingüter, über die eine Weinwanderkarte *(www.texaswinetrail.com)* informiert. Das Weingut *Fredericksburg Winery* veranstaltet auch Verkostungen. *Fredericksburg | 247 W Main St. | Tel. 830/990-8747 | www.fbgwinery.com*

# BLACK HILLS

[176 B3] **Seit Kevin Costners „Der mit dem Wolf tanzt" ist dieses gut 150 km lange Mittelgebirge im Westen von South Dakota filmbekannt.** Wie eine grüne Oase ragt es aus der Prärie auf, und aus der Ferne geben die Tannen- und Kiefernwälder den Bergen einen dunklen, fast schwarzen Anschein; daher Black Hills. Den Sioux waren die Berge heilig, die Weißen entdeckten dort Gold, und für die heutigen Besucher sind sie eine Erholungslandschaft mit Panoramastraßen wie dem *Needles Highway,* Wanderwegen und einer frei lebenden Büffelherde im wildreichen *Custer State Park.*

## MARCO POLO HIGHLIGHTS

★ **Mount Rushmore**
Amerikanischer Patriotismus in reinster Form (Seite 98)

★ **Badlands National Park**
Ein Blick in eine bizarre Mondlandschaft (Seite 99)

★ **Space Center Houston**
Raumfahrt hautnah, ohne über den Wolken zu schweben (Seite 102)

★ **Riverwalk**
Tex-Mex-Atmkosphäre eim Abendbummel in San Antonio (Seite 104)

Besonders eindrucksvoll sind die Naturattraktionen der Region wie etwa der *Devil's Tower*: ein riesiger, 260 m hoher Vulkanschlot. Andere Naturschauspiele warten im Untergrund: große Tropfsteinhöhlen wie *Wind Cave National Park, Black Hills Caverns* und *Jewel Cave.*

Nicht in der Reihenfolge ihrer Präsidentschaft in den Fels gehauen: George Washington, Thomas Jefferson, Theodore Roosevelt, Abraham Lincoln

## SEHENSWERTES

### DEADWOOD

Deadwood vereint das Neonblinken von Las Vegas mit viel Bonanza-Flair, Westernfassaden und nachgestellten Schießereien: Das beim Goldrausch von 1876 gegründete Städtchen bewahrt in den Kneipen wie dem legendären *Saloon No. 10* den Geist des Wilden Westens – und die Geister, denn auf dem Friedhof ruhen Westernlegenden wie Wild Bill Hickock und Calamity Jane. Seit hier 1988 das Glücksspiel legalisiert wurde, boomt der Ort. In die alten Bauten an der Main Street sind Kasinos eingezogen. Sehenswert: das von Kevin Costner angelegte Bison-Zentrum *Tatanka.*

### MOUNT RUSHMORE ★

Amerikas größtes Nationalheiligtum: vier Präsidentenköpfe, die – je gut 20 m hoch – vom Bildhauer Gutzon Borglum in eine Felswand gehauen wurden. Großes Visitor Center und Museum. *Im Sommer 8–22 Uhr | Parkgebühr 10 $ | Hwy. 16*

Rund 30 km weiter westlich entsteht das Gegenstück zum Mount

Rushmore: das fast 200 m hohe Standbild des Sioux-Häuptlings *Crazy Horse*, an dem die Bildhauerfamilie Ziolkowski schon in der zweiten Generation arbeitet.

**THE JOURNEY**
Der Ausstellungskomplex in *Rapid City* zeigt die Geschichte Amerikas aus der Sicht der Indianer. Auskunft über Touren in die Reservate. *Im Sommer tgl. 9–18 Uhr | Eintritt 7 $ | 222 New York St.*

## ÜBERNACHTEN

**FRANKLIN**
Historisches Hotel mit einer herrlichen alten Bar. *81 Zi. | Deadwood | 700 Main St. | Tel. 605/578-22 41 | www.silveradocasino.com* | €–€€

## AUSKUNFT

**RAPID CITY VISITORS BUREAU**
*444 Mt. Rushmore Rd. N. | Tel. 605/718-84 84 | www.visitrapidcity.com*

## ZIELE IN DER UMGEBUNG

**BADLANDS NATIONAL PARK ★** [176 B3]
Regen und Wind haben aus dem weichen Prärieboden rund 100 km östlich der Black Hills (an der I-90) phantastische Säulen und Schluchten geschnitzt. Das etwa 35 Mio. Jahre alte Sedimentgestein besteht zum großen Teil aus weißer vulkanischer Asche, was der ganzen Landschaft ein geisterhaftes Aussehen verleiht. Ein *Visitor Center* gibt Auskunft über Wanderwege.

**WALL** [176 B3]
Das winzige Dorf am Rand des Badlands National Park zelebriert amerikanischen Kitsch in Reinform. Dort steht der selbst ernannt größte Drugstore des Lands: *Wall Drug*, ein Labyrinth von Auslagen mit einem wilden Nippessammelsurium. Insider Tipp

# DALLAS & FORT WORTH

[182 C3] **Seit J. R. auf den Bildschirmen weltweit sein Unwesen trieb, ist Dallas berühmt, und das Klischee ist gar nicht so falsch:** Der große Ölboom der 1930er-Jahre hat Dallas und seine 50 km westlich gelegene Schwesterstadt Fort Worth zu finanzkräftigen Metropolen (6,1 Mio. Ew.) mit mehr Millionären und Cadillacs als sonstwo im reichen Texas gemacht. Heutzutage sorgen Bankgewerbe, Elektronik- und Textilindustrie für ein kräftiges Wachstum.

## SEHENSWERTES

**DALLAS**
Es mag überraschen, doch Dallas ist ein regelrechtes Kunstmekka. Unbedingt sehenswert: die millionenschwere Sammlung des *Nasher Sculpture Center*, das neue Kunstmuseum *The Modern*, das *Dallas Art Museum* und sogar ein *Women's Museum.* Und noch etwas: Präsident John F. Kennedy wurde 1963 in Dallas ermordet. Ein schlichtes Denkmal an der Kreuzung *Main/Market Sts.* und die Ausstellung *The Sixth Floor (411 Elm St.)* erinnern an ihn.

**FORT WORTH**
Die alte Cowboystadt glänzt mit alteingesessenen Museen wie dem *Amon Carter Museum* für Western-

kunst und dem *Kimbell Art Museum*. Der restaurierte *Stockyards District* zeugt von der Bedeutung Fort Worths als einstiger Verladestation für Rinder. Von der Stadt bezahlte Cowboys reiten durch den Distrikt, beantworten Fragen der Touristen und posieren für Fotos.

## ESSEN & TRINKEN

### CATTLEMEN'S STEAK HOUSE

Westernkulisse an der Wand, riesige T-Bone-Steaks auf dem Teller. Gute Margaritas. *Fort Worth | 2458 N. Main St. | Tel. 817/624-39 45* | €€–€€€

## > LOW BUDGET

- Hoch die Beine: Wer Line Dance (wird in Reihen zu Countrymusik getanzt) und Two Step (Paartanz zu Cajunmusik) noch nicht beherrscht, darf Sa-Abend von 18–20 Uhr im großen Westernclub *Gilley's Dallas* kostenlosen Unterricht nehmen: *1135 S. Lamar St. | Tel. 214/421-2021* | www.gilleysdallas.com
- Discount-Pässe sparen Geld: Das *San Antonio Visitors Bureau* verkauft den *San Antonio and Beyond Pass*, der je nach Anzahl der Museen und Attraktionen ab 29 $ kostet und rund 50 Prozent Ersparnis bedeutet. In Houston gibt es den *CityPass*: Sechs Attraktionen inklusive dem Nasa-Zentrum gibt es für 34 $.
- Mehr Schnäppchen geht nicht: Die *Prime Outlets of San Marcos* auf halber Strecke zwischen Austin und San Antonio sind mit mehr als 100 Markenläden bestimmt die größte Outlet Mall in Texas *(I-35, Exit 200* | www.primeoutlets.com)

### MANSION ON TURTLE CREEK

Auf zwei Gäste kommt hier eine Servicekraft: Villa im italienischen Stil mit Sinn für Details (frische Zimmerblumen, klassische Musik) und bester Southwest Cuisine. Teuerstes Haus am Platz. *Dallas | 2821 Turtle Creek Blvd. | Tel. 214/443-47 47* | www.mansiononturtlecreek.com | €€€

## ÜBERNACHTEN

### HOTEL LUMEN

Schickes kleines Hotel nahe Innenstadt und Universität. *52 Zi. | 6101 Hillcrest Ave. | Tel. 214/219-2400* | www.hotellumen.com | €€–€€€

### BEST WESTERN MARKET CENTER

Sauber und solide, nahe zur Innenstadt. *98 Zi. | Dallas | 2023 Market Center Blvd. | Tel. 214/741-90 00* | www.bestwesterntexas.com | €€

## AM ABEND

Die Zentren des Nachtlebens in Dallas sind der *West End Historic District* und das Trendviertel *Deep Ellum* am Ostende der Innenstadt mit vielen Blues- und Jazzclubs. In Fort Worth trifft man sich im *Stockyards District*.

### BILLY BOB'S

Der größte Country-&-Western-Club weltweit. Er verfügt über gut 40 Bars und eine eigene Rodeoarena. *Fort Worth | 2520 Rodeo Plaza* | www.billybobstexas.com

## AUSKUNFT

### DALLAS VISITORS CENTER

*Old Red Courthouse | 100 S. Houston St. | Tel. 214/571-13 00* | www.visitdallas.com

# EL PASO

**[181 F3] Die Metropole (735 000 Ew.) am Nordufer des Rio Grande ist die wichtigste texanische Grenzstadt zu Mexiko, wirtschaftskräftig durch Baumwollverarbeitung und Billiglohnfabriken, die mexikanische Arbeiter beschäftigen.** El Paso ist Ausgangspunkt für Touren durch das heiße, trockene Westtexas und in das benachbarte *Ciudad Juarez* in Mexiko mit seinen Restaurants und seinem Nachtleben. In der Stadt selbst sind die *Missionen* aus spanischer Zeit (um 1680) sehenswert.

## ZIEL IN DER UMGEBUNG

**BIG BEND NATIONAL PARK** [182 A4]

Im Sommer nennnen die Texaner die Gegend um Big Bend auch den Spielplatz des Teufels: Die Hitze hier ist wirklich höllisch. Der Nationalpark liegt sechs Fahrstunden südöstlich von El Paso. Aus seiner Mitte ragen die *Chisos Mountains* dramatisch empor, Resultate einstiger vulkanischer Aktivität. An den Osten der Berge grenzt die Wüste. Die Natur ist aufgrund der unterschiedlichen geografischen Gegebenheiten vielfältig: Berglöwen, Kojoten und der „Road Runner“, der Rennkuckuck, durchstreifen die Täler, Steinadler die Lüfte. Die Landschaft lässt sich im Jeep, auf einem Pferderücken, im Segelflieger oder im eigenen Auto erkunden. Das schönste Wildnisabenteuer bietet eine sider ipp Schlauchboottour auf dem *Rio Grande,* der entlang der mexikanischen Grenze durch drei gewaltige, bis 300 m tiefe Canyons strömt. *Buchung bei Far Flung Outdoor Center | Terlingua | Tel. 800/839-72 38 | www.farflungoutdoorcenter.com*

Kaktusblüte im Big Bend National Park

# HOUSTON

**[183 D4] Die Stadt in der Küstenebene am Golf von Mexiko ist Heimat von gut 2 Mio. Menschen – in der Metropolregion leben sogar 5,6 Mio.** Der Ölexport machte Houston einst groß. Heute bestimmen Forschung und Gesundheitsdienste den Markt. Von der 180 Jahre alten Stadtgeschichte zeugen nur noch ein paar *Pionierhäuser im Sam Houston Park.* Houston ist Sitz der *Nasa,* des *Texas Medical Center* – eines führenden Krebsforschungsinstituts – des *Astrodome* der *Houston Symphony* und des Kunstmuseums *Menil Collection.* Die Stadt besitzt ein elegantes *Galleria-Shoppingcenter* (im Stadtteil Post Oak). Schön zum Bummeln ist der *West End Marketplace.*

## SEHENSWERTES

**ROTHKO CHAPEL** Insider Tipp

Moderne Kunst am Bau: eine Kirche von Stardesigner Philip Johnson, verziert mit Malereien des amerikanischen Expressionisten Mark Rothko. *Tgl. 10–18 Uhr | Eintritt frei | 1409 Sul Ross*

**SAN JACINTO MONUMENT**

Ausstellungen und ein 50-stöckiger Obelisk am Ostrand der Stadt erinnern an die entscheidende Schlacht des texanischen Unabhängigkeitskriegs. *Tgl. 9–18 Uhr | Eintritt 12 $ | SR 134*

### ÜBERNACHTEN

**MAGNOLIA HOTEL**

Elegantes Cityhotel im früheren Haus einses Ölmagnaten. Pool auf dem Dach. *314 Zi. | 1100 Texas Avenue, (888) 995-1110 | www.magnoliahotelhouston.com* | €€€

**ECONO LODGE AT NASA**

Solides Kettenmotel nahe dem Nasa-Zentrum. *108 Zi. | 904 E. Nasa Rd. 1 | Tel. 281/333-37 37 | www.choicehotels.com* | €

### AUSKUNFT

**GREATER HOUSTON CONVENTION & VISITORS BUREAU**

*901 Bagby St. | Tel. 713/437-52 00 | www.visithoustontexas.com*

### ZIELE IN DER UMGEBUNG

**GALVESTON** [183 D4]

Hurrikan Ike hat die Stadt 2008 verwüstet, doch der alte Hafenort (57000 Ew.) auf einer Insel im Golf von Mexiko wird in seine Rolle als beliebtestes Badeziel der Städter aus dem eine Fahrstunde entfernten Houston zurückfinden. Es warten 50 km Sandstrände, das große Aquarium der *Moody Gardens* und herrliche viktorianische Häuser wie etwa der *Bishop's Palace* aus dem Jahr 1893.

**SPACE CENTER HOUSTON ★** [183 D4]

Von hier aus wurde der Mond erobert, und von hier werden die heutigen Space-Shuttles gesteuert. Dank des gelungenen Besucherzentrums ist das Nasa-Hauptquartier, das 40 km südlich an der I-45 liegt, besser als jeder Vergnügungspark. 90-minütige Führungen, umfassende Ausstellung von Raumfahrzeugen. Ein großes Imax-Kino zeigt Filme über Raumfahrt und Geowissenschaften. *Mo–Fr 10–17, Sa u. So 10–18 Uhr | Eintritt 19 $*

## LITTLE ROCK

[184 A2] **Die Hauptstadt von Arkansas wurde erst in letzter Zeit bekannt – als Heimatstadt von Ex-Präsident Bill Clinton.** 670000 Menschen leben in der ruhigen Stadt, die neben dem hübschen *Riverfront Park* am Arkansas River heute vor allem für das moderne *Clinton Presidential Center* bekannt ist, das die Hinterlassenschaft des beliebten Präsidenten zeigt.

### AUSKUNFT

**ARKANSAS DEPARTMENT OF PARKS AND TOURISM**

*1 Capitol Mall | Little Rock | Tel. 501/682-77 77 | www.arkansas.com*

### ZIELE IN DER UMGEBUNG

Das nostalgische alte Kurbad *Hot Springs* (heiße Quellen im Hot Springs National Park) am Rand der Onachita Mountains [184 A2] lohnt ebenso einen Besuch wie die *Ozark Mountains* nördlich der Stadt; eine

Ferienregion mit kristallklaren Seen zum Kanufahren, mit Wanderwegen und gewachsener Folklore (auch Countrymusik), die im *Ozark Folk Center* des Städtchens *Mountain View* [184 A2] liebevoll inszeniert wird.

Erschöpft am „Ende des Wegs" – Symbol für das Schicksal der Indianer

## OKLAHOMA CITY

[182 C2] **Die Hauptstadt Oklahomas mit 1,2 Mio. Ew. entstand am 22. April 1889: Damals wurde das Indianerterritorium zur Besiedlung freigegeben.** Binnen weniger Stunden hatten 10 000 Siedler ihre Zelte aufgeschlagen. 1928 stellte sich heraus, dass die durch die Rinderzucht aufblühende Stadt buchstäblich auf einem See aus Öl stand – und noch heute arbeiten über 1000 Ölpumpen im Stadtgebiet. Zu den Sehenswürdigkeiten zählen der Wildwestvergnügungspark *Frontier City*, das *Museum of Art*, der botanische Garten *Myriad Gardens* und das *State Capitol*.

Unbedingt einplanen sollten Sie einen Besuch im *National Cowboy Museum*, einem der besten Westernmuseen der USA mit der berühmten, eindrucksvollen Monumentalskulptur „End of the Trail", vielen Gemälden und Pionierrelikten (*tgl. 9–17 Uhr | Eintritt 10 $ | 1700 NE. 63rd St.)*

### AUSKUNFT

**OKLAHOMA TOURISM DEPARTMENT**
*Capitol Bldg., NE 23rd/Lincoln Blvd. | Tel. 800/652-65 52 | www.travelok.com*

## ZIEL IN DER UMGEBUNG

**INDIANERLAND**

Trotz aller Versuche, sie zu verdrängen, leben bis heute zahlreiche Indianerstämme in Oklahoma. In *Tahlequah* [183 D2], rund 200 km östlich von Oklahoma City, zeigt das *Cherokee Heritage Center* die alte Lebensweise dieses Stamms.

Insider Tipp

Nördlich von Oklahoma City leben Stämme der Pawnee und der Ponca, südwestlich solche der Komantschen, der Kiowa und der Apachen.

# SAN ANTONIO

[182 C4] **Die schönste Stadt in Texas (2 Mio. Ew.) mit viel Flair und spanisch-mexikanischer Kultur, mit farbenfrohen Märkten, moderner Architektur und liebevoll restaurierter Altstadt.** Die Spanier bauten um 1720 die ersten Missionen, die Deutschen im 19. Jh. den gut erhaltenen *King William District* und die Amerikaner zur Weltausstellung 1968 die *Hemisfair Plaza,* ein Museums- und Kulturzentrum.

Obwohl San Antonio die achtgrößte Stadt der USA ist, hat die Stadt einen zu Fuß erkundbaren Stadtkern. Beliebteste Flaniermeile ist der malerische, von vielerlei Läden und Restaurants gesäumte ★ *Riverwalk* am Ufer des San Antonio River, auf dem Gondeln fahren und auch einige zu Restaurants umgebaute Boote schwimmen. Sehr schön zum Bummeln ist auch der historische *Market Square (Santa Rosa/Commercial Sts.)* am Westrand der City – ein buntes Gewirr von Obstständen, mexikanischen Imbissbuden und witzigen Kunsthandwerksläden.

## SEHENSWERTES

**ALAMO**

Die Missionskirche von 1744 war 1836 Schauplatz einer berühmten Schlacht des texanischen Unabhängigkeitskriegs. Sie gilt als Nationalheiligtum, weil damals 187 Texaner

Vom Boot aus hat man den schönsten Blick auf den üppig grünen Riverwalk in San Antonio

zwei Wochen lang bis zu ihrem Tod der Belagerung durch über 3000 mexikanische Soldaten standhielten. *Tgl. 9–17.30, So 10–17.30 Uhr | Eintritt frei | Alamo Plaza*

**MISSIONEN**

Südlich der Innenstadt liegen entlang des *Mission Trail* vier weitere spanische Missionen, jede ausgebaut wie eine mittelalterliche Wehrkirche. Besonders eindrucksvoll ist die *San Jose Mission* aus dem Jahr 1720, die „Königin der Missionen" in Texas. *Tgl. 9–17 Uhr | Eintritt frei | zusätzl. Ausstellungen im Mission Visitor Centre | 6701 San Jose Dr.*

**WITTE MUSEUM**

Das beste Museum zur texanischen Naturgeschichte mit Ausstellungen, die prähistorische Indianerkulturen beleuchten. Nebenan: ein Museum über die legendären Texas Rangers. *Mo–Sa 10–17, Do bis 20, So 12–17 Uhr | Eintritt 7 $ | 3801 Broadway | www.wittemuseum.org*

## ESSEN & TRINKEN

**BOUDRO'S**

Am Riverwalk gelegen. Es gibt eine gelungene Mischung von Gerichten des Südwestens und vom Golf von Mexiko. Auch „Dinner-Cruises" auf dem San Antonio River werden angeboten. *421 E. Commerce St. | Tel. 210/224-84 84 | €€*

## ÜBERNACHTEN

**O'BRIENS HISTORIC HOTEL**

Gutes Mittelklassehotel, schön renoviert und nah zum Riverwalk. *39 Zi. | 116 Navarro St. | Tel. 210/527-1111 | www.obrienhotel.com | €€*

## AUSKUNFT

**SAN ANTONIO VISITORS BUREAU**

*203 S. St. Mary's St. | Tel. 210/207-67 00 | www.visitsanantonio.com; Visitor Center an der Alamo Plaza*

## ZIELE IN DER UMGEBUNG

**NEW BRAUNFELS** [182 C4]

In den bewaldeten Hügeln gleich nördlich von San Antonio siedelten im 19. Jh. vor allem Deutsche. Orte wie Fredericksburg und New Braunfels belegen dies deutlich: Biergärten, Fachwerkhäuser, deutsche Namen und *lots of wurst.* Anfang November wird sogar ein Wurstfest gefeiert.

**SOUTH PADRE ISLAND** [182 C5–6]

170 km weiße Sandstrände, kleine Fischerhäfen und Naturparks auf der lang gestreckten Insel im äußersten Süden von Texas. Das *Aransas National Wildlife Refuge* ist die Winterheimat der fast ausgestorbenen Schreikraniche und 300 weiterer Vogelarten.

# TULSA

[183 D2] **Die zweitgrößte Stadt (905 000 Ew.) in Oklahoma verdankt ihr Bestehen den Ölvorkommen tief unter der Prärie, die 1901 entdeckt wurden.** Ihre Pioniertage ehrt die moderne, durch das Öl zu Reichtum gekommene Metropole mit dem hervorragenden *Thomas Gilcrease Museum (Di–Do 10–17 Uhr | Eintritt 8 $ | 1400 N. Gilcrease Museum Rd.),* das eine der besten Ausstellungen zur Westernkunst besitzt.

Rings um die Stadt liegen Reservate der Cherokee-, Choctaw- und Osage-Indianer, in denen während des Sommers häufig *Powwows* (Tanzfeste) und große Rodeos stattfinden.

# > DAS RÜCKGRAT DES KONTINENTS

In den Wildweststaaten von Colorado bis Montana ist die Pionierzeit noch nicht vorüber

**> Rund 3000 km weit reicht der Hauptstrang der nordamerikanischen Kordilleren, die Wasserscheide Amerikas, von New Mexico bis Kanada. Westlich fließt alles in den Colorado, östlich strömt alles in den Missouri.**

Es gibt 53 Gipfel, die mehr als 14 000 Fuß, d. h. 4260 m hoch sind. Die Rockies entstanden vor gut 30–60 Mio. Jahren, erste Siedler waren die Indianer. Weiße wagten sich erst 1820 in das Gebirge, der Goldrausch von 1859/60 brachte allerdings Tausende hierher.

Die Nationalparks der Rockies sind legendär: der wasserreiche Yellowstone, die Seen und Wiesen des Glacier, die 2000 m hohen Felswände des Grand Teton, die Felslandschaft des Rocky Mountain National Park. Auf andere Weise legendär sind die – wenigen – Ortschaften: Aspen als elegantes Ski-Dorado; die hoch gelegene Metropole Denver, die ein Luftkurort

Bild: Yellowstone National Park

# ROCKY MOUNTAINS

sein könnte; Laramie und Cheyenne, wo die historischen Schlachten gegen die Indianer nachhallen.

Vier Bundesstaaten umfasst das Gebirge: Colorado, Wyoming, Montana und Idaho. Außerdem rechnet man den Norden von Utah mit Salt Lake City dazu. Jeder Staat hat seinen eigenen Charakter. Colorado mit den höchsten Gipfeln ist gut zu erreichen. Der Flughafen Denver ist – bezogen auf seine Ausdehnung – der größte auf der Welt. Wyoming ist, abgesehen vom Yellowstone und vom Grand Teton, ein einziges Strauchfeld, der am dünnsten besiedelte Staat der USA. In Montana ist die Gebirgslandschaft fast lieblich, voller Bäche und Seen. In Idaho gedeihen die berühmten Kartoffeln nur im südlichen Teil, der nördliche ist rau und wild.

Weitere Informationen finden Sie im MARCO POLO Band „USA West".

# ASPEN & VAIL

[175 F5] **Die beiden etwa 50 km auseinander liegenden Orte im Herzen von Colorado gelten als berühmteste Skiziele der Rocky Mountains.** Der so legendäre trockene Pulverschnee lockt die Highsociety

Blauer Himmel und Pulverschnee: Willkommen im Winterwunderland von Aspen

Amerikas ebenso an wie europäische Wedelfans. Das elegante Aspen (6000 Ew.) hat sich vom Bergbaustädtchen zum Top-Skiresort gewandelt – hierher strömen superreichen Skibegeisterten aus aller Welt. Vail (5000 Ew.) ist ein moderner, im alpenländischen Stil erbauter Skiort, mit vielen Restaurants und teuren Boutiquen, dabei weniger prätentiös als Aspen. Im Sommer bieten beide Orte zahlreiche Festivals, und die Besucher können auf Wander- und Biketrails die Bergwelt genießen.

### ZIEL IN DER UMGEBUNG

**GRAND JUNCTION** [175 F5]

Die in einem weiten, fruchtbaren Tal gelegene Farmerstadt (45 000 Ew.), 200 km westlich von Aspen, ist der beste Ausgangspunkt für Touren in die spektakuläre Canyonlandschaft des *Colorado National Monument* (sehr beliebt für Fahrradtouren) am Westrand des Orts und zum *Black Canyon of the Gunnison National Park* rund 120 km südlich.

# BOISE

[175 D4] **Die Hauptstadt (210 000 Ew.) des „Kartoffelstaats" Idaho liegt in einem grünen Tal im ansonsten fast wüstenhaft trockenen Südwesten des Staats.** Eine Kleinstadt mit Parks und einer hübsch renovierten Altstadt, mit guten Restaurants und – als der größten Attraktion – dem zu einem Museum umfunktionierten ehemaligen Staatsgefängnis *Old Idaho State Penitentiary,* in dem von 1870 bis 1973 Bankräuber, Viehdiebe und Revolverhelden einsaßen. Ein gutes Innenstadtlokal ist das *Red Feather (246 S. 8th St. | Tel. 208/429-63 40 | €€).*

## ZIELE IN DER UMGEBUNG

**HELLS CANYON** [174 C3]

Rund 150 km nördlich von Boise tut sich an der Grenze zu Oregon die gewaltige Schlucht des Hells Canyon auf. Der *Snake River* hat sich dort auf einer Länge von fast 100 km rund 2400 m tief in das vulkanische Gestein gegraben: ein Abgrund, tiefer als der Grand Canyon. Bootstouren von Lewiston und von Oxbow, Oregon, aus. *Hells Canyon Adventures | Oxbow | Tel. 541/785-33 52 | www.hellscanyonadventures.com*

**SUN VALLEY** [175 E4]

Das bekannteste Skigebiet Idahos, rund 200 km östlich von Boise, verdient auch im Sommer einen Besuch. Ganz in der Nähe, westlich von Idaho Falls, liegt das sehenswerte *Craters of the Moon National Monument,* eine imposante Urwelt aus Lavafelsen und Aschebergen.

# CHEYENNE

**[176 A4] Trotz seiner nur 53 000 Ew. ist das 1867 als Bahnstation an der Union Pacific Railroad gegründete Cheyenne die größte Stadt Wyomings.** Seiner Rolle als Hauptstadt des „Cowboy State" wird es wohl gerecht – mit Saloons und typischen alten Westernfassaden.

Das ausgezeichnete *Cheyenne Frontier Days Old West Museum* zeigt die Geschichte der Stadt und des alljährlich Ende Juli stattfindenden ältesten Rodeos der USA, der *Cheyenne Frontier Days.* Alles für den echten Cowboy gibt es bei *The Wrangler (1518 Capitol Ave.):* Stetson-Hüte, Stiefel, silberne Gürtelschnallen.

# CODY

**[175 E3] In bergumrahmter Lage und nahe dem Osteingang des Yellowstone National Park ist das 1898 von „Buffalo Bill" Cody gegründete Westernstädtchen (9000 Ew.) heute ein beliebtes Touristenziel.** Während des Sommers können Sie dort jeden Abend ein Rodeo erleben.

## SEHENSWERTES

**BUFFALO BILL HISTORICAL CENTER ★**

Das größte Westernmuseum der Rockies mit Ausstellungen u. a. zu den Prärieindianern und natürlich zu

## MARCO POLO HIGHLIGHTS

**★ Buffalo Bill Historical Center**
Alles über den berühmt-berüchtigten Bisonjäger (Seite 109)

**★ Going-to-the-Sun Road**
Die schönste Panoramastraße der Rockies (Seite 113)

**★ Mesa Verde National Park**
Prähistorische Dörfer, in Felsklippen versteckt (Seite 113)

**★ Yellowstone National Park**
Fauchende Geysire, Bären und Bisons (Seite 115)

Colonel William Frederick Cody (1846–1917), der als Buffalo Bill in die Geschichte einging. Den Spitznamen verdankt Cody seinen Talenten als Bisonjäger. *Von Mai–Sept. 8–20, im Herbst 8–17 Uhr | Eintritt 15 $ | 720 Sheridan Ave. | www.bbhc.org*

„Go West!" – Auf seinem Denkmal reitet Buffalo Bill noch heute gen Westen

## ESSEN & TRINKEN

### IRMA HOTEL

Das 1902 vom alten Mr. Bill errichtete Hotel hat historische Zimmer in seinem Hauptgebäude sowie billigere, motelartige im Anbau. Sehenswert: der Silver Saddle Salon – die Kirschholzbar war ein Geschenk von Königin Victoria. *1192 Sheridan Ave. | Tel. 307/587-42 21 |* €€

## ÜBERNACHTEN

### ABSAROKA MOUNTAIN LODGE

Gemütliche Ranch 30 km westlich von Cody. Ausritte und Angeln werden organisiert. *16 Zi. | 1231 E. Yellowstone Hwy. | Wapiti | Tel. 307/587-39 63 | www.absarokamtlodge.com |* €

### BUFFALO BILL VILLAGE

Rustikales Motel mit Campingplatz nahe am Zentrum. *83 Zi. | 1701 Sheridan Ave. | Tel. 307/587-55 44 | www.blairhotels.com |* €–€€

## ZIEL IN DER UMGEBUNG

### JACKSON [165 E4]

Das Städtchen (9000 Ew.) im Jackson Hole, einem üppig grünen, weiten Tal, 300 km südwestlich von Cody, pflegt sein Cowboyimage: Brettergehsteige und Holzfassaden säumen die Straßen, Cowboybars und Gästeranches locken Besucher an, die vor allem wegen der grandiosen Berglandschaft des nahen *Grand Teton National Park* mit seinen guten

Wanderwegen kommen. Mehrere Gesellschaften in Jackson bieten Schlauchbootfahrten auf dem *Snake River* an, etwa *Dave Hansen River Trips | Tel. 307/733-62 95,* oder *Snake River Kayak & Canoe | Tel. 307/733-99 99 (auch Kanuvermietung).* Ein modernes Kettenmotel am Ortseingang ist die *Lodge at Jackson Hole. 154 Zi. | Hwy. 191 | Tel. 307/739-97 03 | www.lodgeatjh.com |* €€–€€€

## COLORADO SPRINGS

[176 A5] **Trotz ihrer Größe von heute rund 610000 Ew. hat sich die 1871 als Kurort gegründete Stadt viel von ihrem Erholungswert erhalten.** Die herrliche Lage am sonnigen Ostrand der Rocky Mountains, Naturparks wie der *Garden of the Gods* mit seinen bizarren roten Felsformationen, hübsche Westernstädtchen in der Umgebung wie *Manitou Springs* und gepflegte Golfplätze machen die Stadt zum beliebten Urlaubsziel. Attraktionen sind das *US Olympic Training Center* (Führungen) und die *ProRodeo Hall of Fame,* ein modernes Museum zur Cowboygeschichte. Die beliebte Brauereikneipe *Phantom Canyon Brewing Co.* in einem historischen Bau in der Altstadt serviert Rippchen, Lamm und andere Westernkost. *2 E. Pikes Peak Av. | Tel. 719/635-28 00 |* €–€€

### ZIEL IN DER UMGEBUNG

**PIKES PEAK** [176 A5]

Der 4300 m hohe Gipfel ist wohl einer der berühmtesten Berge Amerikas – touristisch erschlossen mit Zahnradbahn ab *Manitou Springs* und einer kurvenreichen Panoramastraße zur Bergspitze. An der Westflanke des Bergs liegt am Hwy. 67 eine Fahrstunde von Colorado Springs der restaurierte alte Goldgräberort *Cripple Creek.*

## DENVER

[176 A5] **Ihren Anfängen als wilde Goldgräberstadt ist die Hauptstadt Colorados mit rund 2,5 Mio. Ew. im Großraum längst entwachsen.** Die „Mile High City" – so genannt, weil sie auf 1600 m Höhe an der Ostflanke der Rocky

## >LOW BUDGET

- Die heißen Quellen von Thermopolis wurden 1896 von den Indianern den Weißen übergeben – mit der Auflage, dass das Baden hier „für alle Zeiten und für alle Menschen" kostenlos bleiben soll. Und so ist es im *Hot Springs Park von Thermopolis, Wyoming,* bis heute.
- Auf zum Biertest: In Micro-Breweries können Sie mit einem „Sampler" für ein paar Dollar Bier in Kölsch-Gläsern verkosten. Zum Beispiel in der *Table Rock Brewery in Boise, Idaho | 705 W. Fulton St. | Tel. 208/342-0944*
- Selbst in den nobeln Skiorten finden junge Ski-Freaks (in den USA heißen sie „Ski-Bums") günstige Hostels. Schlafsaal-Preise *(dorms)* liegen bei 30–40 $, Doppelzimmer bei 100 $. Zum Beispiel in *Park City im Chateau Apres | 1299 Norfolk Ave., Park City | Tel. 435/649-9372 | www.chateauapres.com*

Mountains liegt – lebt heute von Hightech-Industrie, Transport- und Energiewirtschaft und gilt mit ihrem sonnigen, trockenen Klima, den nahen Bergen und zahlreichen Parks im Stadtgebiet als eine der lebenswertesten Metropolen der USA. Beliebteste Flaniermeile ist im Herzen der Stadt die *16th Street Mall,* eine Fußgängerzone mit Läden und Cafés. Am Südostende der Mall liegt der *Civic Center Park* mit dem von einer goldenen Kuppel gekrönten ★ *State Capitol.*

## SEHENSWERTES

### DENVER ART MUSEUM

Moderne Kunst und indianische Sammlungen. Der neue Anbau wurde vom Architekten Daniel Libeskind entworfen. *Di–Sa 10–17, So 12–17 Uhr | Eintritt 8 $ | 100 W. 14th Ave.*

### MUSEUM OF NATURE & SCIENCE

Naturgeschichte der Rocky Mountains: Geologie, das Zeitalter der Dinosaurier und die heutige Flora und Fauna. *Tgl. 9–17 Uhr | Eintritt 10 $ | im City Park | 2001 Colorado Blvd.*

## ESSEN & TRINKEN

### TAMAYO ▶▶

Moderner Mexikaner mit schöner Terrasse. Hip zur Happy Hour. *1400 Larimer St. | Tel. 303/946-1433* | €–€€

### ROCKY MOUNTAIN DINER

Westernflair und große Portionen mitten in Downtown. *800 18th St. | Tel. 303/293-83 83* | €

## ÜBERNACHTEN

### BROWN PALACE

Das Grandhotel ist das istorische Wahrzeichen und erstes Haus am Platz. Großartige Lobby, exzellenter Service, zentrale Lage. *241 Zi. | 321 17th St. | Tel. 303/297-31 11 | www.brownpalace.com* | €€€

### CURTIS HOTEL

Insider Tipp

Fröhliches Design-Hotel, gestylt mit Pop-Kultur der 1960er Jahre. Gutes Restaurant. *1405 Curtis St. | Tel. 303/571-0300 | www.thecurtis.com* | €€–€€€

## AM ABEND

Beliebt sind vor allem die Bars rund um den *Larimer Square* oder Minibrauereien wie die *Wynkoop Brewing Company (1634 18th St).*

## AUSKUNFT

### DENVER VISITORS BUREAU

*1555 California St. | Suite 300 | Tel. 303/892-15 05 | www.denver.org | Infozentrum: California/16th St.*

## ZIELE IN DER UMGEBUNG

### GOLDEN [176 A5]

Das historische Städtchen 20 km westlich ist Ausgangspunkt für Tagestouren in die *Denver Mountain Parks.* Am Gipfel des *Lookout Mountain* liegt *Buffalo Bills Grab* mit angeschlossenem Museum.

### ROCKY MOUNTAIN NATIONAL PARK [176 A5]

Gut 100 km nordwestlich von Denver warten 1080 km² grandiose Bergszenerie im Herzen der Rockies. Schönste Panoramastraße des Parks ist die 80 km lange ★ *Trail Ridge Road* (US 34) über die kontinentale Wasserscheide. Visitor Center und Unterkünfte im alten Erholungsort *Estes Park.*

In den Fels geschlagen: der Cliff Palace im Mesa Verde National Park

## ZIELE IN DER UMGEBUNG

**DURANGO** [175 F6]

Die schön gelegene Bergwerksstadt (15 000 Ew.) ist ein beliebter Sommererholungsort. Aus dieser Stadt dampft die historische *Durango & Silverton Narrow Gauge* Railroad in die Berge *(479 Main Ave. | Tel. 970/247-27 33 | Fahrt 75 $ | www.durangotrain.com)*

**MESA VERDE NATIONAL PARK ★** [175 F6]

In den Schluchten am Südhang eines großen Tafelbergs rund 50 km westlich von Durango finden sich die eindrucksvollsten Zeugnisse früher indianischer Kulturen. Ab etwa 500 n. Chr. lebten dort die Anasazi, die ihre steinernen Dörfer in die von der Erosion ausgehöhlten Felswände bauten, bis sie aus ungeklärten Gründen die Siedlung im 14. Jh. aufgaben. Entlang der vom *Visitor Center (mit Museum)* ausgehenden Straßen sind über 30 Ruinen zu sehen, manche sind auch zu besichtigen, wie etwa der 174 Räume umfassende *Cliff Palace* (Karten gibt es vorab im Museum).

# GLACIER NATIONAL PARK

[175 D2] **Der rund 4100 km² große Park im Norden Montanas ist zusammen mit dem in Kanada angrenzenden Waterton Lakes National Park eins der größten Schutzgebiete der Rocky Mountains.** Besonders eindrucksvoll sind dabei eine Autofahrt auf der ★ *Going-to-the-Sun Road (Juli–Sept. geöffnet)* oder eine Bootsfahrt auf einem der großen Gletscherseen, dem *Lake McDonald* oder dem *Lake St. Mary.* Das schönste Wanderrevier liegt im Tal von *Many Glaciers.* Insider Tipp

## ZIEL IN DER UMGEBUNG

**HELENA** [175 E2]

Rund 190 km südöstlich des Nationalparks liegt die Boomtown des Goldrauschs von 1864, die sich zur gepflegten Hauptstadt (27 000 Ew.) Montanas gemausert hat. Es gibt alte viktorianische Häuser und ein *Historical Society Museum,* das eine der besten Sammlungen des Westernkünstlers Charles M. Russell besitzt.

# SALT LAKE CITY

[175 E5] **Die Hauptstadt Utahs (1,1 Mio. Ew.) liegt am Ostrand des Great Salt Lake vor der Kulisse der 3500 m aufragenden Wasatch Mountains.** Trotz vieler moderner Industrien – Elektronik, Textilverarbeitung und Energiewirtschaft – ist Salt Lake City vor allem als religiöses Zentrum der Mormonen, bekannt. Nach Verfolgungen im Osten der USA zogen die mormonischen Pioniere 1847 nach Westen, gründeten im Tal des Salt Lake einen Gottesstaat und machten die Wüste fruchtbar. Viele Denkmäler erinnern an die historische Wanderung. Ganz andere Attraktionen hat die Stadt im Winter: Bis in die besten Skigebiete Utahs, z. B. *Alta, Snowbird* oder *Park City,* wo 2002 die Olympischen Winterspiele stattfanden, sind es nur 30 Minuten.

## SEHENSWERTES

### TEMPLE SQUARE

Nabel der religiösen Welt der Mormonen. Fast alle Attraktionen von Salt

Zutritt nur für die Mitglieder der Mormonengemeinde: der Mormon Temple in Salt Lake City

Lake City liegen um diesen Platz in der Stadtmitte. Der sechstürmige, 1853–93 erbaute *Mormon Temple* ist für Nichtmormonen geschlossen. Zu besichtigen sind jedoch die *Tabernacle-Konzerthalle* mit einer der größten Orgeln der Welt, das *Haus von Brigham Young*, dem legendären Mormonenführer, und das prächtig restaurierte *Joseph Smith Memorial Building. Kostenlose Führungen durchs Memorial Building auch in Deutsch tgl. 9–21 Uhr | Chorkonzerte im Conference Center Do 20, So 9.30 Uhr*

**THIS IS THE PLACE STATE PARK**

Ein Museumsdorf und Ausstellungen veranschaulichen den Zug der Pioniere nach Westen. *Mo–Sa 9–17 Uhr, Museumsdorf nur im Sommer geöffnet | Eintritt 8 $ | Emigration Canyon*

## ÜBERNACHTEN

**PEERY**

Liebevoll renoviertes Haus im Zentrum. Gutes Restaurant. *73 Zi. | 110 W. 300 South | Tel. 801/521-43 00 | www.peeryhotel.com* | €–€€

## AUSKUNFT

**UTAH TRAVEL COUNCIL**

*Council Hall/Capitol Hill | Tel. 801/538-10 30 | www.utahtravel.com | Info-Büros gegenüber dem Capitol und 90 S. West Temple St.*

## ZIEL IN DER UMGEBUNG

Insider Tipp

**TIMPANOGOS CAVE** [175 E5]

In der großen Höhle an der Nordflanke des 3581 m hohen *Mount Timpanogos,* 50 km südöstlich von Salt Lake City, kann man grandiose Tropfsteinformationen bewundern. *www.nps.gov/tica*

# YELLOWSTONE NATIONAL PARK

**KARTE IN DER HINTEREN UMSCHLAGKLAPPE**

[175 E3] ★ **Das berühmte Schutzgebiet (8992 km²) im waldreichen Nordwesten Wyomings wurde 1872 gegründet und ist der älteste Nationalpark der USA.** Ein geologisches Wunderland mit über 200 Geysiren, farbenprächtigen Schluchten und dampfenden Schwefelquellen. Dazu kommt eine reiche Tierwelt: Bisons, Elche, Wapitis, Biber, Gabelantilopen und Dickhornschafe. Von den großen Waldbränden des Jahres 1988 hat sich die Vegetation wieder erholt. Mehrere *Museen* und *Visitor Centers (Old Faithful, Grant Village, Canyon Village, Norris Basin, Mammoth Hot Springs)* erläutern die Geologie und Tierwelt des Parks, Lehrpfade erschließen die interessantesten Punkte.

## ÜBERNACHTEN

**CHICO HOT SPRINGS**

Insider Tipp

Sehr schöne alte Lodge mit neuen Anbauten, heißen Quellen, hervorragendem Restaurant und einem urigen Saloon. *90 Zi. | im Paradise Valley, etwa eine halbe Fahrstunde nördlich des Parks an der US 89 | Pray, Montana | Tel. 406/333-49 33 | www.chicohotsprings.com* | €–€€

## AUSKUNFT

**YELLOWSTONE NATIONAL PARK**

*P.O. Box 168 | Yellowstone National Park | WY 82190 | Tel. 307/344-73 81 | www.nps.gov/yell*

# > COWBOYS, CANYONS UND KAKTEEN

## Die steinerne Urlandschaft des Colorado Plateaus birgt die schönsten Naturwunder Amerikas

**> Auf den ersten Blick mag die Reise durch die wüstenhaften Südweststaaten New Mexico, Arizona und Utah eintönig erscheinen, auf den zweiten erkennt man ein ganzes Meer von Farben und Formationen.** Vom gleißenden Mittagslicht bis zum Sonnenuntergang wechselt die Wüste ständig ihre Farbe – von Weiß über Gelb und Ocker zu tiefem Rot. Ein Naturschauspiel, für das man sich Zeit nehmen muss. Dazu gibt es hier die extremsten Gegensätze der Vereinigten Staaten. Kein Naturspektakel ist beeindruckender als das des Grand Canyon. Urplötzlich tut sich in einer Hochebene ein gewaltiger Riss auf. Steigt man hinab, durchquert man etliche Klima- und Vegetationszonen. Oben Wald, und unten führt der Fluss inmitten knisternder Dürre enorme Wassermengen.

Doch der Colorado River kann gar nicht genug Wasser bringen, denn die Städte des Südwestens verbrauchen

Bild: Cowboys in Arizona

# DER SÜDWESTEN

das Elixier in schier noch größeren Mengen. Die beiden Metropolen Arizonas, Phoenix und Tucson, sind dank großer Aquädukte und tiefer Brunnen wahre Oasen in der Wüste. Oasen mit Millionen Menschen, mit Swimmingpools, reichlich gewässerten Golfplätzen und Blütenpracht in den Gärten. Kunstwelten in der Wüste.

In Utah leben die fleißigen Mormonen, die Alkohol und Nikotin entsagen und die eifrig missionieren. Sie leben auf fruchtbarem Land hart am Rand des unfruchtbarsten aller Seen, des großen Salzsees, über dem oft schneebedeckte Berge aufragen. Salt Lake City gehört daher vom Charakter her noch zu den Rocky Mountains.

In New Mexico stößt man auf vielleicht noch stärkere Kontraste: überraschend üppige, von unterirdischen Quellen gespeiste Täler, ringsum sonnendurchglühte Wüsten.

Queens Garden heißen diese Felsformationen im Bryce Canyon

Ursprünglich war auch all dies Indianerland, später stand es unter mexikanischem Einfluss: Man suchte dort nach Silber – und fand es auch. Das Farbenspiel der Wüsten wird unterbrochen von Pueblos, von den Bretterbuden aufgelassener Minen oder dem staubigen Grün einzelner Kakteen. Das ist die Mischung, die den Wilden Westen ausmachte.

Detaillierte Informationen finden Sie in den MARCO POLO Bänden „USA Südwest“ und „USA West“.

# ALAMOGORDO

[181 F3] **Die Stadt (36 000 Ew.) am Fuß der über 3000 m aufragenden Sacramento Mountains im Süden von New Mexico wurde am 16. Juli 1945 weltweit bekannt – als Geburtsstätte des Atomzeitalters.** In der nordwestlich gelegenen *White Sands Missile Range* wurde damals an der „Trinity Site“ die erste Atombombe gezündet. Bis heute lebt die Stadt von der Raketen- und Weltraumindustrie und hat sogar eine Landepiste für Space Shuttles. Ausstellungen und Filmvorführungen illustrieren im *Museum of Space History* die Geschichte der Raketenforschung.

## ZIEL IN DER UMGEBUNG

**WHITE SANDS NATIONAL MONUMENT** [181 F3]

20 km westlich von Alamogordo dehnt sich auf rund 600 km² eine bizarre Wüstenregion aus: blendend weiße Wanderdünen aus feinem Gipssand, manche über 20 m hoch. Vom *Visitor Center* führt eine 26 km lange Stichstraße (tgl. 7–21 Uhr) in die seltsamen Sandberge des Naturschutzgebiets.

# ALBUQUERQUE

[181 E2] **Die größte Stadt (835 000 Ew.) von New Mexico zieht sich mit weit ausufernden Vorstädten in einem Hochtal am Fuß der Sandia Mountains hin.** Sehenswert sind vor allem das *New Mexico Museum of Natural History* und das von Indianern geführte *Indian Pueblo Cultural Center* (Tanzvorführungen am Wochenende) sowie *Old Town,* die historische Keimzelle der

Stadt am Ufer des Rio Grande. In den alten Adobebauten – Häusern aus Lehmziegeln – um die Plaza finden Sie gute Restaurants und Galerien mit Indianerschmuck. Im Oktober findet die berühmte *Balloon Fiesta* mit bunten Heißluftballons statt.

### ESSEN & TRINKEN

**66 DINER**

Klassisch gestylter Diner an der originalen Route 66. *1405 Central Ave. NE | Tel. 505/247-14 21 | €*

**SADIE'S**

Beste neumexikanische Küche und die schärfste Chilisauce im Lande. *6230 Fourth St. | Tel. 505/345-53 39 | €–€€*

### AUSKUNFT

**ALBUQUERQUE CONVENTION & VISITORS BUREAU**

*20 First Plaza NW. | Tel. 800/284-22 82 | www.abqcvb.org*

### ZIELE IN DER UMGEBUNG

**PUEBLOS** [181 E–F2]

Nördlich von Albuquerque liegen entlang des Rio Grande alte indianische Pueblos wie *San Felipe, Zia. Cochiti* und *Santo Domingo,* deren Bewohner vor allem für ihre Töpferarbeiten bekannt sind. Doch es gibt noch eine weitere Attraktion: Erkundigen Sie sich beim Visitors Bureau in Albuquerque oder Santa Fe nach den *Festtagen,* an denen in den Pueblos farbenprächtige Tanzveranstaltungen stattfinden.

## BRYCE CANYON NATIONAL PARK

[181 D1] ★ **Neben dem Grand Canyon ist dieser Park in Utah der schönste und beliebteste im Südwesten.** Eine märchenhafte Welt aus roten und weißen Felszinnen, -nadeln und -spitzen, zerklüfteten Steilhängen, steinernen Burgen und Schlössern tut sich dort auf. Vom *Visitor Center* führt eine ca. 30 km lange Panoramastraße den Rand des Canyons entlang. Die schönsten Aussichtspunkte: *Bryce Point, Sunrise* und *Sunset Point.* Gute Wanderwege.

## MARCO POLO HIGHLIGHTS

★ **Bryce Canyon National Park**
Farbige Wunderwelt aus Stein (Seite 119)

★ **Grand Canyon National Park**
Atemberaubend: die größte Schlucht der Welt (Seite 120)

★ **Las Vegas Boulevard**
Der legendäre Strip in der Wüste von Nevada (Seite 122)

★ **Monument Valley**
Rote Monolithen im Tal der Westernfilme (Seite 125)

★ **Santa Fe**
New Mexicos charmante Hauptstadt (Seite 126)

★ **Arizona-Sonora Desert Museum**
Wüstenmuseum der Spitzenklasse in Tucson (Seite 129)

### ÜBERNACHTEN

**BRYCE CANYON LODGE**

74 Zimmer in der Lodge und in gemütlichen historischen Blockhütten im Park | Hwy 63 | *Tel. 435/834-87 00* | *www.brycecanyonlodge.com* | €€

**RUBY'S INN**

Großes Motel mit Campingplatz am Park-Nordeingang. Restaurant. *368 Zi. | Bryce Canyon | Tel. 435/834-53 41* | *www.rubysinn.com* | €–€€

### ZIEL IN DER UMGEBUNG

**ZION NATIONAL PARK** [181 D2]

Die weißen, rosa und roten Felsen des Parks sind gewaltig und großartig – der erste Anblick verschlägt jedem den Atem. Der 595 km² große Park, der seinen Namen von den mormonischen Pionieren bekam, liegt rund zwei Fahrstunden südlich des Bryce Canyon. Kernstück ist die 700 m tiefe, sehr enge Schlucht des *Virgin River.* Über die letzten 13 Mio. Jahre hat der Fluss aus den weißgrauen Kalksteinschichten und dem tiefroten Sandstein spektakuläre Steilwände geschliffen. Besonders schön ist eine Fahrt (kostenlose Elektrobusse im Sommer) auf dem *Scenic Drive* im Herbst, wenn sich die Blätter der Pappeln leuchtend gelb färben. Es gibt gute Wanderwege, wie z. B. den ca. 8 km langen Insider Tipp *Angels Landing Trail,* der zu Aussichtspunkten hoch über dem Tal führt.

Auskünfte erteilt das *Visitor Center* am Parkeingang in *Springdale.* Ein modernes Hotel ist das *Zion Park Inn* mit Pool und einem gemütlichen Restaurant. *120 Zi. | 1215 Zion Park Blvd. | Springdale | Tel. 435/772-32 00* | *www.zionparkinn.com* | €€

## CARLSBAD CAVERNS NATIONAL PARK

[181 F3] **Tief im Kalkgestein der Guadalupe Mountains liegen die schönsten Tropfsteinhöhlen der Neuen Welt.** Allein der *Big Room,* die größte Höhle, misst 550 m in der Länge und ist bis zu 77 m hoch. Auf befestigten Wegen können Sie durch 5 km des Höhlensystems wandern. Ähnlich spektakulär sind Hunderttausende Fledermäuse, die in einem Seitenraum der Höhle nisten und Insider Tipp an Sommerabenden wie eine riesige schwarze Wolke aus dem Höhleneingang quellen.

## GRAND CANYON NATIONAL PARK

**KARTE IN DER HINTEREN UMSCHLAGKLAPPE**

[180–181 C–D2] ★ **Die größte Schlucht der Welt ist zugleich die berühmteste Sehenswürdigkeit des Südwestens.** 1700 m tief stürzen die roten und ockerfarbenen Steilwände hinab zum *Colorado River,* der den Canyon innerhalb der letzten 2–5 Mio. Jahre schuf. Beinahe 450 km lang ist die Schlucht, bis zu 30 km breit, und das Alter der freigelegten Gesteinsschichten reicht bis zu 2 Mrd. Jahre zurück. Ein atemberaubender Blick in die Erdgeschichte. Der 2100 m über dem Meeresspiegel liegende *South Rim,* der Südrand, ist ganzjährig geöffnet. Dort gibt es die meisten

Aussichtspunkte, gute Spazierwege und das *Grand Canyon Village* mit Hotels, Läden und Museen (kostenloser Transport mit Shuttlebussen). Weniger überlaufen ist der im Winter geschlossene *North Rim.*

Beliebter Ausgangspunkt für Touren zum National Park ist die 120 km entfernte Stadt *Flagstaff* (120 000 Ew.) mit ihren vielen preisgünstigen Motels und seinem ausgezeichneten *Museum of Northern Arizona (tgl. 9–17 UHr, | Eintritt 5 $ | 5 km nördlich an der US 180).*

## ÜBERNACHTEN

### GRAND CANYON NATIONAL PARK LODGES

Zentrale Buchung (am besten schon Monate vorher reservieren!) der fünf Hotels und Lodges am Südrand des Canyons: *Xanterra Resorts | 6312 S. Fiddlers Green Circle | Suite 600 | Greenwood Village | CO 80011 | Tel. 303/297-27 57 | www.grandcanyonlodges.com* | €€–€€€

## TOUREN

### BOOTSTOUREN

Mehrtägige Schlauchbootfahrten auf dem Colorado werden von einigen Gesellschaften angeboten. Buchung am besten lange vorab im Reisebüro. Auskunft im *Visitor Center* und auf *www.rivers-oceans.com*

### CANYONWANDERUNGEN

Für eine Wanderung auf dem *South Kaibab* (11 km einfach) oder dem *Bright Angel Trail* (15 km) hinab zum Ufer des Colorado River sollten Sie sich einen kühlen Tag aussuchen. Wandern Sie möglichst nicht im Hochsommer. Unten im Canyon

Ein feuchtes Vergnügen: Wildwasserrafting auf dem Colorado River

kann die Temperatur bei 50 Grad liegen! Auf jeden Fall an genügend Wasser und hinreichenden Sonnenschutz denken.

## AUSKUNFT

**NATIONAL PARK SERVICE**

Information, Wanderkarten und Anmeldung für mehrtägige Wanderungen in den Canyon. *P.O. Box 129 | Grand Canyon | AZ 86023 | Tel. 928/ 638-78 88 | www.nps.gov/grca*

## ZIEL IN DER UMGEBUNG

**GRAND CANYON SKYWALK** [180 C2]

Seit 2007 existiert ist ein weiterer Zugang bei Grand Canyon West, wo die gläserne Rampe des *Skywalk* 15 m über die Kante der Schlucht hinaus führt. Ein Spektakel, allerdings mit 30 $ Eintritt recht teuer und zudem gut fünf Stunden Autofahrt vom Grand Canyon Village entfernt (zwei Stunden von Las Vegas). *www.grandcanyonskywalk.com*

**LAKE POWELL** [181 D1–2]

Stromaufwärts vom Grand Canyon staut der 216 m hohe *Glen Canyon Dam* bei *Page* den Colorado River zu einem gewaltigen Stausee, dem zweitgrößten der USA. Das Labyrinth von Buchten und Canyons ist ein Paradies für Wassersportler (Motor- und Hausbootvermietung).

# LAS VEGAS

**[180 C2] Wie eine bizarre Oase ragt die Spielerstadt (1,8 Mio. Ew.) aus der Wüste von Nevada. Seit 1931 das Glücksspiel legalisiert wurde, lebt Las Vegas vom Profit der Kasinohotels.** Fabelhafte Shows und Revuen, glitzerndes Neonlicht, preisgünstiges Essen – alles dient dazu, die Spieler anzulocken. Wer auch zwischenmenschlich sein Glück findet, kann in kürzester Zeit heiraten. Oder – falls nötig – sich scheiden lassen. Die romantische Hochzeitsnacht allerdings wird in Las Vegas wohl entfallen, denn spektakuläre Shows, Restaurants und Glitzerbars locken zum Nightlife. Die Kasinos leisten sich große Entertainer oder Popstars und richten glamouröse Pariser Revuen oder Zirkusshows aus.

Ausführliche Informationen finden Sie im MARCO POLO Band „USA Las Vegas“.

## SEHENSWERTES

**KASINOS UND HOTELS**

Es gibt zwei Zentren mit Kasinos: die schon seit den 1940er-Jahren bestehende *Downtown* um die überdachte *Fremont Street* (abends große Lightshow mit 2,1 Mio. Glühbirnen!) und den berühmten ★ *Las Vegas Boulevard,* den „Strip“, an dem sich die prunkvollen Kasinohotels reihen. Die spektakulärsten sind von Nord nach Süd: das 2005 eröffnete, gut 2,5 Mia. Dollar teure *Wynn Las Vegas,* das venezianisch gestylte *Venetian,* das *Paris* samt Eiffelturm, das cool-moderne *Planet Hollywood Casino,* das *Bellagio* mit großartigen Wassershows in der Lagune vor dem Hotel, das noble *Caesars Palace* mit der aufwändig gestalteten Ladenpassage *Forum Shops,* das *New York New York* mit der Skyline von Manhattan und das wie eine ägyptische Pyramide gebaute *Luxor.*

Insider Tipp

## ESSEN & TRINKEN

Preiswerte opulente Buffets finden Sie in fast allen Kasinos. Besonders zu empfehlen sind die die Bufetts im *Bellagio,* im *Rio Suite Hotel* und im *Luxor.* Die Coffeeshops der Hotels servieren meist rund um die Uhr.

## ÜBERNACHTEN

Von Sonntag bis Donnerstag gibt es oft sehr günstige Sondertarife. Bloß nicht ohne Reservierung auftauchen.

**VENETIAN**

Neu und spektakulär; alle 4027 Zimmer in Suitegröße. *3355 Las Vegas Blvd. S. | Tel. 702/414-10 00 | www.venetian.com* | €€–€€€

Surrealer Spaß: die Gondelfahrt durch den nachgemachten Canale Grande des Venetian

**LUXOR LAS VEGAS**

Gute Mittelklasse. *4407 Zi. | 3900 Las Vegas Blvd. S. | Tel. 702/262-40 44 | www.luxor.com* | €–€€

**MANDALAY BAY**

Moderne Anlage am Südende des Strip mit tropischem Dekor. Weitläufige Pool-Landschaft mit Sandstrand. *3309 Zi. | 3950 Las Vegas Blvd. S. | Tel. 702/632-77 77* | €€–€€€

## AM ABEND

Große Revuen und Konzerte berühmter Künstler können Sie in Las Vegas so günstig erleben wie nirgendwo sonst in den USA. Es gibt meist eine (etwas teurere) Dinnervorstellung gegen 20 Uhr und eine Cocktailshow um 23 Uhr.

## AUSKUNFT

**LAS VEGAS CONVENTION AND VISITORS AUTHORITY**

*3150 S. Paradise Rd. | Tel. 702/892-75 75 | www.visitlasvegas.com*

## ZIEL IN DER UMGEBUNG

**HOOVER DAM** [180 C2]

Im *Black Canyon,* rund 40 km südöstlich von Las Vegas, versperrt der gewaltige Betonwall des Damms den Lauf des Colorado River und staut ihn zum *Lake Mead.* Die elegante Krümmung der Mauer und seine Art-déco-Gestaltung bilden einen prächtigen Kontrapunkt zur Landschaft. Der 221,4 m hohe *Hoover Dam* wurde 1931 bis 1935 erbaut. Ursprünglich sollte er vor Überflutung schützen. Heute versorgt er Städte wie Las Vegas und sogar einen Teil Südkaliforniens mit Strom. *Visitor Center (Führungen) | Eintritt 11 $*

## > LOW BUDGET

- Die berühmten Ruinenstädte von Mesa Verde liegen sehr weit ab vom Schuss. Schneller und günstiger kommt man auf dem Weg zum Grand Canyon zu den *Ruinen von Wupatki* und *Walnut Canyon* gleich außerhalb von Flagstaff.
- Holen Sie sich vor der Fahrt in die Wüste in einem Supermarkt für ein paar Dollar eine kleine Kühlbox. Das Eis dazu gibt es für 2 $ im Supermarkt oder an der nächsten Tankstelle – und schon sind Ihre Getränke für unterwegs immer gut gekühlt.
- Vor allem im Südwesten lohnend: Für 80 $ gibt es in allen Nationalparks den *America The Beautiful - National Parks Pass.* Die Jahreskarte gilt für vier Personen (Kinder unter 16 sind frei) und ist gleichzeitig Eintrittskarte für viele National Monuments, Historic Parks und Federal Recreation Areas. www.nps.gov

# MOAB

[181 E1] **In den letzten Jahren hat sich das 5000-Seelen-Städtchen am Oberlauf des Colorado River zu einem Mekka der Sportler und Naturliebhaber entwickelt.** Jedes Jahr kommen mehr Besucher, um auf Wandertouren oder Schlauchbootfahrten, bei Mountainbike-Exkursionen oder Jeepsafaris die herrliche Canyonwelt rings um den Ort zu genießen. Wenige Kilometer westlich von Moab beginnt die fast unerschlossene Wildnis des *Canyonlands National Park,* dessen Schluchten dem Grand Canyon kaum nachstehen. Der schönste Blick über die Felslandschaft bietet sich vom *Dead Horse Point* im gleichnamigen State Park. Westlich des eigentlichen Parks liegt der *Horseshoe Canyon* mit 2000 Jahre alten indianischen Felszeichnungen.

Insider Tipp

## TOUREN

**CANYON VOYAGES ADVENTURE CO**

Rafting- und Kajaktouren auf dem Colorado, geführte Wanderungen, Jeeptouren. *211 North Main St. | Tel. 435/259-60 07 | www.canyonvoyages.com*

## AUSKUNFT

**MOAB INFORMATION CENTER**

*Center/Main Sts. | Tel. 435/259-88 25 | www.discovermoab.com*

## ZIEL IN DER UMGEBUNG

**ARCHES NATIONAL PARK** [181 E1]

Nur 10 km nördlich von Moab beginnt dieser Park: ein Hochplateau über dem Colorado River, auf dem der Wüstenwind Dutzende von Felsbögen in den flammend roten Sandstein geschliffen hat. Vom *Visitor Center* führt eine Stichstraße zu den Bögen der *Windows Section* und weiter bis zum *Devils Garden*, wo zahlreiche Bögen die Trails säumen. Besonders schön: eine Wanderung zum *Delicate Arch,* die Sie wegen des Lichts möglichst am späten Nachmittag machen sollten.

sider ipp

um dem Naturdenkmal wirklich nahe zu kommen, muss man den *Monument Valley Navajo Tribal Park* besuchen. Das Valley liegt im Navajo-Reservat, weit verstreut leben einige indianische Familien noch in den traditionellen Hogans. Die bekanntesten Formationen sind die beiden *Mittens,* wie aufrecht stehende Fäustlinge

Arches National Park: Blick durchs „Südfenster" auf den „Türmchenbogen"

## MONUMENT VALLEY

[181 E1] ★ **Zahllose Westernfilme und Reklamespots machten die mächtigen Monolithen und Tafelberge des Wüstentals direkt an der Grenze zwischen Utah und Arizona weltberühmt.** Einen großartigen Ausblick hat man von der malerischen Strecke des Hwy. 163, aber geformte Sandsteinfelsen – am besten vom *Visitor Center* des Parks aus zu sehen. Dort beginnen auch Jeepführungen und von Indianern begleitete Ausritte durchs Tal. Mit einem herrlichen Blick wohnen Sie in der *Goulding's Lodge* (Reservierung erforderlich). Jedes Zimmer mit Balkon und toller Aussicht auf die roten Stumpfkegel. *62 Zi.* | *Tel. 435/727-32 31* | *www.gouldings.com* | €€

# PHOENIX

[181 D3] **Bei durchschnittlichen Tagestemperaturen von mehr als 40 Grad im Sommer ist es kein Wunder, dass sich die heutige Hauptstadt Arizonas erst mit der Erfindung der Klimaanlage zur Stadt entwickeln konnte.** Mittlerweile leben hier mehr als 4,2 Mio. Menschen. Endlose Vorstädte prägen heute das

Im Heard Museum in Phoenix

Bild der Stadt im weiten Tal des Salt River. Interessant ist der elegante Vorort *Scottsdale,* in dem sonnenhungrige Winterurlauber zahlreiche Ferienhotels und Golfplätze finden. Einen Besuch verdient unbedingt auch das große *Heard Museum*, das sich der indianische Kultur des Südwestens widmet *(tgl. 9.30–17 Uhr | Eintritt 10 $ | 2301 N. Central Ave. | www.heard.org).*

## ESSEN & TRINKEN

**KONA GRILL ▸▸**

Asiatisch-amerikanische Ethno-Küche in einem schicken In-Lokal der Scottsdale Fashion Mall. *7014 E. Camelback Rd.* | €€

## ÜBERNACHTEN

**FAIRMONT SCOTTSDALE PRINCESS**

Eine luxuriöse Wüstenoase mit Sportanlagen und ausgezeichneten Restaurants. Zwei 18-Loch-Golfplätze. *600 Zi. | 7575 E. Princess Dr. | Scottsdale | Tel. 480/585-48 48 | www.fairmont.com* | €€€

**HOTEL INDIGO**

Schickes kleines Kettenmotel nahe zur Innenstadt von Scottsdale mit Pool. *126 Zi. | 4415 N. Civic Center Plaza | Scottsdale | Tel. 480/941-94 00 | www.hamptoninn.com* | €–€€

## AUSKUNFT

**PHOENIX VISITORS BUREAU**

*50 N. Second St. | Tel. 877/225-57 49 | www.visitphoenix.com*

# SANTA FE

[181 F2] ★ **Das 1609 von den Spaniern gegründete Santa Fe gilt als älteste Hauptstadt der USA. Zunächst war es das Zentrum der spanischen Kolonialmacht, später wurde es zum Handelsknoten am Ende des in vielen Westernfilmen gefeierten Santa-Fe-Trails.** Im letzten Jahrzehnt ist die Stadt (60000 Ew.) zu einem Synonym für entspannte Eleganz geworden. Es gibt eine Menge Lehmziegelarchitektur und geschnitzte Holzmöbel und Türportale, dazu Kunst, soweit das Auge reicht: Santa Fe ist das Mekka der Aussteiger und Künstler. Mit über 200 Galerien ist die Stadt nach New York das wohl bedeutendste Kunstzentrum der USA. Mittelpunkt der im indianisch-mexikanischen Adobestil erbauten Altstadt ist die *Plaza.*

## SEHENSWERTES

**MUSEUM OF NEW MEXICO**

In vier großen Museen hortet New Mexico die Schätze seiner Kulturen: Der *Palace of the Governors* an der Plaza ist der Geschichte gewidmet, nebenan zeigt das *Museum of Fine Arts* moderne Kunst des Südwestens. Am Camino Lejo südlich der Stadt liegen das *Museum of Indian Arts and Culture* und das *Museum of International Folk Art (alle Di–So 10–17 Uhr | Eintritt 8 $ | 4-Tage-Pass für alle 18 $).*

## ESSEN & TRINKEN

**SANTACAFE**

Schickes Trendlokal mit perfekter neumexikanischer Küche. Schöner Innenhof. *231 Washington Ave. | Tel. 505/984-17 88* | €€–€€€

**TOMASITA'S SANTA FE STATION**

Mexikanische Kost im alten Bahnhof. *500 S. Guadalupe St. | Tel. 505/983-57 21* | €–€€

## EINKAUFEN

Vom geschnitzten heulenden Koyoten bis zur bildenden Kunst: Rings um die *Plaza* finden Sie vor allem Kunsthandwerks- und Souvenirläden, die oft auch guten Indianerschmuck führen. Von den Indianern selbst kaufen können Sie unter den Arkaden des *Palace of the Governors*. Die besten Kunstgalerien befinden sich an der *Canyon Road.*

sider
ipp

## ÜBERNACHTEN

**INN OF THE ANASAZI**

Elegantes kleines Hotel in der Altstadt. 58 Zimmer, möbliert im Southwest-Stil und mit offenem Kamin. *113 Washington Ave. | Tel. 505/988-30 30 | www.innoftheanasazi.com* | €€€

**LA QUINTA INN**

Gepflegtes Kettenmotel am Rand der Stadt. *130 Zi. | 4298 Cerrillos Rd. | Tel. 505/471-11 42 | www.lq.com* | €–€€

## AUSKUNFT

**SANTA FE VISITORS BUREAU**

*201 W. Marcy St. | Tel. 800/777-24 89 | www.santafe.org*

## ZIEL IN DER UMGEBUNG

**BANDELIER NATIONAL MONUMENT** [181 F2]

Ausgezeichnet für alle, die sich für antike Pueblos interessieren. Rund 80 km nordwestlich von Santa Fe lebten bis Mitte des 16. Jh. Indianer in großen Höhlenwohnungen in den Felswänden. Im Park gibt es fast 130 km² geschützter Canyons, die prima zu erwandern sind. Mit Campingplatz. *Tel. 505/672-38 61*

# TAOS

[181 F2] **Indianisches Pueblo, spanischer Kolonialposten, Künstlerkolonie mit so berühmten Mitgliedern wie dem Schriftsteller D. H. Lawrence und der Malerin Georgia O'Keeffe: Diese winzige Stadt hat einen großen Ruf.** Der abgeschiedene Ort (5000 Ew.) am Fuß der Sangre de Christo Mountains hat alles erlebt. Und er hat sich durch eine reizvolle Verbindung der Kulturen zu einem der beliebtesten Erholungsorte in

New Mexico entwickelt – ein exzentrischer Ort voller Bohemiens und Aussteiger. Um die hübsche *Plaza* im Zentrum reihen sich alte Adobebauten, in den Seitenstraßen gibt es Künstlerwerkstätten und Kunsthandwerksläden. Sehenswert sind auch das *Millicent Rogers Museum* mit indianischer Kunst und das *Kit Carson Home,* das Haus des berühmten Scouts. Nordöstlich liegt das Wintersportgebiet des *Taos Ski Valley.*

## SEHENSWERTES

### TAOS PUEBLO

Gegen 1450 errichtet und seither ununterbrochen bewohnt, ist dies der größte erhaltene mehrstöckige Pueblo in den USA und eines der am besten bewahrten Beispiele traditioneller Lehmbauweise. Ein Muss für jeden, der New Mexiko besucht. Mit Tanzritualen an den Festtagen. *Am Nordrand von Taos | tgl. 8–17.30 Uhr | Eintritt 10 $, Fotogebühr 5 $ | www.taospueblo.com*

Taos: „El Santero" hat George Chacon sein Wandgemälde genannt – eine Hommage an jene Künstler, die Heiligenstatuen und -bilder anfertigen

## ESSEN & TRINKEN

### TRADING POST CAFÉ

Insider Tipp

Schmackhafte Southwest Cuisine mit Pfiff. *4178 Paseo del Pueblo Sur (Hwy. 68) | Tel. 505/758-50 89* | €€

## ÜBERNACHTEN

### COTTONWOOD INN

Acht individuell gestaltete Zimmer im gemütlichen Adobebau. *Hwy. 240 | Taos Ski Valley | Tel. 505/776-58 26 | www.taos-cottonwood.com* | €€

## TUCSON

[181 D3] **Der Missionar Eusebio Kino gründete um 1700 die erste spanische Missionsstation im Land der Pima- und Tohono-O'odham-Indianer.** Er hätte sich wohl nicht träumen lassen, dass einmal 970 000 Menschen in dem Wüstental im Süden Arizonas leben würden. Eine Universität, die boomende Elektronikindustrie und vor allem das gesunde, trockene Klima haben Tucson seit dem Zweiten Weltkrieg zu Wachstum verholfen. Ferienhotels, der restaurierte Altstadtbezirk *El Presidio* und die faszinierenden *Kakteenwälder* rings um die Stadt locken vor allem im Winter viele Urlauber an.
Die Wildwesttage der Stadt lassen sich sehr stimmungsvoll in den *Old Tucson Studios (www.oldtucson.com)* im Tucson Mountain Park und in der malerischen *Mission San Xavier del Bac* im Reservat der Papago-Indianer auf der Südseite der Stadt erleben.

### SEHENSWERTES

**ARIZONA-SONORA DESERT MUSEUM ★**

Die Wüste lebt: Nirgendwo ist das besser zu sehen als in diesem Freilichtmuseum, das wie ein Zoo Flora und Fauna der amerikanischen Wüsten zeigt. *Tgl. 7.30–17, im Winter 8.30–17 Uhr | Eintritt 13 $, im Sommer 9,50 $ | im Tucson Mountain Park | www.desertmuseum.org*

**PIMA AIR AND SPACE MUSEUM**

Fast 300 alte Flugzeuge dösen hier in der trockenen Wüstenluft. Ringsum ein Flugzeugfriedhof mit Tausenden von alten Bombern. *Tgl. 9–17 Uhr | Eintritt 13,50 $, im Sommer 11,75 $ | 6000 E. Valencia Rd.*

### ÜBERNACHTEN

Preiswerte Motels liegen an den Autobahnabfahrten westlich des Zentrums. Etwas außerhalb finden Sie Ferienanlagen, die im Winter sehr teuer, im Sommer aber oft sehr günstig sind, z.B. *Loews Ventana Canyon Resort | Tel. 520/299-20 20 | www.loewshotels.com* | €€–€€€

### AUSKUNFT

**TUCSON CONV. & VISITORS BUREAU**

*100 S. Church Ave. | Tel. 520/624-18 17 | www.visittucson.org*

### ZIEL IN DER UMGEBUNG

**SAGUARO NATIONAL PARK**

Der in den Hügeln westlich und östlich von Tucson liegende zweigeteilte Park schützt einen grandiosen Wald uralter, bis zu 15 m hoher Saguaro-Kakteen (Blütezeit im Mai). An den *Visitor Centers* beginnen Lehrpfade und Straßen durch die ursprüngliche Wüstenlandschaft. *Tgl. 8.30–17 Uhr*

**TOMBSTONE** [181 D4]

Eine früher berüchtigte Silberminenstadt. Hier fand 1881 die berühmte Schießerei am OK Corral statt. Heute ist der Ort rund 100 km südöstlich von Tucson ein National Historic Landmark, das Unmengen Touristen besuchen. Wer will, kann hier Fahrten mit der Postkutsche und inszenierte Schießereien erleben. Oder in einem alten Saloon ein Bier trinken. Authentischer ist aber das Bergbaustädtchen *Bisbee* 40 km weiter südlich: eine der bezauberndsten und am besten erhaltenen historischen Ortschaften Arizonas, gelegen in den steilen Hängen des Tombstone Canyons. Insider Tipp

# > GELOBTES LAND IM WESTEN

Bunte Metropolen, wilde Küsten, tiefe Wälder – der goldene Westen ist nach wie vor ein Traumziel

**> Vom Computerboom bis zum Autodesign, von Rollerblades bis zu Snowboards: Der Bundesstaat Kalifornien setzt die Trends in den USA.**

Als Bundesstaat mit der meisten Bevölkerung (37 Mio. Ew.) hat Kalifornien eine formidable Wirtschaftskraft – für sich allein genommen, wäre es die fünftgrößte Wirtschaftsmacht der Welt. Es ist faszinierend zu sehen, wie der Wille der Einwanderer, von den Pionieren der Goldrauschzeit bis zu den mexikanischen Immigranten heute, das Land formt.

Kalifornien ist reich an Naturschätzen und -schönheiten, aber diese Natur kann auch widrig sein. Bei Erdbeben zum Beispiel oder im so hochgelobt sonnigen Klima. Südkalifornien müsste eigentlich Wüste sein, nicht ein unendliches Aneinander von Palmenhainen und Swimmingpools. Die Kraft, die es braucht, um das Wasser aus Nordkalifornien

Bild: Kalifornien, 17 Miles Drive

# PAZIFK STAATEN

über die Tehachapi-Kette in die von Menschenhand geschaffene Superoase Los Angeles zu heben, ist immens. Das Pumpwerk Edmonston verschlingt so viel Energie wie San Francisco, jährlich 11 000 Megawatt – was Wunder, dass der Strom manchmal knapp wird, es sogar zu Komplettausfällen kommt.

Doch birgt Kalifornien nicht nur Kunststücke in Wüstenbewässerung. Nördlich der Tehachapi-Kette liegt ein regelrechter Garten Eden. Scheinbar alles kann dort wachsen: Das Central Valley ist der Garten Amerikas, aus dem die Köche San Franciscos rund ums Jahr Gemüse und exotisches Obst in bester Qualität beziehen. San Francisco, „The City“, sagen ihre Bewohner, als gäbe es keine andere. Südlich von ihr der aufregende Küstenabschnitt Big Sur, östlich die spektakulären Berge des Yosemite National Park, nördlich die gigantischen Redwoods, vor ihr die Bay und mittendrin sie selber auf ihren 40 Hügeln.

Ausführliche Informationen finden Sie im MARCO POLO Band „Kalifornien".

Jetzt sollten Sie Wasser dabei haben: Willkommen im Death Valley

Der Sprung nach Oregon und in den Staat Washington bringt einen in eine andere Welt. Portland und Seattle, lebenswerte, sympathische Metropolen, wirken völlig anders als etwa Los Angeles. Die waldreichen Küsten des Nordwestens sind einsamer und wilder. Das Land hinter der Küste? Dort oben machen sich manche einen Spaß daraus, vormittags auf den Nachbargipfeln des Vulkans Mount St. Helens Ski zu fahren und nachmittags im Columbia River zu surfen. Bis hinauf an die kanadische Grenze findet sich immer wieder die Triade der US-Bundesstaaten am Pazifik: hohe Gipfel, fruchtbare Täler und ausgedörrte Wüsteneien.

## BEND

[174 B3] **Rings um den Erholungsort (78 000 Ew.) am Ostrand der Cascade Mountains in Zentral-Oregon wartet unberührte Natur.** Im Westen ist es die Seenlandschaft entlang des *Cascade Lakes Highways*, im Osten die Krater des *Newberry National Volcanic Monument*. Hier lohnt ein Abstecher ins *High Desert Museum* mit seinen hervorragenden Ausstellungen zur Pionier- und Naturgeschichte des Nordwestens *(tgl. 9–17 Uhr | Eintritt 15 $ | an der US 97 10 km südlich | www.highdesertmuseum.org)*.

Insider Tipp

### ÜBERNACHTEN

**INN OF THE 7TH MOUNTAIN**

Apartmenthotel am Rand der Berge. Tennis, Golf. *146 Zi. | 18575 S. Century Dr. | Tel. 541/382-87 11 | www.seventhmountain.com* | €€€

### ZIEL IN DER UMGEBUNG

**CRATER LAKE NATIONAL PARK** [174 B4]

★ Hoch in den *Cascade Mountains* im Süden Oregons, 160 km südlich von Bend, leuchtet der vor fast 7000 Jahren durch einen gewaltigen Vulkanausbruch entstandene Kratersee. Eine 50 km lange Ringstraße mit vielen Aussichtspunkten umrundet den steil abfallenden Kraterrand. Im Sommer werden Bootsfahrten auf dem See angeboten.

# DEATH VALLEY

[180 C2] **Das unter Pionieren einst berüchtigte „Tal des Todes" liegt an der Ostgrenze Kaliforniens in der Mojave-Wüste.** Umrahmt von über 3000 m hohen Bergen senkt sich das 200 km lange Tal bei *Badwater* bis 86 m unter den Meeresspiegel. Es ist der niedrigste Punkt der USA und der heißeste Fleck der Erde – bis 57 Grad wurden hier gemessen. Aussichtspunkte wie *Zabriskie Point* und *Dante's View* bieten herrliche Ausblicke über die Canyons und ausgetrockneten Salzseen. Der *Artists Drive* führt zu farbenprächtigen Felsformationen.

Im zentral gelegenen *Furnace Creek* gibt es einen Gemischtwarenladen, Restaurants, Unterkünfte, eine Tankstelle und ein *Visitor Center (www.nps.gov/deva)*. Vorsicht: Im Hochsommer kann eine Fahrt durch das Tal zur Tortur werden! Nehmen Sie stets genug Wasser für sich selbst und das Fahrzeug mit.

# EUREKA

[174 B5] **Die alte Holzfällerstadt (27 000 Ew.) an der Humboldt Bay besitzt den größten Fischereihafen an der oft nebelverhangenen Nordküste Kaliforniens.** Sehenswert sind die viktorianischen Villen von *Old Town,* z.B. die *Carson Mansion,* und die Holzwerkstatt *Blue Ox Millworks*, die ganz auf traditionelle Handwerkstechniken und Originalequipment aus dem 19 Jh. setzt. Nördlich und südlich des Orts dehnen sich eindrucksvolle Redwood-Wälder. Die bis zu 115 m hohen Bäume mit ihrem rötlichen Holz gelten als die höchsten der Welt und kommen nur entlang der Küste Nordkaliforniens vor – so an der rund 50 km langen *Avenue of the Giants* (südlich von Eureka am Highway 101).

## ZIEL IN DER UMGEBUNG

**REDWOOD NATIONAL PARK** [174 B4]
An der Küste nördlich von Eureka schützt dieser Park einige der letzten

## MARCO POLO HIGHLIGHTS

★ **Crater Lake**
Ein ganz besonderer Bergsee
(Seite 132)

★ **Venice Beach**
Locker, verrückt und typisch kalifornisch
(Seite 135)

★ **Monterey Bay Aquarium**
Blick in die Tiefen des Pazifiks
(Seite 138)

★ **Pacific Coast Highway 1**
Die Traumstraße der Welt
(Seite 138)

★ **Hoh Rain Forest**
Wanderung durch den Wald der Giganten (Seite 139)

★ **Fähre nach Sausalito**
Seefahrt am Golden Gate
(Seite 144)

★ **Future of Flight**
Wo die Jumbojets das Fliegen lernen
(Seite 146)

★ **Yosemite National Park**
Wandern im schönsten Park des Westens (Seite 146)

großen Redwood-Bestände, die noch nicht den Holzfällern zum Opfer gefallen sind. *Visitor Center* in *Orick.*

## LAKE TAHOE

**[180 B1] Als Paradies für Wassersportler, Wanderer und Skifahrer ist Lake Tahoe eins der beliebtesten Ziele in der Sierra Nevada**. Mit 35 km Länge gilt der 1900 m hoch gelegene, von Bergen umrahmte See, der zum Teil in Kalifornien und zum Teil in Nevada liegt, sogar als größter Bergsee Nordamerikas. Am relativ unerschlossenen Ostufer liegen sehr schöne Badestrände wie *Zephyr Cove,* das schmale Südufer ist dicht bebaut und lockt mit vielen Kasinos in *Stateline* die Wochenendgäste an. Am dicht bewaldeten Westufer entzückt vor allem der Blick über die *Emerald Bay,* während in den Bergen am Nordrand gute Skigebiete liegen, zum Beispiel *Squaw Valley,* der Olympiaort von 1960.

### ESSEN & TRINKEN

**JAKE'S LAKE TAHOE**

California-Cuisine mit Blick über den Yachthafen. *780 North Lake Blvd. | Tahoe City | Tel. 530/583-01 88* | €€

### ÜBERNACHTEN

**BEST WESTERN STATION HOUSE INN**

Gutes Motel nahe an See und Kasinos. *101 Zi. | 901 Park Ave. | South Lake Tahoe | Tel. 530/542-11 01 | www.stationhouseinn.com* | €€

### AUSKUNFT

**LAKE TAHOE VISITORS AUTHORITY**

*169 Hwy. 50, Stateline | Tel. 775/588-59 00 | www.visitlaketahoe.com*

## LOS ANGELES

**[180 B3] „L.A." ist die kulturelle und wirtschaftliche Metropole im Westen der USA. Eine Superstadt aus fünf Regierungsbezirken und 94 einzelnen Städten.** Ein Siedlungsbrei mit rund 12,9 Mio. Ew., 1200 km zehnspurigen Autobahnen und einer Gesamtfläche größer als das Ruhrgebiet. In der Stadt senden 19 Fernseh- und fast 100 Radiostationen, stehen Flugzeugfabriken und Ölraffinerien und natürlich zahllose Computerfirmen.

Doch Los Angeles, das 1781 als spanischer Kolonialposten in der weiten Küstenebene am Fuß der San Gabriel Mountains gegründet wurde, ist viel mehr als das, was diese Zahlen und Wirtschaftsdaten zum Ausdruck bringen. Der Name L.A. steht für das Lebensgefühl der *West Coast,* des Landes der Jogger und Surfer, der Hippies und Yuppies. Seit vor 80 Jahren die Filmindustrie von der Ostküste in die Sonne Kaliforniens zog, wurde Hollywood zur Traumfabrik für Millionen Zuschauer weltweit.

Ausführliche Informationen enthält der MARCO POLO Band „Los Angeles".

### SEHENSWERTES

**BEVERLY HILLS**

Die noble Wohnstadt der Stars und Produzenten westlich von Hollywood ist nach wie vor eins der besten Viertel. Der *Santa Monica Boulevard* teilt die Stadt: Nördlich liegen die eleganten Villen, südlich erstreckt sich das Geschäftsviertel mit dem berühmten, superteuren *Rodeo Drive*, einer drei Blocks lange Flaniermeile für Prada- und Gucci-Liebhaber.

Eine Stadt in der Stadt: Universal City in Hollywood in L.A.

### DOWNTOWN

In der von einem Autobahnring umkränzten Innenstadt wachsen neuerdings verstärkt postmoderne Wolkenkratzer und Avantgardebauten wie das *Museum of Contemporary Art* oder das *Museum of Neon Art*. Dort stehen auch das *Music Center* mit dem spektakulären Neubau der *Disney Concert Hall* von Frank Gehry und das aus vielen Filmen bekannte *Rathaus* von L.A.

### GETTY CENTER

Das reichste Kunstmuseum der Welt residiert in einem spektakulären Neubau. Sehr schöne Gartenanlagen. *Di–So 10–7.30, Sa bis 21 Uhr | Eintritt frei | Parkgebühr 10 $ | 1200 Getty Center Dr. | Anfahrt über I-405*

Die berühmte Antikensammlung des Museums ist in der Getty Villa am Pazifik untergebracht. *Do–Mo 10–17 Uhr | 17985 Pacific Coast Hwy., Pacific Palisades | www.getty.edu*

### HOLLYWOOD

Die Studios sind längst in die Vororte gezogen, die Filmstadt lebt von ihrem Mythos. Zu sehen sind noch das *Mann's Chinese Theatre* mit den Hand- und Fußabdrücken der Stars im Innenhof, nebenan das *Kodak Theatre* (tgl. Führungen), in dem die Oscars vergeben werden, und die in den Gehsteig des *Hollywood Boulevard* eingelassenen Sterne mit den Namen der Hollywoodgrößen, der so genannte *Walk of Fame*. Studiotouren bieten die *Universal Studios* mit Stuntshows und Kulissenzauber. *Universal City | Tel. 800/864-83 77*

### VENICE BEACH ★

Die Strandpromenade südlich von Santa Monica ist – vor allem an den Wochenenden – eine Bühne der Rollschuhartisten, Beachboys und schicken Girls. Am Südende liegt die *Marina del Rey,* einer der größten Yachthäfen am Pazifik.

## ESSEN & TRINKEN

**BORDER GRILL ▶▶**
Feurige kalifornisch-mexikanische Küche, gute Bar. *1445 Fourth St.* | *Tel. 310/451-16 55* | €

Insider Tipp **MEL'S DRIVE-IN**
Klassischer 24-Stunden-Diner im 1950er-Jahre-Look mitten in Hollywood. *8585 Sunset Blvd.* | *West Hollywood* | *Tel. 310/854-72 01* | €–€€

## EINKAUFEN

Die großen Malls sind ein Erlebnis: der *Santa Monica Place (3rd St./Broadway; Umbau bis Herbst 2009)* etwa oder *The Grove (W. 3rd. St./Fairfax Ave.)* mit dem *Farmer's Market*. Zum Bummeln sind die von Boutiquen und verrückten Läden gesäumte *Melrose Avenue* in West Hollywood, die *Third Street* in Santa Monica und die *Main Street* in Venice zu empfehlen.

## > LOW BUDGET

> Die günstigste und netteste Unterkunft an der Oregon-Küste ist die *Wayside Lodge* in Yachats. Buchen Sie am besten die Units 6 oder 7: Holz-Cottages direkt an der Steilküste mit weitem Blick und offenem Kamin für 75–100 $. *Tel. 541/547-3450* | *www.waysidelodge.com*

> Portland ist stolz darauf, die „grünste" Stadt der USA zu sein, weshalb in der Innenstadt Busse und Straßenbahnen kostenlos sind.

> Noch preiswerter als die Outlet-Malls ist für Bekleidung und Schuhe die Discount-Kette *Ross – Dress for Less*. Sie finden die Läden in Shoppingmalls an den Stadträndern oder auch in Innenstädten wie etwa in *San Luis Obispo* | *868 Higuera St.*

> Neue CDs und alte Vinylscheiben sind nirgends so günstig wie bei *Amoeba Music*, einem riesigen Musikladen im früheren Hippieviertel: *1855 Haight St.* | *www.amoeba.com*

## ÜBERNACHTEN

**RAMADA PLAZA HOTEL**
Junges Designerhotel in zentraler Lage. *176 Zi.* | *8585 Santa Monica Blvd.* | *Tel. 310/652-64 00* | *www.ramada-wh.com* | €€

**SHUTTERS ON THE BEACH**
Luxus im Stil der 1920er-Jahre. Am Strand. *198 Zi.* | *Santa Monica* | *1 Pico Blvd.* | *Tel. 310/458-00 30* | *www.shuttersonthebeach.com* | €€€

## AM ABEND

Zentrum des Nachtlebens ist West Hollywood. Szenetreffs sind dort etwa ▶▶ *The Viper Room (8852 Sunset Blvd.)* oder *Knitting Factory (7021 Hollywood Bd.)*. Live-Rock hören Sie im *Roxy on Sunset (9009 Sunset Blvd.)*, guten Blues im *House of Blues (8430 Sunset Blvd.)*.

## AUSKUNFT

**L.A. INC.VISITORS BUREAU**
*685 S. Figueroa St.* | *Tel. 213/689-88 22* | *www.discoverlosangeles.com; InfoCenter: 6801 Hollywood Blvd.*

## ZIELE IN DER UMGEBUNG

**DISNEYLAND** **[180 B3]**
1955 eröffnete Walt Disney in *Anaheim* seinen ersten Vergnügungspark. Bis heute hat das 30 ha große Reich

von Mickey Mouse nichts von seinem Zauber verloren. Der Park ist in sieben Themenlandschaften gegliedert. Nebenan wurde sogar ein weiterer Park gebaut: *Disney's California Adventure. 1313 Harbor Blvd. | im Sommer tgl. ab 8 Uhr | Eintritt 69 $ | www.disneyland.com*

Am Ortsrand führt die Seilbahn *Aerial Tramway* fast 2000 m hinauf in die *San Jacinto Mountains* zu Wanderwegen und tollen Ausblicken über die Wüste. Östlich liegt der *Joshua Tree National Park,* benannt nach einer dort vorkommenden Yuccapalmenart.

Ohne die sieben Zwerge, dafür mit königlichem Schwan: Wenn Schneewittchen ihren großen Auftritt hat, ist Show-Time im Disneyland – und das gleich mehrmals am Tag

**PALM SPRINGS** [180 C3]

Zwei Stunden Fahrt östlich von L.A. liegt am Rand der Wüste dieser Thermalkurort mit seinen heißen Quellen – das Ferienparadies der Hollywoodprominenz, die vor allem im Winter zum Golf- und Tennisurlaub kommt. Seit Promis und hippe Leute den reizvollen Retro-Chic der Stadt entdeckt haben, ist Palm Springs wieder in aller Munde.

## MONTEREY PENINSULA

[180 A2] **Die große, zypressenbestandene Halbinsel südlich von San Francisco ist eine der schönsten und teuersten Gegenden Kaliforniens.** Am *17-Mile-Drive* (gebührenpflichtig), der um die Halbinsel führt, reihen sich Golfplätze, elegante Countryclubs und immer neue atemberaubende Ausblicke auf die Küste aneinander.

*Monterey* (32 000 Ew.) war bis 1850 die spanisch-mexikanische Hauptstadt Kaliforniens und birgt noch zahlreiche Adobegebäude aus der spanischen Zeit. Im Ort liegt auch die aus John Steinbecks Roman bekannte „Straße der Ölsardinen". Dieses alte Viertel der Konservenfabriken ist heute ein Touristenziel mit Läden, Restaurants und dem ★ *Monterey Bay Aquarium (www.mbayaq.org)*, das eindrucksvoll die reiche Unterwasserwelt vor der Küste zeigt.

Insider Tipp Am Südende der Halbinsel liegt die alte Künstlerkolonie *Carmel*, heute ein gepflegtes Städtchen mit herrlichem Strand und vielen Kunstgalerien.

### ZIEL IN DER UMGEBUNG

**PACIFIC COAST HIGHWAY 1 ★** [180 A1–2]

Der sehr kurvenreiche und schmale Highway 1 von *Monterey* über *Big Sur* nach Süden bis *San Luis Obispo* zählt zu den schönsten Küstenstraßen der Welt. Bis heute ist die dramatische Steilküste mit ihren malerischen Buchten und umtosten Klippen kaum erschlossen. Nur in der Nähe des Orts *Big Sur*, wo früher der Schriftsteller Henry Miller lebte, wohnen auch heute einige – zumeist betuchte – Aussteiger. Und ganz im Süden bei *San Simeon* baute sich der Zeitungszar William Randolph Hearst ein monumentales Schloss in die Berge, das heute samt seinen europäischen Kunstschätzen als *Museum* zu besichtigen ist. Halten Sie am Meer die Augen offen: Oft können Sie Seeotter oder See-Elefanten an den Stränden entdecken. Noch eine Warnung: Im Sommer liegt die Küste oft in dichtem Nebel!

## NEWPORT

[174 B3] **Die Hafenstadt an der Küste Oregons mit 9500 Ew. ist seit über 100 Jahren ein beliebtes Seebad mit schöner kolonialer Architektur.** Es gibt zahlreiche Attraktionen für Kinder, gute Hotels und eine hübsche viktorianische Altstadt um den *Bay Boulevard* am Hafen. Die Welt unter Wasser wird hervorragend präsentiert im *Oregon Coast Aquarium (tgl. 9–18, im Winter 10–17 Uhr | Eintritt 14,25 $ | 2820 SE. Ferry Slip Rd.)*.

### ZIELE IN DER UMGEBUNG

**FLORENCE** [174 B3]

Die Attraktion des 7000-Ew.-Orts, 80 km südlich von Newport, ist ein 75 km langer Dünenstreifen. Bis zu 100 m hoch türmen sich die Sanddünen am Pazifik. Ein Paradies für Strandwanderer und Offroadfans, die in *dune buggies* über den Sand flitzen. Nördlich beginnt die dramatische Steilküste Oregons, an der das *Heceta Head Lighthouse* besonders fotogen ist. Kurz danach führt am *Cape Perpetua* ein Fußweg vom Highway 101 zu einem Traumblick über die Küste.

**SEA LION CAVES** [174 B3]

Die einzige Seelöwenkolonie auf dem Festland von Nordamerikas Westküste liegt gut geschützt in einer riesigen Höhle, 60 km südlich von Newport. *Tgl. 9 Uhr bis Sonnenuntergang | Eintritt 10 $*

## OLYMPIC NATIONAL PARK

**[174 B2] Alpine Blumenwiesen im Sommer und die wildromantische, oft sturmumtoste Felsküste am Pazifik sind die schönsten Attraktionen des 3735 km² großen Parks auf der Olympic Peninsula Washingtons.** Der beliebteste der amerikanischen Nationalparks ist bekannt für seine Wanderwege durch die Natur, die dramatische Landschaft und sein vielfältiges Ökosystem. So gedeiht im Tal des Hoh River an der Westflanke des 2428 m hohen *Mount Olympus* dank des extrem feuchten Klimas ein einzigartiger, moos- und farnüberwucherter Regenwald, der ★ *Hoh Rain Forest,* der oft bis an die zerklüftete Pazifikküste reicht. Kurze Stichstraßen führen aus dem Landesinneren hinaus ans Meer – etwa an den treibholzübersäten *Ruby Beach* Insider Tipp oder zum Makah-Indianerdorf *Neah Bay.* *Hurricane Ridge* im Nordteil des Parks bietet herrliche Bergpanoramen und viele Wanderwege. Der Eintritt kostet 10 $ pro Person und Fahrzeug. Das Ticket gilt eine Woche lang. Viele Touristeninformationen sind zugleich Ranger-Stationen, die auch Camping-Genehmigungen ausstellen.

Wie aus einer Szene des Films „Herr der Ringe" mutet dieser Wald an: Der Hoh Rain Forest ist ein Dickicht alter, vollkommen mit Moos bedeckter Bäume

Unterkünfte finden Sie auch in *Port Angeles.* Auskunft erteilt das *North Olympic Peninsula Visitors Bureau, 338 W. First St. | Port Angeles | Tel. 360/452-85 52 | www.olympicpeninsula.org*

# PORTLAND

[174 B3] **Dank einer vorbildlichen Stadtplanung gilt die Metropole Oregons (2,1 Mio. Ew.) mit ihren unzähligen Grünflächen als höchst lebenswerte Stadt.** Portland ist Maine in Reinkultur, mit malerischen Leuchttürmen (sehenswert: der *Portland Head Light*) und Fischmärkten, auf denen es von Hummern nur so wimmelt. Die Stadt liegt vor der imposanten Kulisse des 3426 m hohen *Mount Hood* an der Mündung des Willamette in den Columbia River. Ihren Beinamen „Stadt der Rosen" verdankt sie den herrlichen Gärten im *Washington Park* und durch das *Rose Festival,* die Blumenparade Anfang Juni.

## ESSEN & TRINKEN

### JAKE'S FAMOUS CRAWFISH

Beliebtes traditionelles Restaurant. Fisch und Krebse sind besonders delikat. *401 SW. 12th Ave. | Tel. 503/226-14 19 | €€€*

### PAPA HAYDN ▶▶

Treff im Szeneviertel *Nob Hill.* Fisch, Steaks und tolle Desserts. *701 NW. 23rd Ave. | Tel. 503/228-73 17 | €€*

## EINKAUFEN

Ein Besuch lohnt sich in der Innenstadt um den *Pioneer Courthouse Square* und die *Old Town.* Von März–Dez. ist am Wochenende Künstlermarkt unter der *Burnside Bridge.*

## AUSKUNFT

### PORTLAND OREGON VISITORS ASSOCIATION

*701 SW. Sixth Ave. | Tel. 503/275-83 55 | www.travelportland.de*

## ZIELE IN DER UMGEBUNG

### ASTORIA [174 B3]

Die 1810 vom Pelzhändler John Jacob Astor gegründete Hafenstadt (10 000 Ew., rund 2 Stunden Fahrzeit von Portland) an der Mündung des Columbia River ist die älteste weiße Siedlung im Nordwesten. Sehenswert: das restaurierte *Fort Clatsop* aus der Pelzhändlerzeit und das *Columbia River Maritime Museum* mit Ausstellungen über die Seefahrergeschichte im Nordpazifik.

### COLUMBIA RIVER GORGE [174 B3]

40 km östlich von Portland bricht an der Grenze zwischen Oregon und Washington der Columbia River in einer gut 100 km langen Schlucht durch die *Cascade Mountains.* Zahlreiche Wasserfälle tosen aus den Bergen herab, darunter die 189 m hohen *Multnomah Falls.* Die schönsten Aussichten bietet eine Fahrt auf dem *Columbia Gorge Scenic Highway* (US 30) am Südufer. Das sympathische Städtchen ▶▶ *Hood River* – es besteht vornehmlich aus Rad- und Skiläden, Cafés und einigen Hotels – ist ein Mekka der Windsurfer. Insider Tip

### MOUNT ST. HELENS NATIONAL VOLCANIC MONUMENT [174 B3]

Am 18. Mai 1980 brach der rund 100 km nördlich von Portland gelegene Vulkan in einer gewaltigen Eruption aus. Das meterhoch unter Asche verschüttete Umland des Bergs, in das langsam wieder Leben zurückkehrt, wurde zu einem 445 km² großen Schutzgebiet erklärt. *Mehrere Visitor Centers am Hwy. 504; auch Helikopterrundflüge über den Vulkan*

## SACRAMENTO

[180 A1] **Die Hauptstadt Kaliforniens im Herzen des Central Valley ist trotz ihrer heute gut 2,1 Mio. Ew. im Großraum dem Wesen nach eine behäbige Farmerstadt geblieben.** Dabei war ihre Jugend recht bewegt: Der Schweizer Johann Sutter – später als Romanfigur zum „Kaiser von Kalifornien" stilisiert – gründete hier 1839 die erste Siedlung. Wenig später entdeckte sein Vorarbeiter James Marshall in der Sierra Nevada Gold. 1854 wurde Sacramento dann Hauptstadt des neuen US-Staats. Von der Zeit des Goldrauschs zeugt noch das hübsch restaurierte *Old Sacramento.* Sehenswert sind außerdem das rekonstruierte *Sutter's Fort* und das *California State Railroad Museum.*

### AUSKUNFT

**SACRAMENTO VISITORS BUREAU**

*Visitor Center* in *Old Town | 1002 Second St. Tel. 800/292-23 34 | www.discovergold.org*

### ZIEL IN DER UMGEBUNG

**GOLD COUNTRY** [180 A–B1]

Wie Perlen auf einer Schnur reihen sich am Highway 49 südöstlich von Sacramento die Städtchen aus der Goldrauschzeit auf: *Nevada City* und *Coloma,* wo James Marshall das erste Gold entdeckte, *Sutter Creek* mit hübschen viktorianischen Häusern und die Museumsstadt *Columbia.*

## SAN DIEGO

[180 B3] **An der geschützten San Diego Bay lag die Wiege Kaliforniens. Dort gründeten die spanischen Padres ihre erste Mission.** Später wurde die Stadt zum wichtigen Kriegshafen, doch erst in den 1980er-Jahren ist San Diego zur zweitgrößten Stadt (3 Mio. Ew.) Kaliforniens und zum beliebten Touristenziel aufgestiegen. Das sonnige, auch im Winter angenehm warme Klima, zahlreiche Golfplätze und hübsche Strandvororte wie *La Jolla* oder *Coronado* locken Besucher an.

Ein Paradies für Eisenbahnfans: Im California State Railroad Museum können sich Besucher mehr als 20 restaurierte Loks und Waggons von außen und innen ansehen

Sehenswert sind der *Balboa Park* mit vielen Museen, der zu den besten Zoos der Welt gehörende *San Diego Zoo,* die renovierte *Old Town* und das ★ *Cabrillo National Monument.*

## SEHENSWERTES

### SEA WORLD

Das größte Ozeanarium der Welt mit toller Arktisausstellung, künstlichem Korallenriff, Delphin-, Orca- und Seelöwenshows. *Im Sommer tgl. 9–23, im Winter tgl. 10–17 Uhr | Eintritt 65 $ | Mission Bay*

## EINKAUFEN

Sehr sehenswert ist die *Horton Plaza* in der Innenstadt, ein postmodernes, architektonisch eindrucksvolles Freiluft-Shoppingcenter.

## ÜBERNACHTEN

### GASLAMP PLAZA SUITES

Ein Hotel aus viktorianischer Zeit, renoviert und mitten im Trubel der Altstadt. *64 Zi., 520 E. St. | Tel. 619/232-95 00 | www.gaslampplaza.com | €€*

### HOTEL DEL CORONADO

Historisches Strandhotel. Drehort für „Manche mögen's heiß". *688 Zi. | 1500 Orange Av. | Tel. 619/435-66 11 | www.hoteldel.com | €€€*

# SAN FRANCISCO

**[180 A1] Schon beim Anflug bezaubert die herrliche Lage am Golden Gate auf einer hügeligen Halbinsel zwischen dem Pazifik und der San Francisco Bay.** An ihr ziehen sich Hafenanlagen entlang, mächtige Brücken verbinden die City mit dem Festland – darunter die berühmte, 1937 fertig gestellte *Golden Gate Bridge* mit einer Spannweite von 1280 m.

Die Stadt hat es weit gebracht seit ihren bescheidenen Anfängen 1776 als spanische Missionsstation. 776 000 Menschen (4,2 Mio. im Großraum) leben heute am Golden Gate, unzählige Einwanderer aus aller Welt und viele Zuzügler aus anderen Regionen Amerikas. Auch die unterschiedlichen Viertel faszinieren: An der *Montgomery Street* türmen sich die gläsernen Paläste der Hochfinanz. *Haight Ashbury* ist das alte Viertel der Hippiegeneration. Der *Castro District* gehört den Schwulen, *Fisherman's Wharf* den Touristen (Abfahrt für Hafenrundfahrten). Den besten Überblick verschaffen Sie sich vom ★ *Telegraph Hill* oder von den gut 270 m hohen ★ *Twin Peaks* aus.

Ausführliche Informationen finden Sie im MARCO POLO Band „San Francisco".

## SEHENSWERTES

### CABLE CARS

Eine Fahrt mit dem beliebtesten Wahrzeichen der Stadt ist Touristenpflicht. Öffentlicher Nahverkehr handfest erlebbar durch den *gripman,* den Bremser. Die ratternden, gut 100 Jahre alten Wagen verkehren auf drei Linien in der Innenstadt. *Fahrpreis 5 $,* günstiger kommt der Kauf einer Tageskarte *Muni Passport* für alle Busse und Bahnen.

### CHINATOWN

Die acht Straßenzüge beiderseits der Grant Avenue sind das Herz der größten chinesischen Siedlung Amerikas. Dieses Viertel ist bekannt für seine vielen guten Restaurants.

### DOWNTOWN

Um *Union Square* und *Market Street* liegt das Geschäftsviertel der Innenstadt mit vielen Kaufhäusern und Boutiquen. Die große Kuppel westlich davon gehört zum klassizistischen *Rathaus* der Stadt. Direkt nebenan: das ausgezeichnete neue *Asian Art Museum* *(Di–So 10–17 Uhr | Eintritt 10 $ | 200 Larkin St.)* mit einer der größten Sammlungen der westlichen Welt.

### GOLDEN GATE PARK

Der 400 ha große Stadtpark ist über 100 Jahre alt und wartet mit dem hübschen *Japanese Tea Garden* und dem fotogenen *Flower Conservatory* auf. Die Museen im Park wurden jüngst in spektakulärer Architekur neu erbaut: Herzog & Meuron gestalteten das *M.H. de Young Museum* für Kunst (mit Aussichtsturm), Renzo Piano schuf den Bau der *California Academy of Sciences*, in der Regenwälder und Korallenriffe nachgestellt werden: großartig!

### SOMA

Der frühere Lagerhallenbezirk südlich der Market Street birgt heute viele Kunstgalerien, Nachtclubs und Szeneläden. Sehenswert: das *Museum of Modern Art* mit ausgezeichneten Werken des abstrakten amerikanischen Expressionismus.

Man spricht Kantonesisch: In San Franciscos Chinatown leben die Einwanderer aus Asien

# SAN FRANCISCO

Herrliche Lage am Wasser: Blick auf Seatle und seinen Aussichtsturm „Space Needle"

## TOUR

**FÄHRE NACH SAUSALITO**

Ein schöner Ausflug mit der Golden Gate Ferry über die San Francisco Bay mit Blick auf Stadt und Golden Gate. Weitere Fahrtziele z. B. Alcatraz. *Abfahrt vom Ferry Building am Beginn der Market Street | Fahrpreis 7,45 $ | www.goldengate.org*

## ESSEN & TRINKEN

**MCCORMICK & KULETO'S**

Großes Fischrestaurant mit einem fabelhaften Blick über die Bay. *Ghirardelli Square | Tel. 415/929-17 30 | €€*

## ÜBERNACHTEN

**HOTEL BIJOU**

Sauber, günstig und zentral. *65 Zi. | 111 Mason St. | Tel. 415/771-12 00 | www.hotelbijou.com | €–€€*

**RITZ CARLTON**

Alles vom Feinsten: Luxus in bester Lage zwischen Chinatown und Union Square. *336 Zi. | 600 Stockton St. | Tel. 415/296-74 65 | www.ritzcarlton.com | €€€*

## AM ABEND

Neben den etablierten Bars und Clubs von *North Beach* hat sich in den letzten Jahren im *SoMa* eine neue Szene mit trendigen Diskos entwickelt. Guten Blues gibt es im *Saloon (1232 Grant Ave.).*

## AUSKUNFT

**VISITOR INFORMATION CENTER**

*Hallidie Plaza | Market/Powell Sts. | Tel. 415/391-20 00 | www.onlyinsanfrancisco.com*

## ZIEL IN DER UMGEBUNG

**NAPA VALLEY** **[180 A1]**

Knapp 100 km nordöstlich von San Francisco erstreckt sich das berühmteste Weinanbaugebiet Amerikas. Die meisten Kellereien liegen entlang des Highway 29 und des Silverado Trail, der beiden Hauptstraßen durch das rund 50 km lange Tal.

Hier einige Tipps für die besseren Weingüter: in einem Seitental bei Napa die *Hess Collection* mit einem Museum moderner Kunst *(4411 Redwood Rd.),* bei Yountville das Cham-

# PAZIFIKSTAATEN

## SEATTLE

[174 B2] **Jung und dynamisch ist Seattle – und herrlich gelegen. Die Stadt, bei ihrer Gründung 1851 nach einem indianischen Häuptling benannt, erstreckt sich zwischen dem Salzwasser des Puget Sound und dem Süßwassersee Lake Washington über zahlreiche Hügel.** Mit rund 3,3 Mio. Ew. ist sie die größte Metropole an der Nordwestküste. Bekannt geworden ist Seattle vor allem als Sitz von Boeing und von Microsoft und als Geburtsort des Grunge-Rock.

pagnergut *Domaine Chandon (California Rd.),* bei Rutherford die Kellereien *Robert Mondavi (gute Führungen, 7801 St. Helena Hwy.)* und *Niebaum-Coppola,* das Weingut des Filmregisseurs *(1991 St. Helena Hwy.)* sowie bei Calistoga das *Chateau Montelena (1429 Tubbs Lane),* wo 1973 der erste Weltklassewein Kaliforniens produziert wurde.

### SEHENSWERTES

Die moderne Innenstadt liegt am Ufer der Elliott Bay, einer Seitenbucht des Puget Sound. In den letzten Jahren wurde die Altstadt um den *Pioneer Square* renoviert. Von dort aus zogen vor über 100 Jahren die Abenteurer zum Goldrausch am Klondike nach Alaska. Ein *Visitor Center (117 Main St.)* zeigt Ausstellungen und Filme über diese Zeit.

## > GRAU- UND BUCKELWALE

*Wenn die Wanderer der Meere zu Besuch kommen*

Von März bis Mai kann man sie beobachten, vom Schiff oder vom Ufer aus: Herden von Walen, die entlang der Pazifikküste nordwärts pflügen. Vorbei an San Diego, an Point Reyes bei San Francisco, entlang der Felsenküste Oregons und der Olympic Peninsula. Etwa 20 000 Grauwale unternehmen alljährlich eine 8000 km lange Wanderung von den Lagunen Baja Californias hinauf in die Beringsee vor Sibirien. Auf derselben Route sind rund 3000 Buckelwale zu beobachten, die den Sommer vor Südalaska verbringen. Keine anderen Säugetiere wandern über solche Distanzen. Doch die Wale müssen, denn nur im kalten Norden finden sie ausreichend Nahrung, und nur im warmen Süden können sie ihre Jungen zur Welt bringen. Von vielen Häfen am Pazifik werden im Frühjahr Whale-Watching-Touren angeboten. Und im Sommer geht man auch nicht leer aus: Um die San Juan Islands vor Seattle leben ganzjährig mehrere Gruppen von Orcas und Schwertwalen.

Ebenfalls restauriert wurde das alte Hafenviertel um den *Pier 59.* Dort sind jetzt Restaurants, Läden und ein ausgezeichnetes *Aquarium* untergebracht. Einige Stufen führen hinauf zum quirligen *Pike Place Market.*

**SEATTLE ART MUSEUM**

Das spektakuläre Kunstmuseum von Robert Venturi. Besonders sehenswert sind die Ausstellungen zur indianischen Kunst des Nordwestens. *Di–So 10–17, Do/Fr. bis 21 Uhr | Eintritt 13 $ | 100 University St.*

**SEATTLE CENTER**

Das ehemalige Gelände der Weltausstellung von 1962 birgt einen Vergnügungspark und Museen wie das Insider Tipp innovative *Experience Music Project (im Sommer tgl. 9–20 Uhr | Eintritt 15 $ | www.empsfm.org)* zur Geschichte der Rockmusik in Amerika. Dort steht auch das Wahrzeichen Seattles, die 184 m hohe *Space Needle.*

## ESSEN & TRINKEN

**LOLA**

Bunte Mixtur aus Griechisch und moderner Nordwest-Küche im Szeneviertel Belltown. *2000 4th Ave, | Tel. 206/441-14 30 | €€*

## ÜBERNACHTEN

**HOTEL MONACO**

Schickes Designerhotel. *189 Zi. | 1101 4th Ave. | 206/621-17 70 | www.monaco-seattle.com | €€–€€€*

**PACIFIC PLAZA**

Einfaches Altstadthotel. *160 Zi. | 400 Spring St. | Tel. 206/623-39 00 | www.pacificplazahotel.com | €€*

## AUSKUNFT

**SEATTLE'S CONVENTION & VISITORS BUREAU**

*701 Pike St. | Tel. 206/461-58 40 | www.visitseattle.org*

## ZIELE IN DER UMGEBUNG

**FUTURE OF FLIGHT ★** [174 B2]

In *Everett,* eine halbe Fahrstunde nördlich von Seattle, steht die größte Flugzeugmontagehalle der Welt: Dort werden die Langstreckenjets der Firma Boeing zusammengebaut. Auch interessant ist nebenan das *Restoration Center,* in dem alte Flugzeuge repariert werden. Insider Tipp *Führungen Mo–Fr stündlich 9–15 Uhr | Eintritt 15 $ | www.futureofflight.org*

**MOUNT RAINIER NATIONAL PARK** [174 B2]

4392 m ragt der eisbedeckte Vulkangipfel südöstlich der Stadt auf. Auf gut ausgebauten Straßen fährt man in etwa zwei Stunden über die Baumgrenze hinauf zu den Aussichtspunkten *Paradise* und *Sunrise.* Von dort führen Wanderwege zu Gletschern und idyllischen Bergseen.

# YOSEMITE NATIONAL PARK

**KARTE IN DER HINTEREN UMSCHLAGKLAPPE**

[180 B1] ★ **Wer noch nie in Yosemite war, hat das Erlebnis seines Lebens vor sich. Amerikas drittältester Nationalpark ist von surrealer Schönheit.** Die mächtige Erscheinung des Felsens El Capitan, die Gischt der Yosemite Falls und andere Sehenswürdigekeiten sorgen für volle Fotoalben. Doch es gibt auch eine Kehrseite: Der Park zieht jedes Jahr 4 Mio. Menschen an! Im Sommer tobt der touristische Rummel im Valley. Doch lassen Sie sich davon nicht abschrecken, der Park ist die Reise allemal wert: Er bietet Ihnen 3080 km² grandiose Bergwelt am Grat der *High Sierra* mit bis zu 1000 m tiefen, einst von den Gletschern ausgeschabten Tälern und zahlreichen Wasserfällen wie z. B. dem 739 m hohen *Yosemite Falls.* Abseits der Straßen wird es auf dem gut ausgebauten Netz der Wanderwege schnell ruhiger.

Im *Yosemite Valley,* dem Kernstück und landschaftlichen Höhepunkt des Parks, verkehren vom *Visitor Center* beim *Yosemite Village* aus kostenlose Elektrobusse zu Wasserfällen und zum Anfang der Trails, z.B. zu den *Vernal Falls* in einem von steilen Wänden umkränzten Seitental. Ebenfalls sehr zu empfehlen: eine Tagestour auf der *Tioga Pass Road* zu den *Tioga Meadows* und eine Fahrt zum *Glacier Point.* Im *Mariposa Grove* am Südeingang des Parks können Sie einen sehr interessanten Hain bis zu 3000 Jahre alter Mammutbäume erwandern (auch geführte Bustouren).

## ÜBERNACHTEN

Buchungen für das historische *Ahwahnee Hotel (€€€),* die einfachere *Yosemite Lodge (€€)* und das Zeltcamp *Curry Village (€): DNC Parks & Resorts at Yosemite | Tel. 800/559-48 84 | www.yosemitepark.com*

## AUSKUNFT

**YOSEMITE NATIONAL PARK**

*P.O. Box 577 | Yosemite National Park | CA 95389 | Tel. 209/372-02 00 | www.nps.gov/yose*

Wilde Schönheit: Der Yosemite National Park ist der Höhepunkt einer USA-Reise

# > HIGHWAYS DURCH DAS WEITE LAND

Auf Grand Tour durch den American Way of Life und auf der Route 66

*Die Touren sind auf dem hinteren Umschlag und im Reiseatlas grün markiert*

## 1 FLORIDA: VERGNÜGUNGSPARKS UND WEISSE STRÄNDE

**Die zweiwöchige, ganzjährig machbare Rundfahrt eignet sich besonders für Erstbesucher. Auf der rund 1500 km langen Tour erleben Sie alle Facetten des American Way of Life: phantasievolle Themenparks und die Alligatoren der Everglades, den Weltraumbahnhof Cape Canaveral, Miami, reichlich Sandstrände und das tropische Flair der Keys.**

Mindestens zwei Tage müssen Sie vor dem Start der Rundfahrt in **Orlando** *(S. 73)* für die großen Vergnügungsparks einplanen, etwa für das Epcot Center und die Universal Studios. Danach geht's los: Die SR 528 führt stracks nach Osten an die Atlantikküste, wo im **Kennedy Space Center von Cape Canaveral** auf gut zweistündigen Bustouren *(tgl. 9–19 Uhr | Eintritt 38 $)* Raketen, Space-Shuttles und die historischen Mondfahrzeuge

Bild: Florida, Naples

# AUSFLÜGE & TOUREN

zu bestaunen sind. Schön für eine erste Badepause ganz in der Nähe: das Strandstädtchen **Cocoa Beach**.

Die Autobahn I-95 bringt Sie danach schnell weiter südwärts nach **Palm Beach**, dem berühmten Ferienort der amerikanischen High Society. Ein Bummel an der Worth Avenue mit ihren edlen Boutiquen und Bistros führt das Lebensgefühl der Millionärsszene vor Augen. Legerer gibt sich **Fort Lauderdale** etwas weiter südlich, das mit gepflegten Villenvierteln und breiten Stränden sowie einer Vielzahl von mit Booten befahrbaren Kanälen zu den beliebtesten Ferienorten Floridas zählt.

Nächster Stopp sollte das glamouröse **Miami** *(S. 66)* sein. Nehmen Sie sich einen Tag Zeit zum Bummeln im Art-déco-Viertel am Ocean Drive und zum Shopping im Bayside Marketplace. Danach geht es weiter südwärts auf dem Overseas Highway

(US 1), der über 42 Brücken rund 200 km weit hinausführt ins Meer auf die Inselkette der Keys. Auf **Key Largo**, dem ersten großen Eiland, ist im **Pennekamp Coral Reef State Park** die reiche Unterwasserwelt auf Boots- und Schnorcheltouren *(tgl. 8–17 Uhr | Touren 24–30 $)* zu erleben. Ziel des Highways über das Wasser ist das tropisch-bunte **Key West** *(S. 70)*, das mit quirligem Nachtleben lockt. Zurück auf dem Festland, bringt Sie der Tamiami Trail (US 41) quer durch die subtropischen Sümpfe der **Everglades** *(S. 70)* an die Westküste Floridas nach **Naples**, wo die warmen Wellen des Golfs von Mexiko ganz sanft an die weißen Strände plätschern.

Ideal für einen Badetag sind eine Fahrstunde weiter nördlich die von üppiger grüner Vegetation umrankten Inseln **Sanibel** und **Captiva**. Nahebei in **Fort Myers** dürfen Sie einen Besuch im **Edison Home** *(2350 McGregor Blvd. | tgl. 9–17.30 Uhr | Eintritt 15 $)* nicht verpassen. Dort verbrachte der Erfinder der Glühbirne 40 Jahre lang seine Winter und legte einen faszinierenden botanischen Garten an.

Immer neue Strände und Badeorte säumen den Weg nach Norden, ehe es in **St. Petersburg** heißt, Abschied zu nehmen vom Meer. Der ganze Stolz der Stadt ist übrigens das wirklich hervorragende **Salvador Dalí Museum** *(1000 3rd St. South | Mo–Sa 9.30–17.30, So 12–17.30 Uhr | Eintritt 14 $)*. Über die I-4 schließt sich der Kreis der Rundfahrt zurück nach Orlando.

## 2 ROUTE 66: HIGHWAY DER SEHNSUCHT

**„You get your kicks on Route 66", sang einst Nat King Cole und brachte das Reisegefühl der 1950er-Jahre auf den Punkt. Er besang die legendäre „Mother Road", die in den 1920er-Jahren angelegte erste Straße im Westen der USA. 3600 km Highway von Chicago nach Los Angeles am Pazifik. Auf ihm zogen die verarmten Farmer aus Oklahoma westwärts nach Kalifornien, und in den 1950er-Jahren reisten auf ihm die ersten Touristen zum Grand Canyon. Heute ist die Nostalgiereise auf den Spuren der Route 66 in zwei Wochen gut zu schaffen.**

Darauf einen Mojito: Urlauber genießen Floridas Strandleben am Smathers Beach, Key West

Von **Chicago** *(S. 80)* nehmen Sie am besten die Autobahn I-55 nach Süden – zu mühsam wäre im Vorortgewirr die Suche nach den Resten der Route 66. Doch schon eine Fahrstunde südlich der Metropole liegen – gut ausgeschildert – um **Wilmington** und *Dwight* im Norden sowie südlich von **Springfield** *(S. 84)* um **Litchfield** und **Mount Olive** noch einige alte Teilstücke. Auch altmodische Relikte der Route 66 blieben hier erhalten: etwa die alte Tankstelle von **Shea's** *(2075 Peoria Rd.)* und der klassische Diner *Cozy Drive-In* *(2935 S. 6th St.)* in Springfield. Wenig später lohnt sich von der I-55 ein Abstecher zu den **Cahokia Mounds**, gewaltigen indianischen Tempelhügeln aus der Zeit zwischen etwa 700 und 1500.

In **St. Louis** *(S. 90)* überquert die Route 66 den Mississippi und führt hinaus in die unendlichen Prärien, quer durch das Herzland des Kontinents. Nächster Stopp: die Tropfsteinhöhlen der **Meramec Caverns** 5 km südlich von **Stanton**. Weiter westwärts geht es auf der I-44, die hier dem Verlauf des alten Highways folgt. Vorüber an den **Ozark Mountains** *(S. 88)*, der Heimat der Hillbilly-Musik (gute Konzerte in **Branson**, *S. 88)* zieht sich der Highway nach **Joplin**, hinter dem Sie wieder einige Teilstücke der alten Route 66 befahren können.

Nächster Stopp: **Tulsa** *(S. 105)* in Oklahoma, eine klassische, ölreiche Boomtown. Von **Oklahoma City** *(S. 103)* aus verläuft die Route 66 parallel zur I-40 schnurstracks gen Westen – über **Clinton** (gutes Route-66-Museum) in den Norden von Texas nach **Amarillo** *(S. 96)*. Gleich westlich der Stadt steht das oft fotografierte Route-66-Kunstwerk der **Cadillac Ranch** – eine Reihe hochkant gestellter Oldtimer.

Weiter durch die staubigen Wüsten und struppigen Bergketten von New Mexico: Von **Santa Rosa** aus lohnt ein Abstecher von der I-40 auf der alten Route 66 nach **Santa Fe** *(S. 126)* unternehmen, der kunstsinnigen Hauptstadt von New Mexico. Auch westlich von **Albuquerque** *(S. 118)* wartet in der scheinbar öden Wüste noch allerlei Sehenswertes: etwa das auf hoher Klippe gelegene Indianerpueblo **Acoma** und bei **Grants** einige alte Abschnitte der Route 66 mit verwitterten Tankstellen und neonbeschilderten Billigmotels. Mit ganz ähnlicher Highway-Nostalgie lockt **Gallup**, das zudem bekannt ist für gut bestückte indianische Kunstgalerien.

Kunst-Cadillacs an der Route 66

Jenseits der Grenze zu Arizona liegt der **Petrified Forest National Park** an der I-40 mit seinen zu Onyx versteinerten Bäumen. Nicht fehlen darf in Arizona von **Flagstaff** *(S. 121)* aus ein Abstecher zum **Grand Canyon National Park** *(S. 120)*, der zwei Stunden Fahrt nördlich liegt. Hinter Flagstaff folgt eins der längsten und stimmungsvollsten Stücke der alten Route 66: Von **Seligman** über **Peach Springs** nach **Kingman** und weiter nach **Oatman** – ein halb verlassenes Bergwerksnest, in dem sogar noch wilde Esel auf den Straßen herumlaufen.

Das letzte Routenstück können Sie entweder über die glitzernde Spielerstadt **Las Vegas** *(S. 122)* fahren oder auf der Originalstrecke parallel zur I-40 quer durch die einsame **Mojave-Wüste**. Von **Barstow** aus sind es nur noch wenige Stunden Fahrt auf der I-15 bis **Los Angeles** *(S. 134)*, wo die Route 66 in **Santa Monica** am Pazifik endet.

## 3 HIGHWAY ONE: DIE TRAUMSTRASSE AMERIKAS

**Als schönste Panoramaroute der Neuen Welt wird der Küsten-Highway zwischen San Francisco und Los Angeles gerne bezeichnet – mit Recht. Über schroffe Steilklippen, vorbei an uralten Redwood-Wäldern, bunten Strandorten und alten spanischen Missionen schlängelt er sich am Pazifik hin. 800 km Traumkulisse, für die Sie sich 3 bis 4 Tage gönnen sollten. Beste Reisezeiten: April bis Juni und September/Oktober, denn im Hochsommer liegt die Küste häufig im Nebel.**

Ein paar Tage in **San Francisco** *(S. 142)* sind die gebührende Einstimmung auf die Küstenroute, dann geht's los: Zuerst auf dem Highway US-101 südwärts ins **Silicon Valley**, das legendäre Hightechzentrum Kaliforniens. In **San Jose** können Sie im supermodernen **Tech Museum** *(201 S. Market St. | tgl. 10–17 Uhr | Eintritt 8 $)* alles über Chips und Computer erfahren. Von dort klettert die SR 9/236 über das Örtchen **Calistoga** hinauf in die Coast Mountains, wo im **Big Basin State Park** und im *Henry Cowell State Park* uralte Haine von Redwood-Bäumen erhalten blieben. Bis 100 m hoch und über 2000 Jahre alt werden diese hölzernen Giganten, zwischen denen es Lehrpfade gibt.

Insider Tipp

Nächster Stopp: **Santa Cruz**, ein typisch kalifornisches Strandstädtchen mit schönen Villen am Meer und einem alten Leuchtturm (kleines Surfermuseum). Bei der Weiterfahrt auf dem Highway 1 säumen Artischockenfarmen und Dünen Weg zur **Monterey Peninsula** *(S. 137)*. Unbedingt sehenswert: das **Monterey Bay Aquarium** und die von malerischen Gärten umrahmte **Carmel Mission** *(3080 Rio. Rd. | Mo–Fr 9.30–16.30 Uhr, Sa/So 10.30–16.30 Uhr | Eintritt 5 $)*. Auch **Carmel**, ein altes Küstenstädtchen mit sehr schönem Strand, verdient einen Bummel. Gleich südlich lohnt sich ein Abstecher in die **Point Lobos State Reserve**, ein umbrandetes Kap mit kleinen Buchten, in denen sich Seelöwen und Seeotter beobachten lassen.

Nun folgt das schönste Stück des **Pacific Coast Highway 1** *(S. 138)*: Hoch über dem Meer kurvt die Straße bei **Big Sur** an den Hängen der steil ins Meer fallenden Santa Lucia Range südwärts. Ein Tipp zur Kaffeepause mit grandiosem Blick über die Küste: das Restaurant **Nepanthe** *(€€–€€€, Café €)*, rechter Hand direkt am Steilabbruch. Danach immer neue Kurven und immer neue Aussichtspunkte entlang der kaum erschlossenen Küste. Erst bei Refugio und El Capitan. Dort liegt einer der schönsten Küstenorte des Golden State: Santa Barbara. Spanisch-mediterrane Architektur mit lauschigen

Mit der Missionskirche für die heilige Barbara fing alles an: Heute gilt Santa Barbara als amerikanische Riviera – auch wenn das die Franziskanermönche nicht geplant hatten

San Simeon wird das Pazifikufer wieder flacher. Gute Gelegenheit zum Bummel an einer der Strandbuchten, wo man haufenweise Muscheln sammeln und oft auch die massigen See-Elefanten beobachten kann.

Ein hoher Vulkanfelsen markiert bei Morro Bay das Ende des einsamen Küstenabschnitts. Dort und an den Stränden südlich von San Luis Obispo herrscht Ferientrubel. In Pismo Beach darf man sogar mit dem Auto in die Sanddünen fahren. Auf der US-101 geht es weiter südwärts, vorüber am Touristenstädtchen Solvang, und weiter zu den langen Surferstränden

Innenhöfen und kalifornisch-legeres Flair prägen die Altstadt um die State Street, während unten am Pier Stearns Wharf mit Skatern und Surfern das Beachlife tobt. Nicht verpassen: die herrlich gelegene Mission Santa Barbara *(Laguna/Los Olivos Sts. | tgl. 9–17 Uhr | Eintritt 4 $)*.

Die restliche Strecke bis Los Angeles *(S. 134)* ist in drei Stunden zu schaffen: schnell über den Highway US-101 oder aussichtsreich auf dem Highway 1 entlang der Küste über Oxnard und Malibu, wo die berühmten Strände der Surfer liegen, z. B. Zuma Beach.

# EIN TAG IN DENVER

Action pur und einmalige Erlebnisse.
Gehen Sie auf Tour mit unserem Szene-Scout

## EINE RUNDE SACHE

**9:00**

Noch müde? Da hilft ein Denver-Bagel-Sandwich mit roter und grüner Paprika, Zwiebeln und Schinken oder einfach ein Bagel mit Cream Cheese von *Daphne's Deli*. Dazu eine Caramel Latte und der Tag kann beginnen! **WO?** *393 Corona St. | Tel. 303/733 12 12 | www.daphnesdeli.com*

**10:00**

## AUF DEN SPUREN DER BRONCOS

Im *INVESCO Field at Mile High* sind die Denver Broncos zu Hause. Bei einem Blick hinter die Kulissen des riesigen *NFL*-Footballstadiums geht's dorthin, wo sonst nur die Teams hin dürfen: Umkleidekabinen, die Partysuite, das Spielfeld und die Endzone. **WO?** *Treffpunkt: Colorado Sports Hall of Fame Museum bei Gate 1 | Reservierung nötig unter Tel. 720/258 38 88 | Kosten: $9 | www.coloradosports.org*

## WILDNIS MITTEN IN DER STADT

**11:30**

Abenteurer dürfen im *REI Flagship Store* alles ausprobieren und testen z.B. im Kajak auf dem künstlichen See paddeln oder die 14 m hohe Kletterwand erklimmen. Also Kletterschuhe und Hüftgurt anziehen und los geht's! Danach das ausgefallene Sortiment durchstöbern: Hier gibt's neben Equipment für Sportler und Weltenbummler auch Kurioses wie Hundezelte und Astronautenfood. **WO?** *1416 Platte St. | Tel. 303/756 31 00 | Kosten: ab $10 inklusive Equipment | www.rei.com*

**13:00**

## BURGER LUNCH

Darüber lässt sich nicht streiten: Bei *The Cherry Cricket* gibt's einfach die besten Burger der Stadt. Zutaten von Avocado bis geräuchten Cheddar selbst zusammenstellen und den Burger schmecken lassen. **WO?** *2641 East 2nd Ave. | Tel. 303/322 76 66 | www.cherrycricket.com*

# 24h

## REISE IN DIE VERGANGENHEIT

14:30

Mit den Guides von *Denver History Tours* entdeckt man nun die ruhmreiche Vergangenheit Denvers, als die Stadt noch Minencamp und die Wall Street des Westens war. Dabei erfährt man alles über den Wilden Westen, die Indianerkriege, die Gesetzlosigkeit und die Namen, Plätze und Storys an Originalschauplätzen. **WO?** *Reservierung und Treffpunkt unter Tel. 720/234 79 29 | Kosten: $20/2 Std. | www.denverhistorytours.com*

17:00

## SKATEFUN

Der *Denver Skatepark*, einer der größten Skateparks des Landes, ist in zwei Abschnitte unterteilt: Street Terrain und The Bowls. Also rauf aufs Skateboard und selbst ausprobieren oder einfach die Cracks bei ihren Moves beobachten. **WO?** *2205 19th St. | geöffnet zwischen 5h und 23h | www.denverskatepark.com*

## ABENDESSEN MIT EVENTCHARAKTER

20:00

Nach so viel Action knurrt der Magen: Im *Jax Fish House* warten innovative Fischgerichte, z.B. Jakobsmuscheln mit Kartoffelrisotto und Gremolata aus sonnengetrockneten Tomaten. Backsteinwände sorgen für Loftatmosphäre, die Wände ziert Kunst von lokalen Talenten. Tipp: Unbedingt einen Speciality Cocktail wie den Mangotini probieren! **WO?** *1539 17th St. | Tel. 303/292 57 67 | www.jaxfishhousedenver.com*

22:30

## ABTANZEN

*The Church* ist der Szenetreffpunkt im South of Colfax Nightlife District. Auf 3 Etagen und in 10 Räumen wird im spektakulären neogotischen Ambiente gefeiert was das Zeug hält. Internationale DJs sorgen für den richtigen Sound. **WO?** *1160 Lincoln St | Tel. 303/832 35 28 | www.the-church.com*

# > OUTDOOR-FUN RUND UMS JAHR

## Ob Golfen, Reiten, Rafting oder Mountainbiking – Amerika bietet viel Platz für den Aktivurlaub

**> Die eine Hälfte der Amerikaner sitzt nur im Auto und hat deutliche Gewichtsprobleme, die andere Hälfte aber ist sportversessen, als wäre es eine neue, kultige Religion. Fitnessstudios boomen, immer neue Golfplätze werden angelegt, überall sieht man Jogger, Walker, Biker schwitzen.**
Die Trends kommen aus Kalifornien: Von dort haben schon oft neue Sportarten ihren Siegeszug um die Welt angetreten – Snowboarding etwa oder Rollerblading.

Quer durchs ganze Land findet Golf- und Tennisplätze, gute Hiking-Trails, Reitmöglichkeiten, Seen zum Baden und Wasserskifahren. Dass viele der schönsten Urlaubsregionen wie etwa die Canyons im Südwesten, die Rocky Mountains oder das Hinterland der Strände am Atlantik nur dünn besiedelt sind, ist ein extra Bonus. Platz hat Nordamerika reichlich.

Die Resorts sind perfekt auf aktive Urlauber eingestellt: Fitnessclub,

Bild: Idaho, Sawtooth National Recreation Area

# SPORT & AKTIVITÄTEN

Pool, Tennisplätze und oft sogar ein Golfplatz zählen zur Grundausstattung. Ringsum in den Wüsten, Canyons oder Bergen können Sie Radtouren und Wanderungen unternehmen oder zu Pferd in die Wildnis ziehen.

Zahlreiche *rental shops* nahe den Nationalparks und in den Städten vermieten Bikes und anderes Sportgerät. Tipps und Landkarten für die Region bekommen Sie gleich dazu. Organisierte Tagestouren wie Ausritte oder Schlauchbootfahrten können Sie meist kurzfristig vor Ort buchen. Mehrtägige Touren reservieren Sie besser vorab.

## GOLFEN

Golfen ist die liebste Beschäftigung der Amerikaner. Schon in den Schulen gibt es Golfkurse, und so manche Frührentner ziehen mit 50 nach Florida oder Arizona und spielen den Rest ihres Lebens nur noch Golf. Jeder noch so kleine Ort gönnt sich einen eigenen Platz. Ein Ferienziel wie Orlando besitzt 150 Golfanlagen, ein vergleichsweise kleiner Ort wie Palm Springs immerhin noch 80! Vor allem Staaten mit mildem Winterklima – Florida, Kalifornien, Arizona – sind beliebte Golfziele. Die Greenfees liegen meist zwischen 50 und 100 Dollar, auf berühmten Plätzen aber, wie z.B. Troon North in Phoenix, kostet ein Spiel mehr als 300 Dollar. Infos unter *www.golfguideweb.com* oder *www.golf.com*

Keine Angst vorm Alligator: Kanutour in den Everglades, Florida

## HIKING

Die besten Wanderwege – gut ausgeschildert und gepflegt – finden Sie in den *National Parks, State Parks* und *National Forests.* Die Rangers in den Visitor Centers haben gutes Kartenmaterial und Tipps für die Trails.

Schön für Tagestouren sind die *Smoky Mountains* in Georgia und Parks wie *Yosemite, Bryce Canyon, Olympic* und der *Rocky Mountain National Park.* Zur Kakteenblüte im Frühjahr sind die Parks *Joshua Tree* und *Big Bend* ideale Ziele. Zum Indian Summer müssen Sie in die *White Mountains* von Neuengland oder in den *Shenandoah National Park.*

## KANUFAHREN, RAFTING & CANYONING

Per Kanu wurde Nordamerika einst erobert, und noch heute vermittelt eine Paddeltour viel Pionierflair. Besonders schön: der Norden von Minnesota. Doch auch an vielen Seen im Land kann man Kanus mieten (25–35 Dollar pro Tag). Wilder, aber nicht gefährlicher ist Rafting – in Schlauchbooten reitet man über die Stromschnellen der Flüsse. Die schönsten sind der *Colorado River* im Grand Canyon, der *Snake River* in Idaho, der *American River* in Kalifornien, der *Arkansas River* in Colorado sowie der *New River* in West Virginia. Viele gute Ideen für Raftingtrips auf einer großen Auswahl von Flüssen in den USA finden Sie unter *www.raftingamerica.com*, in der sich rund 20 Raft-Firmen zusammengeschlossen haben. Kanuvermietung und geführte Touren im Everglades National Park bietet *North American Canoe Tours | 107 Camellia St. | Everglades City | Tel. 239/695-32 99 | www.evergladesadventures.com*

Die engen Schluchten etwa auf dem Colorado Plateau bieten zudem ideale Möglichkeiten fürs Canyoning – dabei folgt man über Wasserfälle und Steilwände dem Flusslauf *(www.canyoneering.net)*. Mehrtägige Touren auf Colorado und Green River durch die Canyon-Region offeriert *Sheri Griffith Expeditions | Moab | Tel. 800/332-24 39 | www.griffithexp.com*

## MOUNTAINBIKING

Die Traumziele für alle Mountainbiker liegen im Westen: die Rockies und die Canyon-Regionen in Utah und Arizona. Treffs der *fat-tire*-Fans sind Westernstädtchen wie *Crested Butte* oder *Durango* und natürlich das Biker-Paradies *Moab,* mit dem legendären *Slickrock Trail.* Neu angelegt wurde in den letzten Jahren der *Tahoe Rim Trail* – 250 km rund um den schönsten Bergsee der USA. Weitere Infos: *www.dirtworld.com* und *www.tahoerimtrail.org*

Touren hoch in den Rockies bietet *Crested Butte Mountain Guides | Crested Butte | Tel. 970/349-54 30 | www.crestedbutteguides.com*

Mehrtägige Biketouren in den Bergen und Nationalparks von Utah und Tagestouren um Moab bei *Rim Tours | 1233 S. Hwy. 191 | Moab | Tel. 435/259-52 23 | www.rimtours.com*

## REITEN

Keine Reise in den Wilden Westen ist komplett ohne einen Ausritt mit Cowboy-Flair. Einfache *trail-rides,* gemütlich und ungefährlich, sind für zwei oder drei Stunden kurzfristig bei vielen Ranches am Weg zu buchen. Wer mehr will, kann für eine Woche auf einer *guest ranch* den Cowboys helfen oder bei einen mehrtägigen *packtrip* in die Wildnis buchen. Mit Schlafsack und Packpferd geht's dann wie zu Pionierzeiten in die Einsamkeit der Canyons. Preis: 150–250 Dollar pro Tag.

Eine Gäste-Ranch kann einerseits als *dude ranch* recht komfortabel sein samt Pool und vielen Freizeitaktivitäten auch für Kinder. Oder man bucht eine rustikalere *working ranch*, bei der das echte Cowboyleben im Vordergrund steht. Eine gute und bebilderte Auswahl bieten die Sites *www.duderanch.org* und *www.duderanches.com*.

## WINTERSPORT

Der legendäre *champagne powder* fällt nur in den Rocky Mountains vom Himmel. Die umliegenden Wüsten sorgen für extrem trockenen, puderfeinen Schnee – das Nonplusultra für alle Tiefschneefans. *Aspen* und *Vail* in Colorado sowie die Olympia-Abfahrten von *Park City* in Utah sind die berühmtesten Reviere der Rockies. Doch es gibt noch mehr: Amerikas ältesten Skiort etwa, *Sun Valley* in Idaho, das sehr steile *Jackson Hole* in Wyoming oder auch *Lake Tahoe* und *Mammoth Mountain* in Kalifornien. Tipp für Langläufer: Nationalparks wie *Bryce Canyon* und *Grand Teton/Yellowstone* spuren Loipen.

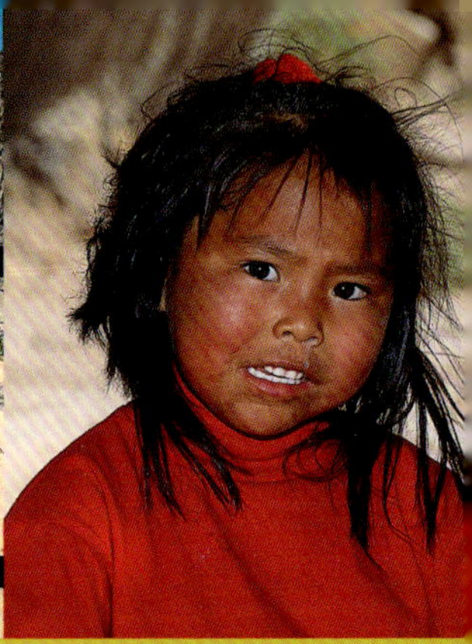

# MICKEY MOUSE UND SITTING BULL

## Themenparks, Kindermuseen und spektakuläre Achterbahnen – Amerika hat ein Herz für Kinder

> Ab einem Alter von drei bis vier Jahren lässt sich eine Reise in die USA mit Kindern gut machen. Ist erst einmal der Flug überstanden, läuft vor Ort alles problemlos: Beim Essen gibt es spezielle Kinderteller und -sitze. Bei der Übernachtung bieten Hotels – meist ohne Aufpreis – separate Kinderbetten an, viele Motels zudem auch ein Planschbecken. Babysitter werden in allen Ferienanlagen und Hotels vermittelt. Kindersitze im Auto sind nicht nur selbstverständlich, sondern sogar Pflicht und werden auf Anfrage von allen Mietfirmen gestellt. Tipp: Obwohl Kinder den Jetlag meist ganz gut verkraften, sollten Sie die Rückkehr aber nicht unmittelbar vor Schulbeginn einplanen. Beim Flug von West nach Ost dauert es etwas länger, den Zeitunterschied zu verarbeiten.

### FERIEN IM WOHNMOBIL

Was bei den Kids immer gut ankommt, ist eine Reise mit Wohnmobil: Das Fahrzeug schafft eine vertraute, gleichbleibende Umgebung, und das Campleben ist für Kinder ideal. Allerdings sollte man dann die Reiseroute darauf ausrichten, kürzere Tagesetappen wählen, mehrere Tage an einem Ort und am selben Campingplatz zubringen und immer wieder Erlebnisse wie Kanutouren, Angeln oder Ausritte einplanen. Die Erfahrung zeigt: Im Durchschnitt sind 100 Meilen/Tag für Kinder das Maximum.

### IN DER NATUR

Mit Aussichtspunkten über Canyons und Wälder können die Kids meist nicht viel anfangen. Aber wenn ein (Wasch-)Bär über den Campingplatz läuft, wenn Papa und Mama mit ihnen eine Kanutour unternehmen oder einen Ausritt auf einer Ranch, dann sind garantiert alle mit Begeisterung dabei. Angebote gibt es reichlich und auch die Feste in Amerika – Rodeos, Paraden und farbenfrohe indianische Powwows – eignen sich gut für Kinder. Bei solchen Festen ist auch ein Besuch bei Sitting Bulls Nachfahren am besten – ansonsten sind die oft tristen Reservate für Kinder eher schockierend. Die Nationalparks bieten

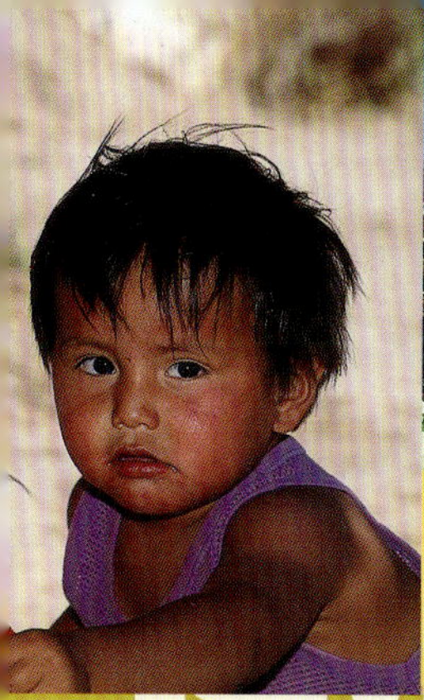

# > MIT KINDERN REISEN

übrigens oft ein Junior Ranger Program an, bei dem Kinder die Arbeit der Ranger kennen lernen und selbst für einen Nachmittag mitmachen dürfen.

## MUSEEN

Ob Kunstausstellung oder Stadtmuseum: Fast alle haben sie eigene Abteilungen oder spezielle Programme für Kinder, die meist sehr gut gestaltet sind. Der Clou aber sind Technikmuseen und die Children's Museums: Didaktisch hervorragend präsentiert man dort Phänomene wie Erdbeben und lädt zum Selbstexperimentieren ein. Etwas Englisch sollten die Eltern allerdings sprechen.

### EXPLORATORIUM [170 A1]

Das älteste und beste der amerikanischen Hands-on-Museen, in dem die Kinder alles anfassen und selber ausprobieren dürfen. Die Themen: Naturgesetze, optische Täuschungen und sogar ein Mini-Tornado. *Di–So 10–17 Uhr | Eintritt 14 $, Kinder 9 $ | 3601 Lyon St., San Francisco | www.exploratorium.edu*

## THEMENPARKS

Das Traumziel aller Kids ist Orlando. Nicht nur Mickey Mouse ist in den vier Themenparks zu Hause. Und: Es gibt noch gut 50 weitere solcher Spaß-Imperien im Land. Tipp: Schön für Achterbahn-Fans sind alle großen Parks der Kette Six Flags. *(www.sixflags.com)*

### CEDAR POINT [168 B4]

Die größten und schnellsten Achterbahnen Amerikas rasen in der Nähe von Cleveland über die Schienen. Wasserpark nebenan. *Im Sommer 10-22 Uhr | Eintritt 44 $, Kinder 20 $ | Sandusky, Ohio | www.cedarpoint.com*

### KNOTT'S BERRY FARM [170 B3]

Wildweststadt, Mexicodorf, Wildwasserfahrt und spektakuläre Achterbahnen wie Pony Express und Montezooma's Revenge. Schön für kleinere Kinder: Camp Snoopy. Eigener Wasserpark nebenan. *Im Sommer tgl. 10-22 | Eintritt 50 $, Kinder 20 | 8039 Beach Blvd., Buena Park, CA | www.knotts.com*

# > VON ANREISE BIS ZOLL

Urlaub von Anfang bis Ende: die wichtigsten Adressen und Informationen für Ihre USA-Reise

## ANREISE

Die großen Airlines fliegen in Amerika vor allem die wichtigen Knotenpunkte an: Dazu zählen New York, Atlanta, Chicago, San Francisco, Los Angeles. Dort muss man dann umsteigen, um weiter zu anderen Städten im Land zu fliegen. Die Flugzeit in den Osten der USA beträgt ca. 7 bis 10 Stunden, in den Westen sind es 10 bis 11 Stunden. Preise: je nach Saison und Ziel 500–1400 Euro. Erkundigen Sie sich im Reisebüro nach Sondertarifen.

Vor der Landung müssen im Flugzeug die Formulare für Einreise *(immigration)* und Zoll *(customs)* ausgefüllt werden. Wichtig: Bei Umsteigeflügen werden alle Einreiseformalitäten bereits am ersten Flughafen in den USA erledigt. Dazu holen Sie das Gepäck an der *Baggage Claim Area* ab, bringen es durch den Zoll und können es dann wieder am *Connecting Baggage Counter* für den Weiterflug abgeben.

Nahe der Gepäckausgabe findet man an allen Flughäfen die *ground transportation:* Die Schalter der Mietwagenfirmen, Taxis und oft auch Shuttle-Busse, die entweder kostenlos als Zubringer zu Hotels fahren oder als Sammeltaxi, wie z. B. „Super-Shuttle", für 10–20 Dollar je Fahrgast jede gewünschte Adresse im Stadtbereich ansteuern.

# PRAKTISCHE HINWEISE

## AUSKUNFT

Ein offizielles Fremdenverkehrsamt für die gesamten USA gibt es nicht, in Reisebüros oder im Internet gibt es jedoch eine Liste der in Deutschland vertretenen US-Bundesstaaten und Großstädte. Diese versenden auf Anfrage Landkarten und Infomaterial. *Service-Tel. 0700/84 74 88 72 | www.vusa-germany.de*. Vor Ort helfen die staatlichen *Tourism Offices,* die *Visitor Centers* der größeren Städte und – in den kleinen Orten – die *Chambers of Commerce* weiter. Meist findet man an den Flughäfen und an den Staatsgrenzen entlang der Autobahnen gut ausgestattete *Welcome Centers,* die bei der Routenplanung und der Wahl der Unterkunft behilflich sind.

## AUTO

Die Höchstgeschwindigkeit beträgt auf den Landstraßen meist 55 Meilen/h (88 km/h), in Orten 35 Meilen/h (50 km/h). Auf den Autobahnen gelten 65–75 Meilen/h (105–120 km/h). Anschnallpflicht.

Die Verkehrsregeln gleichen denen in Europa. Ausnahmen: An Ampeln darf man auch bei Rot nach rechts abbiegen, auf Autobahnen auch rechts überholen. Schulbusse mit blinkender Warnanlage dürfen dagegen überhaupt nicht passiert werden – auch nicht aus der Gegenrichtung. Außerdem gibt es so genannte *3-way-* oder *4-way-stops,* Kreuzungen mit Stoppschildern, an denen jedes Fahrzeug halten muss. Wer zuerst gehalten hat, darf auch zuerst wieder weiterfahren.

Der amerikanische Automobilclub AAA hilft auch Mitgliedern ausländischer Clubs (Mitgliedsausweis mitbringen!).

## BUS & BAHN

Die Routennetze der Greyhound-Überlandbusse und Amtrak-Züge sind für Sightseeing-Rundfahrten viel zu weitmaschig, zumindest die größeren Orte lassen sich aber gut erreichen. Auskunft über die Netzkarten von Greyhound *(Discovery Pass)* und Amtrak *(USA Railpass)* bei den Reisebüros oder online: *www.greyhound.com* und *www.amtrak.com*.

## CAMPING

Die schönsten Campingplätze sind meist die öffentlichen: Sie sind naturnah an Seen und in Nationalparks gelegen, mit Feuerstelle, Holzbänken und Waschgelegenheiten einfach ausgestattet, die Übernachtung kostet 10–25 $. Private, oft recht luxuriös ausgestattete Plätze mit heißen Duschen, Pool und Laden finden Sie am Rand der Städte und der Parks (Preise ca. 15–45 $). Für viele Nationalparks müssen Sie bis zu fünf Monate vorab Campingplätze per Kreditkarte reservieren: *Tel. 001/518/885-36 39 | http://recreation.gov;* Buchung von State Parks unter *www.reserveamerica.com*. Wildes Campen ist (außer in den Parks) nicht verboten, wird aber in besiedelten Gebieten nicht gerne gesehen. Ihr Wohnmobil sollten Sie mehrere Monate vorab von Deutschland aus buchen.

## DIPLOMATISCHE VERTRETUNGEN

**DEUTSCHE BOTSCHAFT**

*4645 Reservoir Rd. NW | Washington, D. C. | Tel. 202/298-40 00 | Fax 298-42 49 | www.germany.info.org*

**ÖSTERREICHISCHE BOTSCHAFT**

*3524 International Court NW | Washington, D. C. | Tel. 202/895-67 00 | Fax 895-67 50 | www.austria.org*

**SCHWEIZER BOTSCHAFT**

*2900 Cathedral Ave. NW, Washington, D. C. | Tel. 202/745-79 00 | Fax 387-25 64 | www.eda.admin.ch/washington*

## WAS KOSTET WIE VIEL?

| | |
|---|---|
| **BENZIN** | **2,60 EURO** für *1 gallon unleaded regular* (3,78 l, normal bleifrei) |
| **BIER** | **2–4 EURO** für ein Glas in der Bar |
| **HAMBURGER** | **1–4 EURO** im Fastfood-Lokal |
| **DINNER** | **12–25 EURO** für ein Steak mit Beilagen |
| **COLA** | **1-1,50 EURO** für ein Glas im Diner |
| **EINTRITT** | **45 EURO** in den Vergnügungspark |

## EINREISE

Deutsche, Österreicher und Schweizer benötigen für einen Aufenthalt bis zu 90 Tagen einen gültigen, maschinenlesbaren Reisepass. Für neu ausgestellte Pässe sind biometrische Daten erforderlich. Neu ausgestellte Kinderpässe erfordern zudem ein Visum – besser ist es, für Kinder einen regulären Pass zu beantragen. Seit 2009 müssen Touristen sich spätestens drei Tage vor der Anreise online registrieren, sonst droht Einreiseverbot. Diese Registrierungspflicht über das Electronic System for Travel Authorization (ESTA) gilt für alle Geschäfts- und Privatreisenden, die ohne Visum für maximal 90 Tage in die USA einreisen wollen. *Registrierung: http://esta.cbp.dhs.gov.* Bei Umsteigeverbindungen werden alle Zoll- und Passformalitäten am ersten Flughafen in den USA erledigt.

## GELD & WÄHRUNG

Währung ist der US-Dollar (= 100 Cents). Es gibt Banknoten *(bills)* zu 1, 2, 5, 10, 20, 50 und 100 Dollar ($) sowie Münzen *(coins)* zu 1 ¢ *(penny)*, 5 ¢ *(nickel)*, 10 ¢ *(dime)*, 25 ¢ *(quarter)* und – selten – 50 ¢ *(half dollar)*. Vorsicht: Alle Noten sind gleich groß, von gleicher grünlich-grauer Farbe und differieren nur im Wert.

Wichtigstes Zahlungsmittel: eine Kreditkarte (Mastercard, Visa). Damit können sie auch kleine Beträge an Tankstellen und in Läden zu bezahlen. Da sollten Sie ein paar US-Dollar für die Ankunft mitnehmen. Weiteres Bargeld können sie zu fairem Wechselkurs mit EC-Karte und Geheimzahl an den meisten Bankautomaten ziehen. Reiseschecks in US-

Dollar werden überall akzeptiert. US-Banken lösen zwar gegen Gebühr Reiseschecks ein, doch nur Großfilialen wechseln auch Bargeld. Europäische Währungen tauschen nur die Wechselstuben an Flughäfen und (meist zu schlechtem Kurs) manche größeren Hotels.

## GESUNDHEIT

Die ärztliche Versorgung in den USA ist sehr gut – und sehr teuer. Daher sollten Sie unbedingt eine Auslandskrankenversicherung abschließen. Medikamente gibt es in der *pharmacy* und im *drugstore*, die teils rund um die Uhr geöffnet sind.

## INTERNET & WLAN

Amerika als Geburtsland des Internets ist bis in die hintersten Ecken gut vernetzt – häufig sogar mit Breitbandtechnik. Viele Hotels bieten Internet auf dem Zimmer oder in der Lobby, Kosten: 8–15 $/Tag. Für schnelles Surfen und zur Mail-Abfrage bieten sich Coffeeshops an, öffentliche Bibliotheken (Gebühr 1–2 $) oder Büroläden wie *Kinko's* (2–3 $/10 min). Fürs eigene Laptop finden Sie in vielen Hotels und Städten WLAN, hier *Wi-fi* genannt *(wireless fidelity)*. Es soll rund 10 000 Wi-fi-Hotspots in den USA geben, viele davon sind gebührenfrei. Listen für Wi-fi-Hotspots u.a bei *www.wififreespot.com* oder *www.wi-fihotspotlist.com*.

## JUGENDHERBERGEN

Die Häuser der *American Youth Hostels (AYH)* kosten pro Nacht 15–32 $. Das Netz ist lange nicht so dicht wie in Europa, aber man findet in vielen größeren Städten und in manchen Nationalparks Herbergen. Verzeichnis im Buchhandel oder unter *www.hiusa.org*

## KLIMA & REISEZEIT

Entsprechend den gewaltigen Dimensionen des Lands herrschen ähnlich ausgeprägte Klimaunterschiede wie zwischen Nordafrika und Schweden. Generell ist die beste Reisezeit für die nördlichen Staaten der Sommer – dann haben allerdings auch die Amerikaner Schulferien. In den wüstenhaften Südwesten, nach Kalifornien und in die Südstaaten reist man am besten im Frühjahr und im Herbst. Da anders als in Europa eine Klimabarriere wie die Alpen fehlt, sind die Winter im Mittleren Westen und in den Rocky Mountains meist kälter als bei uns. Aber auch viel trockener – eine gute Voraussetzung für den legendären Pulverschnee in den Bergen von Utah und Colorado, der eine Skireise lohnt.

## WÄHRUNGSRECHNER

| € | US$ | US$ | € |
|---|---|---|---|
| 1 | 1,36 | 1 | 0,74 |
| 3 | 4,07 | 3 | 2,21 |
| 4 | 5,43 | 4 | 2,95 |
| 5 | 6,79 | 5 | 3,68 |
| 7 | 9,50 | 7 | 5,16 |
| 9 | 12,22 | 9 | 6,63 |
| 15 | 20,37 | 15 | 11,05 |
| 50 | 67,89 | 50 | 36,82 |
| 100 | 135,77 | 100 | 73,64 |

## MASSANGABEN

– *1 inch = 2,54 cm*
– *1 foot = 30,48 cm*
– *1 mile = 1,6 km*
– *1 acre = 0,4 ha*

– *1 gallon = 3,79 l*
– *1 pound = 453,6 g*

Temperaturen lassen sich so umrechnen: Fahrenheit minus 32 mal 5 dividiert durch 9 ergibt Celsius. Das bedeutet: *0 °C = 32 °F, 10 °C = 50 °F, 20 °C = 68 °F, 30 °C = 86 °F, 40 °C = 104 °F.*

Bekleidung: Bei Damen entspricht US-Größe 4 der deutschen Größe 34, 6 = 36, 8 = 38 usw.; bei Herren: 36 = 46, 38 = 48 usw.

## MIETWAGEN

Zum Mieten eines Autos genügt der nationale Führerschein, bei kleineren Firmen wird manchmal auch der internationale Führerschein verlangt. Es ist meist günstiger, den Wagen vorab im Reisebüro zu buchen, dann sind Steuer und Versicherung inklusive. Auch sollten Sie den Wagen möglichst am selben Ort zurückgeben, da sonst hohe Rückführgebühren anfallen (nicht innerhalb Kaliforniens und Floridas). Leihwagen sind vor allem in Florida und Kalifornien recht preisgünstig (ab 50 Euro pro Tag bzw. 250 Euro pro Woche), und häufig sind die gefahrenen Kilometer inklusive *(unlimited mileage).* Bei der Anmietung vor Ort wird die Vollkaskoversicherung *(loss/damage waiver)* separat mit 14–22 Euro pro Tag berechnet. Mindestmietalter: 21/25 Jahre je nach Bundesstaat.

Angebote für Autovermietungen auch unter *www.marcopolo.de.*

## NOTRUF

Fast überall in den USA gilt die Notrufnummer „911“, die gebührenfrei von jedem Telefon anwählbar ist. Im Zweifelsfall können Sie sich immer an den *operator* wenden: „0“ wählen.

## POST

Postämter haben Mo–Fr von 9 17 Uhr geöffnet, größere auch Sa von 9–12 Uhr. Das Porto für Luft-

## WETTER IN NEW YORK

| | Jan. | Feb. | März | April | Mai | Juni | Juli | Aug. | Sept. | Okt. | Nov. | Dez. |
|---|---|---|---|---|---|---|---|---|---|---|---|---|
| Tagestemperaturen in °C | 4 | 5 | 9 | 14 | 21 | 25 | 28 | 27 | 24 | 18 | 12 | 6 |
| Nachttemperaturen in °C | -4 | -4 | 0 | 5 | 11 | 17 | 19 | 19 | 16 | 10 | 4 | -2 |
| Sonnenschein Std./Tag | 4 | 6 | 7 | 8 | 8 | 10 | 9 | 8 | 8 | 6 | 5 | 4 |
| Niederschlag Tage/Monat | 8 | 7 | 9 | 9 | 8 | 7 | 7 | 7 | 6 | 5 | 8 | 8 |
| Wassertemperaturen in °C | 3 | 2 | 4 | 8 | 13 | 18 | 22 | 23 | 21 | 17 | 11 | 6 |

postbriefe und Postkarten nach Europa beträgt 94 Cents.

## STEUERN

In den meisten Staaten wird auf alle Einkäufe eine Verkaufssteuer zwischen 4 und 7 Prozent aufgeschlagen. Diese *sales tax* wird erst beim Kauf hinzugerechnet, ist also z. B. auf der Speisekarte oder auf dem Preisschild im Laden noch nicht berücksichtigt. Im Hotel wird teilweise eine Übernachtungssteuer von einigen Prozent aufgeschlagen.

## STROM

Netzspannung 110 V, 60 Hz. Einen Steckdosenadapter für den (umschaltbaren!) Fön oder Rasierapparat sollten Sie mitbringen.

## TELEFON & HANDY

Vorwahl nach Deutschland *011-49,* nach Österreich *011-43,* in die Schweiz *011-41,* danach die Ortsvorwahl ohne die Null, dann die Nummer. Vorwahl in die USA: *001.*

Alle Telefonnummern in den USA sind siebenstellig. Bei Ortsgesprächen wählen Sie nur die Nummer. Davor kommt für Anrufe in einer Großstadt mit mehreren Vorwahlen eine dreistellige Vorwahl, der *area code,* den Sie auch bei Ferngesprächen vorwählen müssen, aber mit einer „1" vorweg. Ortsgespräche aus der Telefonzelle kosten 25–50 Cents, bei Ferngesprächen gibt nach dem Wählen eine Computerstimme die Gebühr an. Vorsicht: Im Hotel werden oft horrende Aufschläge berechnet.

Bei allen Telefonproblemen hilft der *operator* („0") weiter, er vermittelt auch R-Gespräche *(collect calls).* Eine andere Besonderheit sind die gebührenfreien Nummern mit der Vorwahl *800, 866, 877* oder *888,* über die man Hotels oder Mietwagen reserviert. Tri- und Quadband-Handys aus Europa funktionieren auch in den USA, aber nur in dichter besiedelten Regionen und gegen Roaming-Aufpreis (bis 1,50 Euro/min). Für eine längere Reise können Sie vor Ort bei Netzbetreibern *(z.B. CellularOne)* auch eine amerikanische Prepaid-Karte kaufen. Preiswert sind für Anrufe aus Telefonzellen oder vom Hotel aus die an Kiosken und in kleinen Märkten erhältlichen *Prepaid Phone Cards.*

## ZOLL

Ende 2008 sind die Freimengen für Mitbringsel angehoben worden. Urlauber können jetzt Waren mit einem Gesamtwert von 430 Euro zollfrei einführen (Reisende unter 15 Jahren bis 175 Euro). Die Obergrenzen für Tabak und Spirituosen pro Erwachsenen bleiben bestehen: 1 l Alkohol über 22 Prozent; 200 Zigaretten oder 100 Zigarillos oder 50 Zigarren oder 250 g Tabak. Zusätzlich erlaubt: 4 l nicht schäumende Weine und 16 l Bier. Die Freimengen gelten wie bisher pro Person und dürfen nicht addiert werden. Reist ein Paar, dann sind beispielsweise zwei außerhalb der EU zum Preise von je 400 Euro gekaufte Digitalkameras zollfrei. Bringt das Paar dagegen nur eine Digitalkamera mit, die aber mehr als 430 Euro kostet, dann ist an der Grenze Zoll fällig. Pflanzen, Wurst, Obst und andere frische Lebensmittel dürfen nicht eingeführt werden. Weitere Informationen: www.zoll.de

# > DO YOU SPEAK ENGLISH?

„Sprichst Du Englisch?“ Dieser Sprachführer hilft Ihnen, die wichtigsten Wörter und Sätze auf Englisch zu sagen

## Aussprache

Zur Erleichterung der Aussprache sind alle englischen Begriffe und Wendungen mit einer einfachen Aussprache (in eckigen Klammern) versehen. Folgende Zeichen sind Sonderzeichen:

ə nur angedeutetes „e“ wie in bitte
θ [s] gesprochen mit der Zungenspitze zwischen den Zähnen
’ die nachfolgende Silbe wird betont

## AUF EINEN BLICK

| | |
|---|---|
| Ja/Nein | Yes [jäs]/No [nəu] |
| Vielleicht | Perhaps [pə’häps]/Maybe [’mäibih] |
| Bitte/Danke | Please [plihs]/Thank you [’θänkju] |
| Gern geschehen. | You’re welcome. [joh ’wälkəm] |
| Entschuldigung! | Excuse me! [ikskjus mi] |
| Wie bitte? | Pardon? [’pahdn] |
| Ich verstehe Sie/Dich nicht. | I don’t understand. [ai dəunt andə’ständ] |
| Können Sie mir bitte helfen? | Can you help me, please? [’kən ju ’hälp mi plihs] |
| Guten Tag! | Good morning! [gud ’mohning]/ evening! [’ihwning] (je nach Tageszeit) |
| Hallo! Grüß Dich! | Hello! [hə’ləu] |
| Hallo, wie geht’s? | Hi! How are you? [hai! hau ar ju?] |
| Wie ist Ihr/Dein Name? | What’s your name? [wots joh ’näim] |
| Mein Name ist … | My name is … [mai näim is] |
| Ich komme aus … | I’m from … [aim frəm] |
| … Deutschland. | … Germany. [’dschöhməni] |
| … Österreich. | … Austria. [’ohstriə] |
| … der Schweiz. | … Switzerland. [’switsələnd] |
| Auf Wiedersehen! | Goodbye! [,gud’bai]/Bye-bye! [,bai’bai] |
| Tschüss! | See you! [sih ju]/Bye! [bai] |
| Schönen Tag noch. | Have a nice day. [’həw a naiß däi] |
| Hilfe! | Help! [hälp] |
| Rufen Sie bitte … | Please call … [’plihs ’kohl] |
| … einen Krankenwagen. | … an ambulance. [ən ’ämbjuləns] |
| … die Polizei. | … the police. [θə pə’lihs] |

## UNTERWEGS

| | |
|---|---|
| Bitte, wo ist … | Excuse me, where’s … [iks’kjuhs ’mih ’weəs] |

| | |
|---|---|
| … der Bahnhof? | … the train station? [θə träin ’stäischn] |
| … der Flughafen? | … the airport? [θə ’eəpoht] |
| … die (Bus-)Haltestelle? | … the (bus)stop? [θə (bas)stəp] |
| … der Taxistand? | … the taxi rank? [θə ’täksiränk] |
| … die Autovermietung? | … the car rental station? [θə ’kahrentl stäischn] |
| Bus/Fähre/Zug | bus [bas]/ferry [’färi]/train [träin] |
| Wo kann ich einen Fahrschein kaufen? | Where can I buy a ticket? [’weə kən‿ai bai‿ə ’tikit] |
| Können Sie mir bitte sagen, wie ich nach … komme? | Could you tell me how to get to …, please? [’kud‿ju ’täl me hau tə gät tə ... plihs] |
| Gehen Sie geradeaus. | Go straight on. [gəu sträit ’on] |
| Gehen Sie nach links/rechts. | Turn left/right. [töhn ’läft/’rait] |
| Erste/Zweite Straße links/rechts. | The first/second street on the left/right. [θə ’föhst/’säknd striht on θə ’läft/’rait] |
| nah/weit | near [niə]/far [fah] |
| Überqueren Sie … | Cross … [’kros] |
| … die Brücke. | … the bridge. [θə ’bridsch] |
| … den Platz. | … the square. [θə ’skweə] |
| … die Straße. | … the street. [θə ’striht] |
| Ich möchte … mieten. | I’d like to rent … [aid’ laik tə rent] |
| … ein Auto … | … a car. [ə ’kah] |
| … ein Fahrrad/ein Boot … | … a bike. [ə ’baik]/… a boat. [ə ’bəut] |
| offen/geschlossen | open [’əupn]/closed [kləusd] |
| drücken/ziehen | push [pusch]/pull [pull] |
| Eingang/Ausgang | entrance [’äntrəns]/exit [’ägsit] |
| Wo sind bitte die Toiletten? | Where are the restrooms, please? [’weərə θə ’restrums plihs] |
| Damen/Herren | Ladies [’läidies]/Gentlemen [’dschäntlmən] |

## SEHENSWERTES

| | |
|---|---|
| Wann ist das Museum geöffnet? | When is the museum open? [’wän is θə mju’siəm ’əupn] |
| Wann beginnt die Führung? | When does the tour start? [’wän das θə ’tuə ’staht] |
| Altstadt | the old town [θi‿’əuld ’taun] |
| Ausstellung | exhibition/show [,äksi’bischn/schou] |
| Gottesdienst | service [’söhwis] |
| Kirche | church [tschöhtsch] |
| Rathaus | city/town hall [’siti/’taun ’hohl] |

| | |
|---|---|
| Stadtplan | map of town ['mäp‿əw 'taun] |
| Stadtzentrum | town centre ['taun 'säntə]/ downtown [dauntaun] |

## DATUMS- & ZEITANGABEN

| | |
|---|---|
| Montag | Monday ['mandäi] |
| Dienstag | Tuesday ['tjuhsdäi] |
| Mittwoch | Wednesday ['wänsdäi] |
| Donnerstag | Thursday ['θöhsdäi] |
| Freitag | Friday ['fraidäi] |
| Samstag | Saturday ['sätədäi] |
| Sonntag | Sunday ['sandäi] |
| heute/morgen | today [tə'däi]/tomorrow [tə'morəu] |
| täglich | every day ['äwri 'däi]/daily ['däili] |
| Wie viel Uhr ist es? | What time is it? [wot 'taim‿is‿it] |
| Es ist 3 Uhr. | It's three o'clock. [its 'θrih‿ə'klok] |
| Es ist halb 3. | It's half past two. [its 'hahf pahst tuh] |
| Es ist Viertel vor 3. | It's quarter to three. [its 'kwohtə tə 'θrih] |
| Es ist Viertel nach 3. | It's quarter past three. [its 'kwohtə pahst 'θrih] |

## ESSEN & TRINKEN

| | |
|---|---|
| Die Speisekarte, bitte. | May I have the menu, please. ['mäi ai häw θə 'mänjuh plihs] |
| Ich nehme … | I'll have … [ail häw] |
| Bitte ein Glas … | A glass of …, please [ə 'glahs‿əw ... plihs] |
| Besteck | cutlery ['katləri] |
| Messer/Gabel/Löffel | knife [naif]/fork ['fohk]/spoon ['spuhn] |
| Vorspeise | hors d'œuvre [oh'döhwr]/starter ['stahtə] |
| Hauptgericht | main course ['mäin 'kohs]/entrée [əntre] |
| Nachspeise | dessert [di'söht] |
| Salz/Pfeffer | salt [sohlt]/pepper ['päpə] |
| scharf | hot [hot]/spicy [spaisi] |
| Ich bin Vegetarier/in. | I'm a vegetarian. [aim a ,wädschi'teəriən] |
| Trinkgeld | tip [tip] |
| Die Rechnung, bitte. | May I have the check, please? ['mäi ai häw θə 'tschek plihs] |

## EINKAUFEN

| | |
|---|---|
| Wo finde ich … | Where can I find … ['weə 'kən‿ai 'faind] |
| … eine Apotheke? | … a pharmacy? [ə 'famaßi] |
| … eine Bäckerei? | … a bakery? [ə bäikəri] |
| … ein Kaufhaus? | … a department store? [ə di'pahtmənt stoh] |
| … einen Markt? | … a market? [ə 'mahkit] |

| | |
|---|---|
| Haben Sie …? | Do you have …? [dju 'həw] |
| Ich möchte … | I'd like … [aid 'laik] |
| Ein Stück hiervon, bitte. | A piece of this, please. [ə pihs əw θis plihs] |
| Eine Einkaufstüte, bitte. | A bag, please. [ə bäg plihs] |
| Das gefällt mir (nicht). | I (don't) like it. [ai (dəunt) laik‿it] |
| Wie viel kostet es? | How much is it? ['hau 'matsch is it] |
| Nehmen Sie Kreditkarten? | Do you take credit cards? [du‿ju täik 'kräditkahds] |

## ÜBERNACHTEN

| | |
|---|---|
| Ich habe bei Ihnen ein Zimmer reserviert. | I've reserved a room. [aiw ri'söhwd‿ə 'ruhm] |
| Haben Sie noch Zimmer frei? | Do you have any vacancies? [dju 'həw äni 'wäikənsis] |
| ein Einzelzimmer | a single room [ə 'singl ruhm] |
| ein Doppelzimmer | a double room [ə 'dabl ruhm] |
| mit Dusche/Bad | with a shower/bath [wiθ ə 'schauə/'bahθ] |
| Was kostet das Zimmer? | How much is the room? ['hau 'matsch is θə ruhm] |
| Frühstück | breakfast ['bräkfəst] |
| Vollpension | American Plan ['amerikan plän] |

## PRAKTISCHE INFORMATIONEN

| | |
|---|---|
| Können Sie mir einen Arzt empfehlen? | Can you recommend a doctor? [kən ju ‚räkə'mänd ə 'doktə] |
| Ich habe hier Schmerzen. | I've got pain here. [aiw got päin 'hiə] |
| Ich habe Durchfall. | I've got diarrhoea. [aiw got daiə'riə] |
| Kinderarzt/Zahnarzt | pediatrician [‚pihdiə'trischn]/dentist ['däntist] |
| Eine Briefmarke, bitte. | One stamp, please. [wan stämp 'plihs] |
| Wo ist bitte … | Where's … , please? ['weəs ... plihs] |
| … die nächste Bank? | … the nearest bank … [θə 'niərist 'bänk] |
| … der nächste Geldautomat? | … the nearest ATM … [θə 'niərist 'äitiem] |

## ZAHLEN

| | | | |
|---|---|---|---|
| 1 | one [wan] | 11 | eleven [i'läwn] |
| 2 | two [tuh] | 12 | twelve [twälw] |
| 3 | three [θrih] | 20 | twenty ['twänti] |
| 4 | four [foh] | 50 | fifty ['fifti] |
| 5 | five [faiw] | 100 | a (one) hundred [ə ('wan) 'handrəd] |
| 6 | six [siks] | 200 | two hundred ['tuh 'handrəd] |
| 7 | seven ['säwn] | 500 | five hundred ['faiw 'handrəd] |
| 8 | eight [äit] | 1000 | a (one) thousand [ə ('wan) 'θausənd] |
| 9 | nine [nain] | 1/2 | a half [ə 'hahf] |
| 10 | ten [tän] | 1/4 | a (one) quarter [ə ('wan) 'kwohtə] |

Monument Valley

# > UNTERWEGS IN DEN USA

Die Seiteneinteilung für den Reiseatlas finden Sie auf dem hinteren Umschlag dieses Reiseführers

# REISE ATLAS

A
B
C
1
2
3
4
5
6
Mt. Waddington 4042
Pacific Ranges
C. Scott
Port Hardy
Queen Charlotte Str.
Vancouver
Nootka I.
Island
Campbell Riv.
2201
Powell River
Str. of Georgia
Port Alberni
Gari-baldi
VANCOUVER
Victoria
C. Flattery
Juan de Fuca Str.
Olympic Nat. P.
2424
Kamloops
Merritt
Hope
Kelowna
Revelstoke
Monashee Mts.
Okanagan L.
British Columbia
Trail
North Cascades Nat. P.
Frankl. D. Roosevelt L.
Colville Ind. Res.
SEATTLE
Spokane
Washington
Tacoma
Aberdeen
Olympia
Mt. Rainier 4392
Mt. Rainier N.P.
Moses Lake
Yakima
Yakima Ind. Res.
Kennewick
Walla Walla
Astoria
Longview
Mt. Saint Helens 2950
PACIFIC OCEAN
2882
PORTLAND
Mt. Hood 3427
Pendleton
McMinnville
Salem
Warm Springs Ind. Res.
Newport
Albany
Eugene
3156
Bend
Blue Mountains
Columbia
Oregon
Coos Bay
Crater Lake N.P.
Gr. Sandy Desert
Harney Basin
C. Blanco
Coast Ranges
Cascade Range
Medford
Klamath Falls
Goose L.
1616
Redwood Nat. Park
Klamath Mts.
Mt. Shasta 4317
Alturas
Warner Ra.
Black Rock Desert
Eureka
C. Mendocino
2744
Redding
N. P.
Redwood Empire
2466
Pyramid L.
Ind. Res.
Nevada
Shoshone Mts.
Chico
Sierra Nevada
California
Reno
Carson City
L. Tahoe
Ukiah
Walker Riv. Ind. Res.
Santa Rosa
SACRAMENTO
Yosemite Nat. P.
Mono L.
Berkeley
Golden Gate Bridge
Stockton
Modesto
Tonopah
SAN FRANCISCO
3
SAN JOSE
Merced
4345
Santa Cruz
Monterey Bay
Salinas
San Joaquin Valley
Nat. P.
Mt. Whitney 4418
Fresno
Monterey
1597
Tulare
336
100 miles
100 km

180

D
E
F
1
2
3
4
5
6
Jasper
Yoho Nat.P.
National Park
Hanna
Drumheller
Dinosaur Prov. Park
C.F.B. Suffield
3618
CALGARY
Banff Nat.P.
Head Smashed-in Bison Jump
Medicine Hat
Moose
Regina
Swift Current
Weyburn
Alberta
Saskatchewan
Great Plains
Cypress Hills
1466
Grasslands Nat.P.
Cranbrook
Lethbridge
Blood Ind. Res.
Waterton-Glacier Intl. Peace P.
3194
Lewis
Blackfeet Ind. Res.
Ft. Peck Ind. Res.
Williston
Havre
Ft. Belknap Ind. Res.
Glasgow
Th. Roosevelt N.P.
Kalispell
Range
Flathead L.
Flathead Ind. Res.
Fort Peck L.
Glendive
Great Falls
Montana
Rocky Mountains
Bitterroot Range
2661
Missoula
Miles City
Helena
Nez Perce Ind. Res.
Butte
Billings
Bozeman
Granite Pk.
3901
3322
Crow Ind. Res.
Sheridan
Yellowstone N.P.
Absaroka Range
Cody
Bighorn Mts.
4016
Buffalo
Gillette
Devils Tower N.M.
Big Baldy
2963
Salmon River Mountains
West Yellowstone
Yellowstone L.
Grand Teton N.P.
Borah Pk.
3857
Gd. Teton Pk.
4196
Wind River Ind. Res.
Boise
Idaho Falls
Wyoming
Gannett Pk.
4202
Casper
Douglas
Snake River Plain
Pocatello
Ft. Hall Ind. Res.
Wind River Ra.
Laramie Mts.
3131
Twin Falls
Great Divide Basin
Great
Logan
Rawlins
3662
Laramie
Rock Springs
Park Ra.
Great Salt L.
1280
Ogden
Kings Pk.
Longs Pk.
4345
Wells
Salt Lake
4114
Craig
Rocky Mtn. N.P.
Salt Lake City
Provo
Vernal
Utah L.
4399
Wasatch Ra.
Uintah and Ouray Ind. Res.
Mt. Elbert
Desert
Wheeler Peak
Grand Junction
Ely
3982
Utah
Great Basin Nat.P.
Richfield
Colorado
Arches N.P.
Mt. Peale
3877
Canyonlands N.P.
Sevier L.
4313
S. Juan Mts.
Capitol Reef N.P.
Monticello
Alamosa
Great Basin
3449
Colorado
Mesa Verde N.P.
Durango
Cedar City
L. Powell
Zion N.P.
Jicarilla Apache Ind. Res.
St. George
Page
3166
Farmington
New Mexico
Beatty
Grand Canyon N.P.
Navajo
Arizona
3633
LAS VEGAS
Hopi Indian Res.
Gd. Canyon
Hoover Dam
Paradise
Plateau
ALBUQUERQUE
3445
2
181

A
B
C
1
2
3
4
5
6
Yorkton
Dauphin
Riding Mtn. Nat.P.
Manitoba
Moose
Swift Current
Regina
1466
Cypress Hills
Saskatchewan
Weyburn
Brandon
Portage la Prairie
Grasslands Nat.P.
Havre
Ft. Belknap Ind. Res.
Ft. Peck Ind. Res.
Glasgow
Portal
St. Vincent
Devils Lake
Williston
Lake Sakakawea
Minot
Grand Forks
Fort Peck L.
Th.Roosevelt N.P.
Ft. Berthold Ind. Res.
Coteau du Missouri
Glendive
2661
Montana
North Dakota
Dickinson
Bismarck
James-town
Billings
Miles City
Crow Ind. Res.
Standing Rock Ind. Res.
Mobridge
Aberdeen
Cody
Sheridan
Cheyenne Riv. Ind.Res.
Bighorn Mts.
4016
Buffalo
Gillette
Devils Tower N.M.
South Dakota
Wind River Ind. Res.
Black Hills
2207
Rapid City
Pierre
Huron
Newcastle
Mt. Rushmore Nat.Mem.
Lake Francis Case
Mitchell
Wyoming
Badlands N.P.
Pine Ridge Ind. Res.
Rosebud Ind. Res.
Casper
Douglas
Yankton
Great Divide Basin
Laramie Mts.
3131
Sand Hills
Rawlins
3662
Scottsbluff
1549
Nebraska
Park Ra.
Laramie
Cheyenne
Longs Pk.
4345
Craig
Rocky Mtn. N.P.
North Platte
Gd. Island
Greeley
Sterling
Hastings
Boulder
DENVER
4399
Mt. Elbert
Lebanon
Colorado
Goodland
Colorado Springs
Hays
Salina
Pueblo
Cheyenne Wells
Kansas
4313
S. Juan Mts.
4364
Garden City
Alamosa
Sangre de Cristo Mts.
Hutchinson
Dodge City
Trinidad
1516
Liberal
4011
Jicarilla Apache Ind. Res.
Black Mesa
New Mexico
Woodward
Taos Pueblo
Stratford
Enid
Santa Fe
Las Vegas
182
ALBUQUERQUE
Oklahoma
Great Plains

D
E
F
100 miles
100 km
1
2
3
4
5
6
Central Patricia
L. St. Joseph
Red Lake
Trout L.
Lac Seul
Ogoki Res.
Whiteshell Prov. P.
Savant Lake
Armstrong
Nakina
Hearst
Ontario
L. Nipigon
Dryden
Kenora
of the Woods
Nipigon
Ft. Frances
Voyageurs N.P.
Thunder Bay
Isle Royale N.P.
425
Pukaskwa Nat. P.
Wawa
Lower Red L.
Intern. Falls
Rainy L.
701
Red Lake Ind. Res.
Lake Superior
183
Keweenaw Pen.
335
Bemidji
Virginia
White Earth Ind. Res.
Leech Lake Ind. Res.
Houghton
603
Sault Ste. Marie
Duluth
Superior
Marquette
Upper Pen.
Moorhead
Mille Lacs L.
Michigan
Brainerd
Ashland
Fergus Falls
Saint Cloud
Escanaba
Cheboygan
Rhinelander
Minnesota
Coon Rapids
595
Meno-minee
Green B.
Willmar
Wisconsin
Wausau
Traverse City
Minneapolis
Saint Paul
Menominee Ind. Res.
Green Bay
Lower Pen.
Eau Claire
Appleton
Prairies
Mankato
Rochester
Winona
Sheboygan
Lake Michigan
Big Rapids
Grand Rapids
Albert Lea
La Crosse
Worthington
MILWAUKEE
Mason City
Madison
Kenosha
176
Holland
Sioux City
Dubuque
Benton Harbor
Ft. Dodge
Waterloo
Cedar Rapids
Rockford
Waukegan
South Bend
Iowa
Ames
CHICAGO
2
Gary
Fort Wayne
Council Bluffs
Des Moines
Iowa City
Davenport
Joliet
Indiana
Ottumwa
Clarinda
Burlington
Peoria
Bloomington
Lafayette
Lincoln
Champaign
Muncie
Kirksville
Danville
Quincy
Decatur
INDIANAPOLIS
Saint Joseph
Hannibal
Springfield
Terre Haute
Columbus
Illinois
Kansas City
Columbia
Alton
Topeka
Lawrence
Lake of the Ozarks
Saint Louis
Effingham
Kansas
Jefferson City
Cahokia Mounds
Mt. Vernon
Louisville
Evansville
Owensboro
Nevada
Rolla
Carbondale
Missouri
Kentucky
Glasgow
Pittsburg
Springfield
Lebanon
Cape Girardeau
Paducah
Joplin
Ozark Plateau
Miami
Branson
Poplar Bluff
Union City
Clarksville
L. Barkley
Oklahoma City
Ozark
Arkansas
Dyersburg
Kentucky L.
NASHVILLE
Tulsa
Fayetteville
823
Jonesboro
Jackson
183
Tennessee
Muskogee
Boston Mts.

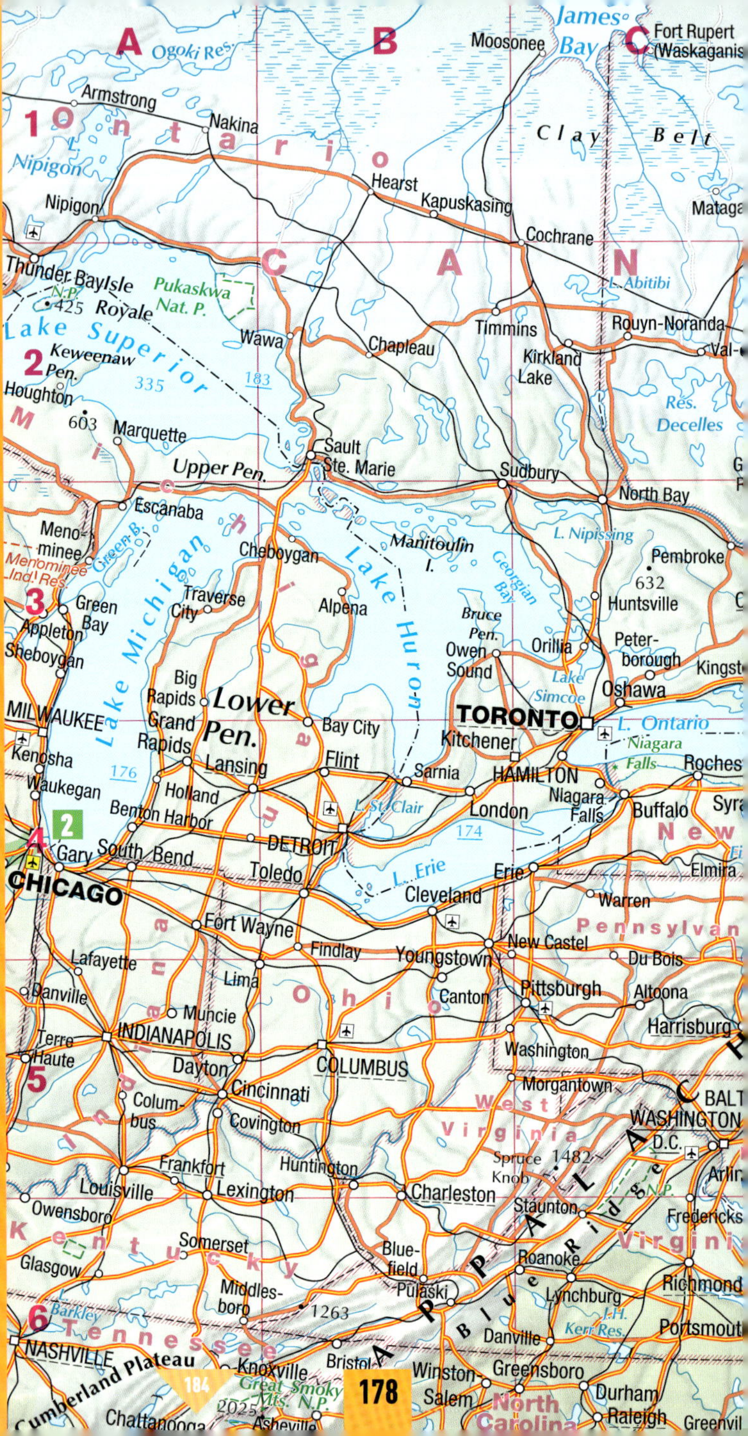
A
B
C
1
2
3
5
6
Ogoki Res.
James Bay
Moosonee
Fort Rupert (Waskaganis
Armstrong
Nakina
Ontario
L. Nipigon
Clay Belt
Hearst
Kapuskasing
Nipigon
Mataga
Cochrane
Thunder Bay
Isle Royale N.P.
425
Pukaskwa Nat. P.
CANADA
L. Abitibi
Lake Superior
Timmins
Rouyn-Noranda
Val-
Wawa
Chapleau
Kirkland Lake
Keweenaw Pen.
335
183
Houghton
Rés. Decelles
603
Marquette
Michigan
Sault Ste. Marie
Upper Pen.
Sudbury
North Bay
Escanaba
L. Nipissing
Menominee
Menominee Ind. Res.
Green B.
Cheboygan
Manitoulin I.
Lake Huron
Georgian Bay
Pembroke
632
Green Bay
Traverse City
Alpena
Huntsville
Appleton
Sheboygan
Lake Michigan
Bruce Pen.
Owen Sound
Orillia
Peterborough
Kingst
Lake Simcoe
Oshawa
Big Rapids
Lower Pen.
MILWAUKEE
Grand Rapids
Bay City
TORONTO
L. Ontario
Kitchener
Niagara Falls
Kenosha
176
Lansing
Flint
Sarnia
HAMILTON
Roches
Waukegan
Holland
Niagara Falls
Buffalo
Syr
Benton Harbor
L. St. Clair
London
174
2
DETROIT
New
Gary
South Bend
CHICAGO
Toledo
L. Erie
Erie
Elmira
Cleveland
Warren
Fort Wayne
Pennsylvan
Findlay
Youngstown
New Castel
Du Bois
Lafayette
Lima
Indiana
Ohio
Danville
Canton
Pittsburgh
Altoona
Muncie
Harrisburg
Terre Haute
INDIANAPOLIS
Washington
Dayton
COLUMBUS
Morgantown
Cincinnati
Columbus
West Virginia
BALT
Covington
WASHINGTON D.C.
Spruce Knob
1482
Huntington
Frankfort
Arlin
Louisville
Lexington
Charleston
Owensboro
Staunton
Fredericks
Kentucky
Somerset
Bluefield
Roanoke
Virgini
Glasgow
Blue Ridge N.P.
APPALACHIAN
Richmond
Pulaski
Middlesboro
Lynchburg
1263
Barkley
Tennessee
J.H. Kerr Res.
Portsmout
Danville
NASHVILLE
Bristol
Cumberland Plateau
Knoxville
Winston-Salem
Greensboro
Durham
184
Great Smoky Mts. N.P.
2025
North Carolina
Raleigh
Chattanooga
Asheville
Greenvil

D
E
F
1
2
3
4
5
6
Mt. de Babel
Rés. Manicouagan
948
Parc Prov. de Mistassini
Lac Mistassini
Q u é b e c
Manicouagan
Côte Nord
Sept-Îles
Île d'Anticosti
Pt. Menier
Détroit d'Honguedo
Chibougamau
Baie-Comeau
Rés. Pipmuacan
St. Lawrence Riv.
Matane
1268
Gaspé
C. Gaspé
Péninsule de la Gaspésie
A
Réservoir Gouin
L. St.-Jean
Roberval
Chicoutimi
Rivière-du Loup
Monts Notre Dame
Chaleur Bay
Bathurst
Acadie
Edmundston
Mont-magny
Newcastle
New Brunswick
Presque Isle
Rés. Baskatong
Trois-Rivières
QUÉBEC
Mt. Katahdin
1605
Houlton
Moncton
Amherst
Fredericton
Drummondville
Saint John
Gatineau
MONTRÉAL
Nova Scotia
Maine
Sherbrooke
Bangor
Gd. Manan I.
Bay of Fundy
Digby
Kejimkujik Nat. P.
Massena
Burlington
Acadia N.P.
L. Champlain
Montpelier
Mt. Washington
1917
Augusta
1629
Adirondack Mts.
Vermont
Yarmouth
Cape Sable
New Hampshire
Portland
Gulf of Maine
APPALACHIAN MOUNTAINS
Utica
Portsmouth
Concord
Lowell
228
ork
Albany
Mass.
Worcester
BOSTON
Bingham-ton
Providence
Georges Bank
Hartford
New Bedford
cranton
Conn.
R.I.
Nantucket I.
N. Haven
Bridgeport
Newark
NEW YORK
Allentown
Long I.
Trenton
PHILADELPHIA
New Jersey
Mass. = Massachusetts
Conn. = Connecticut
Maryld. = Maryland
R.I. = Rhode Island
Atlantic City
Dover
Delaware Bay
Delaware
3253
ATLANTIC OCEAN
hesapeake
mpton
Virginia Beach
5650
Albemarle Sd.
100 miles
100 km

A
B
C
174
1
2
3
4
5
6
Ukiah
Chico
Reno
Carson City
Austin
3599
Ely
Wheeler Peak
3982
Santa Rosa
SACRAMENTO
Tahoe
Walker Riv. Ind. Res.
Great Basin Nat. P.
Shoshone Mts.
Sierra Nevada
Coast Ranges
Great Basin
Nevada
California
Golden Gate Bridge
Berkeley
SAN FRANCISCO
Stockton
Modesto
Yosemite Nat. P.
Mono L.
Tonopah
SAN JOSE
Merced
Santa Cruz
Monterey Bay
Salinas
Monterey
4345
Fresno
Mt. Whitney
4418
Beatty
San Joaquin Valley
1597
Tulare
3368
3633
LAS VEGAS
Death Valley
-86
Paradise
Hoover Dam
San Luis Obispo
Bakersfield
Mojave Desert
Barstow
Santa Maria
Santa Barbara
Pt. Arguello
Lancaster
Lake Havasu C.
Channel Islands N.P.
Oxnard
San Bernardino
LOS ANGELES
Pasadena
Sonoran
Indio
Blythe
Long Beach
Sta. Ana
Channel Is.
Salton Sea
2657
Oceanside
Colorado Desert
El Cajon
SAN DIEGO
Yuma
TIJUANA
MEXICALI
San Luis
Ensenada
4116
Pta. Sto. Tomás
P.N. el Pinacate
3078
P.N. Sra. S.P. Mártir
San Felipe
593
San Quintin
Baja
PACIFIC OCEAN
Isla de Guadalupe (Méx.)
Parque Nac del Desierto Centr. de Baja Cal.
Bahía de Sebastián Vizcaíno
3643
Isla Cedros
6225
Guerrero Negro
Punta Eugenia
3474
Reserva Biósfera El
Rocas Alijos
100 miles
100 km
Tropic of Cancer

D
E
F
175
1
2
3
4
5
6
Utah L.
Provo
Lake
Wasatch Ra.
Uintah and Ouray Ind. Res.
Boulder
DENVER
4399
Mt. Elbert
Colorado
Cheyenne Wells
Grand Junction
Colorado Springs
Pueblo
Richfield
Arches N.P.
Mt. Peale
3877
Canyonlands N.P.
Capitol Reef N.P.
4313
S. Juan Mts.
Sangre de Cristo Mts.
4364
3449
Monticello
Colorado
Mesa Verde N.P.
Alamosa
Trinidad
1516
Black Mesa
Cedar City
Zion N.P.
L. Powell
Durango
4011
Page
3166
Navajo
Farmington
Jicarilla Apache Ind. Res.
Painted Desert
Hopi Indian Res.
Taos Pueblo
Gd. Canyon
Plateau
Santa Fe
Las Vegas
Humphreys Pk.
3445
ALBUQUERQUE
3862
Flagstaff
Gallup
Tucumcari
Ind. Res.
New Mexico
Clovis
Petrified Forest N.P.
Zuni Ind. R.
Arizona
Baldy Pk.
Roswell
3476
Whitewater Baldy
3659
Mescalero Apache Ind. Res.
PHOENIX
San Carlos Ind. Res.
3321
San Andres Mts.
Sacramento Mts.
Mesa
Alamogordo
Carlsbad Caverns Nat. P.
Casa Grande
Mt. Graham
3267
Carlsbad
TUCSON
Deming
Las Cruces
Guadalupe Pk.
Papago Ind. Res.
EL PASO
2667
Guadalupe Mts. N.P.
Pecos
Sonoyta
Douglas
CIUDAD JUÁREZ
Nogales
Agua Prieta
Mt. Livermore
2555
Nuevo Casas Grandes
Santa Ana
Villa Hidalgo
El Sueco
Sra. Tarahumara
Llanura Costera del Pacífico
Isla Ángel de la Guarda
3040
P.N. Cumbres de Majalca
HERMOSILLO
CHIHUAHUA
Isla Tiburón
Sahuaripa
MÉXICO
Delicias
Basaseachic
Ciudad Camargo
Guaymas
Ciudad Obregón
Sierra Madre Occidental
1300
Hidalgo d. Parral
Jiménez
1996
Navojoa
P.N. Barranca del Cobre
Altiplanicie Mexicana
Santa Rosalía
S. Francisco del Oro
3315
El Fuerte
Sra. de la Giganta
Loreto
Los Mochis
San Blas
Isla El Carmen
Golfo de California
Villa Insurgentes
Guasave
CULIACÁN
Laguna Guatimape
C. Constitución
Isla Magdalena
Isla San José
Isla Cerralvo
2696
Rayo
Hidalgo
Isla Sta. Margarita
La Paz
Durango
El Salto

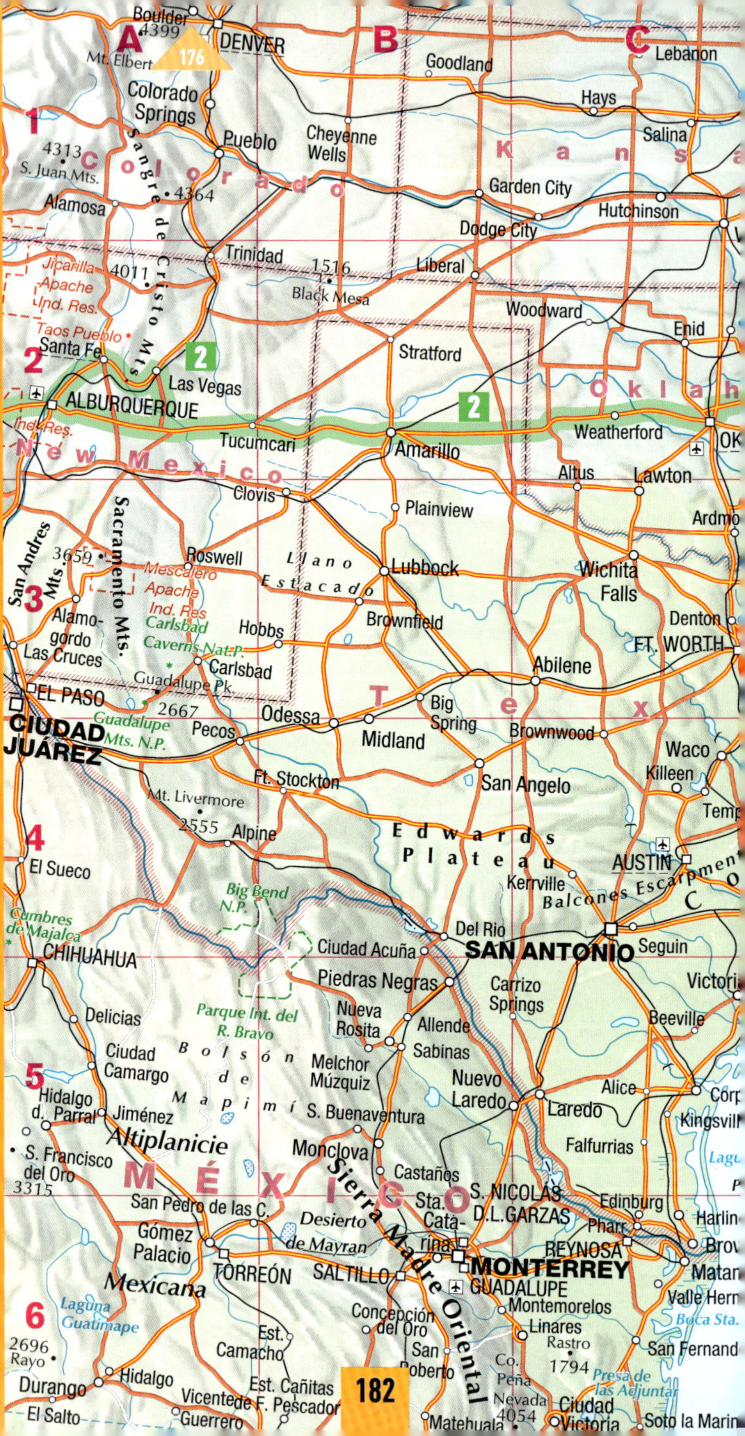

176
A
B
C
1
2
3
4
5
6
Boulder
4399
Mt. Elbert
DENVER
Goodland
Lebanon
Colorado Springs
Hays
Salina
Pueblo
Cheyenne Wells
4313
S. Juan Mts.
Colorado
Kansas
Sangre de Cristo Mts
4364
Garden City
Hutchinson
Alamosa
Dodge City
Trinidad
1516
Liberal
Black Mesa
Jicarilla Apache Ind. Res.
4011
Woodward
Taos Pueblo
Enid
Santa Fe
Stratford
Las Vegas
ALBUQUERQUE
Oklah
Ind. Res.
Weatherford
Tucumcari
Amarillo
OK
New Mexico
Altus
Lawton
Clovis
Plainview
Ardmo
Sacramento Mts.
San Andres Mts.
3659
Roswell
Mescalero Apache Ind. Res
Llano Estacado
Lubbock
Wichita Falls
Alamo-gordo
Carlsbad Caverns Nat. P.
Brownfield
Denton
Las Cruces
Hobbs
FT. WORTH
Carlsbad
Abilene
Guadalupe Pk.
EL PASO
Texas
Big Spring
2667
Odessa
CIUDAD JUÁREZ
Guadalupe Mts. N.P.
Pecos
Midland
Brownwood
Waco
Ft. Stockton
Killeen
San Angelo
Temp
Mt. Livermore
2555
Alpine
Edwards Plateau
El Sueco
AUSTIN
Kerrville
Balcones Escarpment
Big Bend N.P.
Cumbres de Majalca
Del Rio
CHIHUAHUA
Ciudad Acuña
SAN ANTONIO
Seguin
Piedras Negras
Carrizo Springs
Victori
Parque Int. del R. Bravo
Nueva Rosita
Allende
Beeville
Delicias
Sabinas
Ciudad Camargo
Bolsón de Mapimí
Melchor Múzquiz
Nuevo Laredo
Alice
Corp
Hidalgo d. Parral
Jiménez
S. Buenaventura
Laredo
Kingsvill
Altiplanicie
Monclova
Falfurrias
S. Francisco del Oro
3315
Lagu
MÉXICO
Castaños
Sierra Madre Oriental
S. NICOLAS D.L.GARZAS
Edinburg
San Pedro de las C.
Sta. Cata-rina
Harlin
Desierto de Mayran
Pharr
Gómez Palacio
REYNOSA
Brow
TORREÓN
SALTILLO
MONTERREY
Matam
Mexicana
GUADALUPE
Valle Herm
Laguna Guatimape
Concepción del Oro
Montemorelos
Boca Sta.
Est. Camacho
Linares
2696
Rayo
San Roberto
Rastro
San Fernand
1794
Co. Peña Nevada
4054
Presa de las Adjuntas
Durango
Hidalgo
Est. Cañitas
Vicente Guerrero
F. Pescador
Ciudad Victoria
El Salto
Matehuala
Soto la Marin

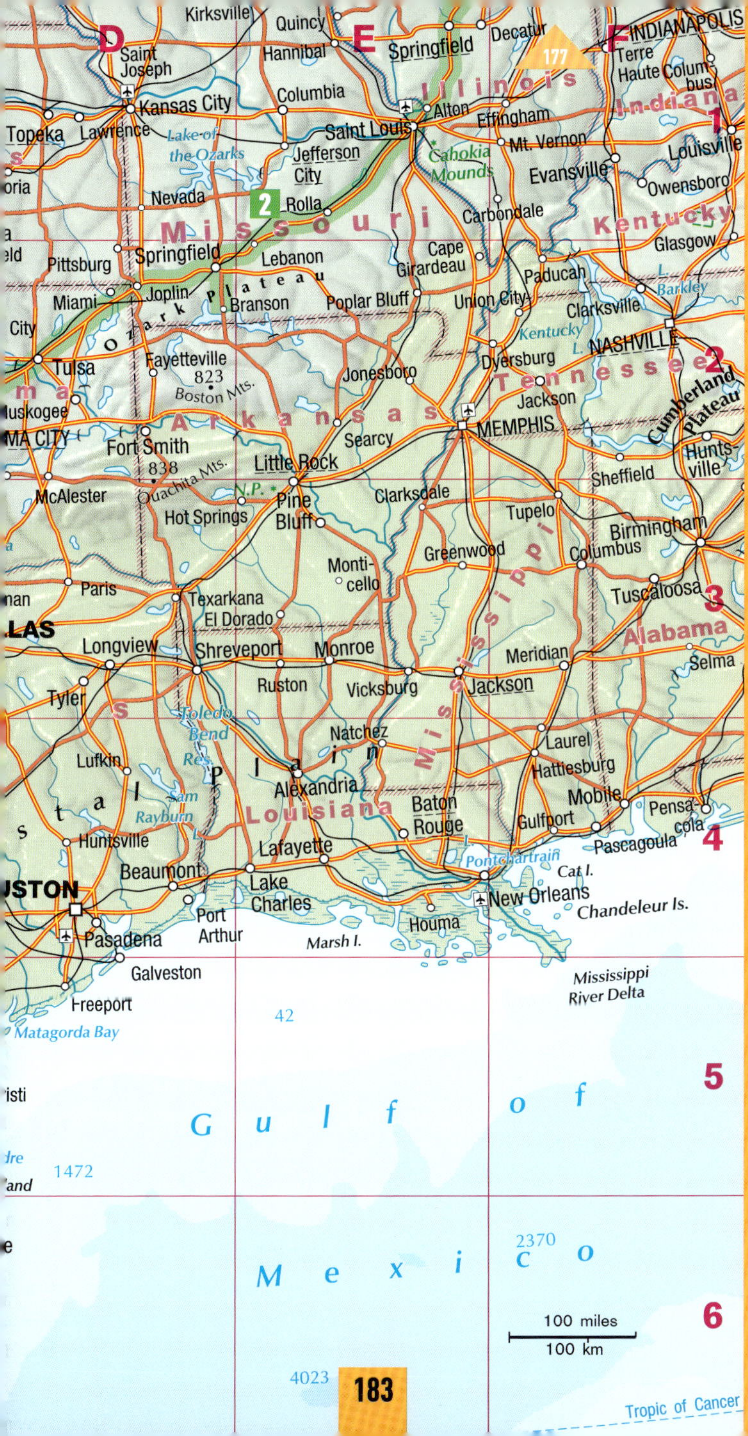
D
E
F
177
1
2
3
4
5
6
Kirksville
Quincy
Hannibal
Springfield
Decatur
INDIANAPOLIS
Terre Haute
Columbus
Saint Joseph
Kansas City
Columbia
Illinois
Indiana
Alton
Effingham
Topeka
Lawrence
Lake of the Ozarks
Saint Louis
Jefferson City
Cahokia Mounds
Mt. Vernon
Louisville
Evansville
Owensboro
Nevada
Rolla
Missouri
Carbondale
Kentucky
Glasgow
Pittsburg
Springfield
Lebanon
Cape Girardeau
Paducah
L. Barkley
Miami
Joplin
Ozark Plateau
Branson
Poplar Bluff
Union City
Clarksville
Kentucky L.
NASHVILLE
Tulsa
Fayetteville
823
Boston Mts.
Jonesboro
Dyersburg
Tennessee
Jackson
Cumberland Plateau
Muskogee
Arkansas
Searcy
MEMPHIS
Fort Smith
838
Ouachita Mts.
N.P.
Little Rock
Huntsville
Sheffield
McAlester
Hot Springs
Pine Bluff
Clarksdale
Tupelo
Birmingham
Columbus
Greenwood
Monticello
Paris
Texarkana
El Dorado
Tuscaloosa
Alabama
Mississippi
Longview
Shreveport
Monroe
Meridian
Selma
Tyler
Ruston
Vicksburg
Jackson
Toledo Bend Res.
Natchez
Laurel
Lufkin
Alexandria
Hattiesburg
Mobile
Sam Rayburn L.
Louisiana
Baton Rouge
Pensacola
Gulfport
Huntsville
Lafayette
Pascagoula
Plain
L. Pontchartrain
Cat I.
Beaumont
Lake Charles
New Orleans
Chandeleur Is.
Port Arthur
Houma
Pasadena
Marsh I.
Galveston
Mississippi River Delta
Freeport
42
Matagorda Bay
Gulf of Mexico
1472
2370
100 miles
100 km
4023
Tropic of Cancer

A
B
C
1
2
3
4
5
6
177
2
Topeka
Lawrence
Kansas City
Lake of the Ozarks
Hannibal
Springfield
Decatur
Terre Haute
INDIANAPOLIS
Columbia
Illinois
Indiana
Alton
Saint Louis
Jefferson City
Effingham
Colum-bus
Cahokia Mounds
Mt. Vernon
Nevada
Rolla
Evansville
Louisville
Missouri
Springfield
Lebanon
Carbondale
Owensboro
Miami
Joplin
Cape Girardeau
Kentucky
Ozark Plateau
Branson
Glasgow
Poplar Bluff
Paducah
Union City
Fayetteville
823
Boston Mts.
Clarksville
L. Barkley
Kentucky L.
Jonesboro
Dyersburg
NASHVILLE
Fort Smith
Arkansas
Tennessee
838
Ouachita Mts.
Searcy
Jackson
Cumberland Plateau
MEMPHIS
Little Rock
N.P.
Hot Springs
Pine Bluff
Clarksdale
Huntsville
Sheffield
Guntersville
Tupelo
Gadsden
Rome
Monti-cello
Greenwood
Texarkana
Mississippi
Anniston
El Dorado
Columbus
Birmingham
Shreveport
Monroe
Tuscaloosa
Alabama
Ruston
Meridian
Selma
Toledo Bend Res.
Vicksburg
Jackson
L. Martin
Montgomery
Natchez
Coastal Plain
Mississippi
Sam Rayburn L.
Alexandria
Laurel
Louisiana
Hattiesburg
Andalusia
Dothan
Baton Rouge
Beaumont
Lafayette
Mobile
Gulfport
Ft. Walton Beach
Lake Charles
L. Pontchartrain
Pascagoula
Pensa-cola
Port Arthur
Cat I.
Panama City
New Orleans
Marsh I.
Houma
Chandeleur Is.
C. Saint George
42
Mississippi River Delta
Gulf of Mexico
2296
2370
4023
100 miles
100 km
Tropic of Cancer

COLUMBUS
D
E
F
179
Morgantown
BALTIMORE
Atlantic City
WASHINGTON
D.C.
Dover
Delaware Bay
Delaware
Maryld.
Ohio
Cincinnati
Covington
West Virginia
Spruce Knob 1482
Arlington
Huntington
Charleston
Lexington
APPALACHIAN MOUNTAINS
Blue Ridge
N.P.
Staunton
Fredericksburg
Virginia
Chesapeake Bay
1
Roanoke
Bluefield
Pulaski
Lynchburg
Richmond
Hampton
Kentucky
Middlesboro
1263
J.H. Kerr Res.
Danville
Portsmouth
Virginia Beach
Greensboro
Durham
Albemarle Sd.
Knoxville
Bristol
Winston-Salem
Raleigh
Greenville
Hatteras I.
C. Hatteras
2
Smoky N.P.
Asheville
2037 Mt. Mitchell
2025
North Carolina
Kinston
Pamlico Sd.
5074
Gastonia
CHARLOTTE
Fayetteville
New Bern
C. Lookout
Greenville
Onslow Bay
Hartwell L.
Wilmington
Athens
C. Hill L.
Columbia
South Carolina
Florence
Myrtle Beach
Long Bay
Atlanta
Georgia
Augusta
L. Marion
Georgetown
3
Macon
Dublin
North Charleston
Charleston
Columbus
Sea Is.
Savannah
Albany
3795
Waycross
Thomasville
Brunswick
Valdosta
Cumberland I.
ATLANTIC OCEAN
JACKSONVILLE
4
Florida
St. Augustine
Gainesville
1053
Okeechobee
Ocala
Daytona Beach
1
Orlando
C. Canaveral
Bayonet Point
Tampa
Melbourne
St. Petersburg
Bartow
L. Wales
Fort Pierce
5
Tampa Bay
Lake Okeechobee
Sarasota
Belle Glade
West Palm Beach
Grand Bahama I.
Marsh Harbour
Freeport
Abaco I.
Fort Myers
The Everglades
Fort Lauderdale
BAHAMAS
Naples
Hollywood
Dunmore Town
1
Miami Beach
New Providence I.
Kendall
Miami
Eleuthera I.
Everglades N.P.
Mastic Pt.
Nassau
Arthur's Town
Florida Bay
Key Largo
Andros Island
Exuma Sd.
6
Key West
Florida Keys
Cat I.
Kemps Bay
Exuma Cays
Straits of Florida
South Andros I.
1353
Long I.
Clarence Town

# KARTENLEGENDE

| | | |
|---|---|---|
| Autobahn, mehrspurige Straße - in Bau<br>Highway, multilane divided road<br>- under construction | | Autoroute, route à plusieurs voies<br>- en construction<br>Autopista, carretera de más carriles - en construcción |
| Fernverkehrsstraße - in Bau<br>Trunk road - under construction | | Route à grande circulation - en construction<br>Ruta de larga distancia - en construcción |
| Wichtiger internationaler Flughafen - Flughafen<br>Major international airport - Airport | | Aéroport importante international - Aéroport<br>Aeropuerto importante internacional - Aeropuerto |
| Eisenbahn<br>Railway | | Chemin-de-fer<br>Ferrocarril |
| Höhe in Meter<br>Height in meters | 1482 | Altitude en mètres<br>Altura en metros |
| Internationale Grenze<br>International boundary | | Frontièr nationale<br>Frontera nacional |
| Grenze eines Bundesstaates<br>State boundary | | Frontière d'État confédéré<br>Frontera de estado federal |
| Hauptstadt eines souveränen Staates<br>National capital | **WASHINGTON** | Capitale nationale<br>Capital de un estado soberano |
| Hauptstadt eines Bundesstaates<br>Federal capital | **BOSTON** | Capitale d'un état fédéral<br>Capital de estado |
| Indianerreservat - Nationalpark<br>Indian reservation - National park | | Réserve d'indiens - Parc national<br>Reserva de indios - Parque nacional |
| Sehenswertes Kulturdenkmal<br>Interesting cultural monument | *Fort Kent* | Monument culturel intéressant<br>Monumento cultural de interés |
| Sehenswertes Naturdenkmal<br>Interesting natural monument | *Niagara Falls* | Monument naturel intéressant<br>Monumento natural de interés |
| Ausflüge & Touren<br>Excursions & tours | | Excursions & tours<br>Excursiones & rutas |

# 10 € GUTSCHEIN für Ihr persönliches Fotobuch*!

**Gilt aus rechtlichen Gründen nur bei Kauf des Reiseführers in Deutschland und der Schweiz**

**SO GEHT'S: Einfach auf www.marcopolo.de/fotoservice/gutschein gehen, Wunsch-Fotobuch mit den eigenen Bildern gestalten, Bestellung abschicken und dabei Ihren Gutschein mit persönlichem Code einlösen.**

**Ihr persönlicher Gutschein-Code:** mpsc873brs

**Zum Beispiel das MARCO POLO FUN A5 Fotobuch für 7,49 €.**

* Dies ist ein spezielles Angebot der fotokasten GmbH. Der Gutschein ist einmal pro Haushalt/Person einlösbar. Dieser Gutschein gilt nicht in Verbindung mit weiteren Gutscheinaktionen. Eine Barauszahlung ist nicht möglich. Gültig bis 31.12.2013. Der Gutschein kann auf www.marcopolo.de/fotoservice/gutschein auf alle Fotobuch-Angebote und Versandkosten (Deutschland 4,95 €, Schweiz 9,95 €) der fotokasten GmbH angerechnet werden. powered by fotokasten

**www.marcopolo.de/fotoservice/gutschein**

# REGISTER

*In diesem Register sind fast alle im Führer erwähnten Orte, National und State Parks (NP/SP) sowie viele Ausflugsziele verzeichnet. Fette Seitenzahlen verweisen auf den Haupteintrag, kursive auf ein Foto.*

# IMPRESSUM



## > SCHREIBEN SIE UNS!

*Liebe Leserin, lieber Leser,*

wir setzen alles daran, Ihnen möglichst aktuelle Informationen mit auf die Reise zu geben. Dennoch schleichen sich manchmal Fehler ein – trotz gründlicher Recherche unserer Autoren/innen. Sie haben sicherlich Verständnis, dass der Verlag dafür keine Haftung übernehmen kann.

Wir freuen uns aber, wenn Sie uns schreiben.

Senden Sie Ihre Post an die
MARCO POLO Redaktion,
MAIRDUMONT, Postfach 31 51,
73751 Ostfildern,
info@marcopolo.de

## IMPRESSUM

Titelbild: Boston Hafen, Sternenbanner (Look: Elan Fleisher)
Fotos: M. Braunger (53, 65, 78/79, 86, 92/93, 150); Colorado Sports Hall of Fame: Laura Gee (154 M.r.); Denver History Tours: Kevin Pharris (155 o.l.); W. Dieterich (32, 123, 141, 147, 153); Ex-Boyfriends: Geof Teague (16 u.); F. M. Frei (13, 26, 26/27, 28/29, 32/33, 34/35, 44/45, 48, 60/61); © fotolia.com: Nicolas Kelen (155 M.r.), Rico Leffanta (15 u.), Andreas Resch (154 M.l.); R. Gerth (132, 143); R. Hackenberg (158); HB Verlag: Bernhart (91, 103, 151), Frischmuth (8/9, 10, 22, 54, 75, 139, 160, 161), Hackenberg (3 M., 27, 33, 114, 160/161, 172/173), Kiedrowski (59, 62, 77), Leue (U.M., 4 r., 21, 31, 96. 104, 110, 128), Modrow (36), Raupach/Frischmuth (73); Hard Rock Hotel San Diego: Chris Costea (17 u.); Huber: Bernhart (18/19, 83), Bertsch (57), Damm (106/107, 144/145), Gräfenhain (43), Krahmer (130/131), Leimer (U.r.), Schmid (148/149), Giovanni Simeone (6/7); In-Shape Health Clubs: Laura Bebeau (16 M.); © iStockphoto.com: Simon Podgorsek (155 u.r.), Amanda Rohde (154 o.l.); Jax Fish House: BigRedF Photography (155 M.l.); Lade: Bramaz (88); Laif: Eisermann (94/95, 116/117), Gebhard (2 l., 4 l., 50), Heeb (30, 84, 126, 156/157), Heuer (108), Neumann (67), Sasse (137); La Terra Magica: Lenz (U.l., 113, 125), Vollmer (39); S. Layda (2 r., 3 r., 70, 118); H. Leue (101); Look: Elan Fleisher (1), Frei (16); Los Angeles County Metropolitan Transportation Authority (17 o.); Love Brigade (16 o.); Christian Meier (14 o.); Mauritius: Kaiser (5, 98), Kord (80); Schuster: Kummels (3 l.); Okapia: Lockwood (121); SPARTY: Mark von Holden (14 u.); K. Teuschl (68, 191); The Cherry Cricket: Steve Crecelius (WonderWorksStudios) (154 u.r.); Transglobe: Harris (40); Wolfgang Puck Catering (15 o.); E. Wrba (135)

**9., aktualisierte Auflage 2009**

Chefredaktion: Michaela Lienemann, Marion Zorn
Autoren: Karl Teuschl, Michael Schwelien; Redaktion: Andrea Mertes
Programmbetreuung: Jens Bey, Silwen Randebrock; Bildredaktion: Gabriele Forst
Szene/24h: wunder media, München
Kartografie Reiseatlas: © MAIRDUMONT, Ostfildern
Innengestaltung: Zum goldenen Hirschen, Hamburg; Titel/S. 1–3: Factor Product, München
Sprachführer: in Zusammenarbeit mit Ernst Klett Sprachen GmbH, Stuttgart, Redaktion PONS Wörterbücher

Printed in Germany. Gedruckt auf 100% chlorfrei gebleichtem Papier

# FÜR IHRE NÄCHSTE REISE

## Ihre Reisecheckliste

### Haben Sie alles im Gepäck?

- ○ Reiseunterlagen (Tickets, Buchungsbelege, Bestätigungen)
- ○ ELVIA Reiseschutz
- ○ Impfausweis
- ○ Krankenkassenkarte
- ○ Reisepass
- ○ Führerschein
- ○ Kopien aller Papiere (zur Sicherheit)
- ○ Einreise-Visum (falls erforderlich)
- ○ Wichtige Telefonnummern
- ○ Bank-, Kreditkartensperrnummern
- ○ Kredit- bzw. ec-Karten
- ○ Medikamente / Reiseapotheke
- ○ Kulturbeutel (evtl. Kontaktlinsenmittel, Gehörschutz, Kondome)
- ○ Sonnenbrille, Ersatzbrille
- ○ Fotoapparat, Videokamera
- ○ Adapter für Fön, Rasierer
- ○ Sonnencreme
- ○ Reisewaschmittel
- ○ Nähzeug
- ○ Wörterbuch
- ○ Lieblingslektüre
- ○ MP3- und / oder CD-Player
- ○ Straßenkarte

# > UNSER AUTOR

## MARCO POLO Insider Karl Teuschl im Interview

**Karl Teuschl ist USA-Korrespondent für das Magazin GEO-Saison, außerdem Reisebuchautor und Dokumentarfilmer fürs Fernsehen.**

**Sie reisen seit 30 Jahren regelmäßig in die USA. Wie ist es dazu gekommen?**

Ich habe in Los Angeles studiert, und habe in dieser Zeit als Reiseleiter Touren von Alaska bis Florida organisiert. So habe ich das Land intensiv kennengelernt. Und seit 10 Jahren lebe ich nun einen Teil des Jahres in Kanada. Als Journalist und Autor für Dokumentar- und Reisefilme bin ich heute überall in der Region unterwegs. Eines meiner letzten Filmprojekte war ein Dokumentarfilm über eine der frühen spanischen Expeditionen durch Arizona und Kalifornien, die Anza-Expedition von 1775. So komme ich durch meine Arbeit immer wieder an ungewöhnliche Orte überall in Amerika – und davon profitieren auch meine Recherchen für die Reiseführer

**Kommen Sie viel in den USA herum?**

In der Regel bin ich drei bis vier Monate im Jahr on the road unterwegs, und das fast ausschließlich in den USA und in Kanada. Manchmal treibe ich mich nur in den großen Metropolen herum, für Hintergrundrecherchen zu Artikeln und Filmen aber auch viel im Hinterland. Draußen im weiten Land gefällt es mir immer am besten.

**Was reizt Sie an Nordamerika?**

Die unkomplizierte Freundlichkeit der Menschen und der reichlich vorhandene Ellbogenraum – das beeindruckt mich immer wieder. Und auch wenn die Amerikaner ihre Fehler haben, sie haben auch Großartiges geleistet. Nationalparks zum Beispiel – das Konzept, die Natur dauerhaft und großflächig unter Schutz zu stellen, stammt aus Amerika.

**Und was mögen Sie nicht so?**

Die Oberflächlichkeit der Amerikaner. Man kann gute Freunde finden, aber im täglichen Alltag muss sich darauf einstellen, dass ein „How are you" eine Floskel ist und es im Ernst niemanden interessiert, wie es einem wirklich geht. Was außerdem nervt, ist in den letzten Jahren das ständige Getue um die Einreise- und Sicherheitsprozeduren – mal dürfen es keine Streichhölzer im Gepäck sein, dann keine Flüssigkeiten.

**Verraten Sie uns: Was prädestiniert Sie als MARCO POLO Autor?**

Nach zehn Jahren als Reiseleiter bekommt man ein Gespür dafür, was die Gäste wissen und erleben wollen: das Café am Pier mit dem schönsten Blick über den Hafen und dem besten Fisch, der Wandertrail, auf dem man im Frühjahr die blühenden Kakteen sieht, die ganz persönlich geführte Lodge im Hinterland. Neben den Sehenswürdigkeiten sind es oft diese kleinen, stillen und ungewöhnlichen Dinge, die aus einer Reise eine Erlebnis machen.

# > BLOSS NICHT!

Bei Witzen über Bomben verstehen die Amerikaner keinen Spaß

### Im Halteverbot parken

*No parking* heißt genau das. Nichts tut die Polizei lieber als abzuschleppen – vor allem, wenn Sie vor einem Hydranten stehen. Eine herrliche Einnahmequelle. 75 Dollar oder mehr – in bar – fürs Schleppen, plus Strafe. So bessern Gemeinden ihre chronisch leeren Kassen auf. Übrigens auch mit *speed traps*, mit Geschwindigkeitskontrollen. Plötzlich heißt es nicht mehr 55 Meilen pro Stunde, sondern 35. Hinter der Kurve steht dann ein Polizeiwagen.

### Alles wörtlich nehmen

„Kommt doch mal bei uns vorbei, schaut rein, wir sind immer da" – Amerikaner sind mit solchen Einladungen schnell zur Hand. Doch meist ist es nur dahingesagt, und der „Gastgeber" wird gehörig staunen, wenn Sie überraschend bei ihm auftauchen. Nur Einladungen, die fest vereinbart werden, sind wirklich ernst zu nehmen.

### An falscher Stelle witzig sein

Nämlich bei der Grenzkontrolle, bei Security-Checks an Flughäfen oder an den Eingängen von öffentlichen Gebäuden wie zum Beispiel Rathäusern. Witzig gemeinte Sprüche über Geheimfächer im Koffer oder Bomben in den Socken werden von den Beamten als gar nicht lustig angesehen. In den Sicherheitsbereichen der Flughäfen und an anderen offiziellen Stellen sind solche Witze sogar strafbar.

### Hände schütteln

„Hi, how are you? Nice to meet you." Das sagt Ihnen jemand zur Begrüßung, Sie freuen sich, strecken die Hand aus – und greifen ins Leere. Politiker schütteln sich die Hand, Leute, die sich flüchtig kennen lernen, nicht.

### Nachts in den Park

So verlockend die Parks in Amerikas Städten auch sein mögen, nach Einbruch der Dunkelheit sind sie keineswegs mehr einladend. Denn in allen amerikanischen Großstädten ufert die Zahl besonders der Gewaltverbrechen aus. Jugendbanden und einsame, aber oft bewaffnete Irre streifen umher.

### Rauchen

Rauchen ist in allen öffentlichen Gebäuden verboten. Viele Restaurants sind rauchfrei oder haben nur noch eine kleine Raucherzone. Sogar in Bars darf kaum noch gequalmt werden. Trotz allem ist der Nikotinkonsum in den USA nur wenig zurückgegangen.

### Drink & Drive praktizieren

Ein oder zwei Drinks sind okay, da kann man ruhig noch mit dem Auto zurück ins Hotel fahren. Vollkommen falsch! Die meisten Staaten haben zwar eine Grenze von 0,5 Promille, doch das gilt nicht bei einem Unfall: Die Versicherung muss nicht zahlen, und die Richter verhängen oft drakonische Strafen.